高等教育国家级一流本科专业·金融学教学用书
全国普通高等学校优秀教材·配套教学辅导用书
上海普通高校优秀教材·配套教学辅导用书
国家级精品课程·配套教学辅导用书

The Economics of Money, Banking and Financial Markets

《货币金融学》习题集

第5版

胡乃红 编著

上海财经大学出版社

图书在版编目(CIP)数据

《货币金融学》习题集 / 胡乃红编著. —5 版. —上海：上海财经大学出版社，2023.1
高等教育国家级一流本科专业·金融学教学用书
ISBN 978-7-5642-4052-3/F.4052

Ⅰ.①货… Ⅱ.①胡… Ⅲ.①货币和银行经济学-高等学校-习题集 Ⅳ.①F820-44

中国版本图书馆 CIP 数据核字(2022)第 167336 号

□ 责任编辑　王　芳
□ 封面设计　张克瑶

《货币金融学》习题集

(第五版)

胡乃红　编著

上海财经大学出版社出版发行
(上海市中山北一路 369 号　邮编 200083)
网　　址：http://www.sufep.com
电子邮箱：webmaster @ sufep.com
全国新华书店经销
启东市人民印刷有限公司印刷装订
2023 年 1 月第 5 版　2024 年 3 月第 2 次印刷

787mm×1092mm　1/16　15.25 印张　371 千字
印数：52 501—55 500　　定价：45.00 元

第五版前言

FOREWORD

本习题集根据新修订的上海财经大学戴国强教授主编的《货币金融学》(第五版)教材编写而成。本习题集的宗旨在于帮助学生加深对“货币金融学”课程有关基本概念、基本原理的理解和把握,更好地掌握货币金融学的知识体系以及金融学的内在逻辑,更有效地掌握货币金融学的难点和重点。本习题集是方便学生学习的必要工具书,也可以作为考研和求职的重要参考书。

随着我国金融改革的深入与发展,金融科技化、数字化突飞猛进,第五版根据新的教材内容和新的金融形势,对大部分章节内容进行了修订和增补,如对数字货币、我国利率市场化、货币政策理论与实践、金融监管等相关内容做了补充与完善。

本书的出版得到戴国强教授及金融学院同仁的支持和指导,以及上海财经大学出版社的大力支持和帮助,在此一并表示感谢。

当然,囿于时间、精力和学识水平,错误、遗漏在所难免,敬请广大读者批评指正。

胡乃红

2022 年 11 月

说明:

扫描二维码可查看本书现有“更新勘误记录表”。如发现本书有需要更新、完善之处,可及时与出版社联系,将问题反馈给我们,我们将尽快与作者联系后处理。

咨询 QQ 群:331697933

更新勘误
记录表

目录
CONTENTS

第一篇

导　　论

第一章　金融与经济

一、填空题

1. 引起通货膨胀和通货紧缩的原因是多种多样的，但其中________因素总是最主要的原因之一。

2. 银行的中介职能有________和________两个方面，其中________是银行区别于其他金融机构的一个重要特点。

3. 测量经济货币化的三个常用指标是________、________和________。

4. 在现代经济中，货币已不仅仅是一种交换媒介，更是一种真正的________。

5. 随着金融业的不断发展和深化，________已成为现代经济发展中的典型特征。

6. ________是用来反映使用资金的价格的，其变动受多种因素的制约。

7. 在现代经济活动中，一切货币供给都是通过________实现的，________发行现金，________提供存款货币。

8. 银行的________功能是其他金融机构所不及的一种特殊功能。

二、选择题

（一）单项选择题

1. 尽管引起通货膨胀和通货紧缩的原因是多种多样的，但________是最主要的原因之一。

A. 季节因素　　B. 人为因素　　C. 心理因素　　D. 货币因素

2. 在货币与经济周期关系中，若货币数量不变动，同一经济体内的经济状况是繁荣还是萧条，一般与________变化有关。

A. 利率　　B. 收入　　C. 货币流通速度　　D. 都不是

3. 下列________是难以用货币来计量的。

A. 财产　　B. 财富　　C. 收入　　D. 工资

4. 利率是用来反映使用资金的价格的变量。一般情况下，利率水平上升意味着________。

A. 货币供给大于货币需求　　B. 货币需求大于货币供给

C. 与货币供给需求无关　　D. 货币供给等于货币需求

5. 当人们说:"比尔·盖茨很富有——他有很多钱!"这里的"钱"其实是指________。

A. 货币　B. 财富　C. 收入　D. 财产

6. 有人说"所谓工作好不好，就看挣钱多不多。"这里的"钱"是指________。

A. 货币　B. 财富　C. 收入　D. 财产

7. ________是用来反映使用资金的价格的，其变动受多种因素的制约。

A. 货币　B. 物价　C. 货币流通速度　D. 利率

8. 银行的中介职能中，________是银行区别于其他金融机构的一个重要特点。

A. 信用中介　B. 支付中介________ C. 创造货币________ D. 金融服务

9. 20 世纪 60 年代以来，爱德华·肖、罗纳德·麦金农等经济学家们对发展中国家金融发展与经济发展的关系进行了卓有成效的研究，产生了一些新的理论。受其影响，一些发展中国家相继进行了称之为________的改革。

A. 金融深化　B. 金融创新　C. 金融抑制　D. 金融体制

10. 在货币流通与通货膨胀、通货紧缩的关系中，当货币流通速度减速时，若没有及时注入足够的购买力，则可能出现________。

A. 通货膨胀　B. 通货紧缩　C. 物价不会变化　D. 不一定

(二)多项选择题

1. 银行的中介职能体现在________方面。

A. 信用中介　B. 支付中介　C. 创造货币　D. 金融服务

2. 经济货币化是当代经济发展的趋势，测量经济货币化的常用指标是________。

A. 实际金融资产存量/国内生产总值　　B. 实际金融资产存量/有形财富总量

C. 人均实际广义货币量　　D. 广义货币总量/GDP 总量

3. 以下________是关于货币和收入之间关系的正确表述。

A. 货币和收入不是同一个概念

B. 收入是货币的流量概念，是某一段时期内的货币变动量

C. 货币是流量概念，收入是存量概念

D. 人们的收入大多表现为货币

4. 以下________是流量概念。

A. 货币　B. 薪金　C. 收入　D. 财产

5. 以下________是存量概念。

A. 货币　B. 薪金　C. 收入　D. 财产

6. 银行的职能体现在________方面。

A. 信用中介　　B. 支付中介

C. 创造货币　　D. 变消费基金为生产基金

7. 以下表述正确的是________。

A. 尽管财产和货币都可以在某一时点上测得，但货币只是财产的一小部分

B. 财富比财产所涵盖的内容更广，是货币所不能计量的

C. 人们可以用货币来计量收入水平，但绝不会认为经济主体的收入只是其所得到的货币

D. 货币既可以作为现实的购买力，又可以作为潜在的购买力来保留财富

三、判断题

1. 货币和财产是同一个概念，货币与财富不是同一个概念。（　　）

2. 货币和财产不是同一个概念，货币只是财产的一小部分。（　　）

3. 货币和财富是两个不同的概念，货币只是财富的一小部分。（　　）

4. 财产是可以用货币来计量的，而财富是难以用货币计量的。（　　）

5. 在现代经济活动中，一切货币供给都是通过银行体系实现的，中央银行发行现金，商业银行则提供存款货币。（　　）

6. 金融是经济发展的结果，同时金融对经济发展起着重要的促进和推动作用。（　　）

7. 人们可以用货币来计量收入水平，所以人们的收入就是他所持有的货币。（　　）

8. 金融已成为现代经济的核心，现代经济也正在逐步转变为金融经济。（　　）

9. 利率变动受多种因素制约，其中包括货币供求。当货币供给增加，超过货币需求时，利率水平就会上升。（　　）

10. 从货币和经济周期的关系看，人们可以从货币流通速度变化的趋势来预测经济走势，并可以根据货币流通速度的变化来预测物价的变动。（　　）

11. 在现代经济中，货币已不仅仅是一种交换媒介，更是一种真正的资产。（　　）

12. 能够充当信用中介是银行区别于其他金融机构的一个重要特点。（　　）

四、名词解释

1. 货币　　2. 财富　　3. 财产　　4. 收入

5. 金融　　6. 金融深化

五、简答题

1. 货币与收入、财富、财产是否一致？它们之间有怎样的联系与区别？

2. 如何认识金融市场发展的影响？

六、论述题

1. 如何理解金融是现代经济的核心？

2. 如何理解金融与经济的辩证关系？

第二章 货币与货币制度

一、填空题

1. ________是国家权力进入货币流通领域的第一现象。

2. 典型的表征货币是________。

3. ________是由足值货币向现代信用货币发展的一种过渡性的货币形态。

4. 在现代经济中,信用货币存在的主要形式是________和________。

5. ________是新型的信用货币形式,是高科技的信用货币。

6. 国家发行的短期债券、银行签发的承兑汇票以及大额可转让存单等短期证券,可在货币市场上随时以转让、贴现、抵押等多种形式变现,转化成现实的购买手段和支付手段,我们将它们称为________。

7. 所谓"流通中的货币",就是发挥________职能的货币和发挥________职能的货币的总和。

8. 从货币制度诞生以来,经历了________、________、________和________四种主要货币制度形态。

9. 金银复本位制主要有两种类型:________和________。

10. 在格雷欣法则中,实际价值高于法定比价的货币是________。

11. 在格雷欣法则中,实际价值低于法定比价的货币是________。

12. 金本位制有三种形式:________、________、________。

13. 货币制度的四大构成要素为:________、________、________、________。

14. 目前,世界各国普遍以金融资产________的强弱作为划分货币层次的主要依据。

15. 狭义货币 M1 由________和________构成,广义货币 M2 由 M1 加________构成。

16. 货币制度最基本的内容是________。

17. ________既可以作为一般商品消费,也可以作为交换媒介和支付手段进行流通。

18. 一个国家的基本通货和法定的计价结算货币称为________,亦称________。

19. 在纸币制度下，如果在同一市场上出现两种以上纸币流通时，会出现________的现象。

20. 现代经济中信用货币的发行主体是________。

21. 以数字形式存在并基于网络记录价值归属和实现价值转移的货币，称为________。

22. ________是法币的数字化形式，是由央行发行、国家信用支撑，与法定纸币和硬币完全等价、完全法偿的数字货币。

23. 中国人民银行发行的数字货币，采用的是________二元发行模式。

24. 国际清算银行在报告中区分了三种形式的央行数字货币（CBDC），两种基于________，一种基于________。

二、选择题

（一）单项选择题

1. “金银天然不是货币，但货币天然是金银”，是指________。

A. 金银不是货币　　B. 货币就是金银

C. 金银就是货币　　D. 金银天然适合充当商品货币

2. 以下________不符合足值货币的基本特征。

A. 足值货币的内在价值被充分地表现在其外在的使用价值上

B. 足值货币以其内在价值的大小来决定交换的比例

C. 足值货币本身内含着否定自身的基因

D. 在足值货币时代，贵金属货币充当一般等价物会影响经济发展

3. 典型的足值货币是________。

A. 贵金属货币　　B. 贱金属货币　　C. 商品货币　　D. 表征货币

4. 下列说法错误的是________。

A. 表征货币是由足值货币向现代信用货币发展的一种中介性、过渡性的货币形态

B. 表征货币体现了一定的信用关系，具有信用货币的特征

C. 表征货币作为足值货币的价值符号，其本身的内在价值等于其额定货币价值

D. 表征货币可以和足值货币等价交换

5. 在现代货币制度下，社会各经济行为主体对信用货币拥有的普遍信任来自________。

A. 信用货币可以与货币金属按某种平价相兑换

B. 人们对价值符号的货币幻觉和国家赋予的法偿货币效力

C. 人们对价值符号的货币幻觉

D. 银行通过发行货币强制社会接受它所提供的信用

6. 对于信用货币的特征表述，以下说法错误的是________。

A. 信用货币是债务货币

B. 信用货币具有强制性的特征

C. 国家可以通过银行来控制和管理信用货币流通，把货币政策作为实现国家宏观经济目标的重要手段

D. 现代信用货币都是以国家信用为保证而发行的，所以，不会出现贬值现象

7. 以下说法错误的是________。

A. 以出票人信誉为基础，表现商业信用中债权债务关系的信用凭证，可称为商业信用货币

B. 目前，国家已不直接发行货币，即使出现财政赤字，也要间接地通过银行信用来解决

C. 现代经济中信用货币的发行主体是银行和财政

D. 在现代中央银行体制下，银行信用创造的现金货币和存款货币为各国的基本流通货币

8. 货币执行________职能时，只要观念上或想象中的货币就可以了。

A. 价值尺度　　B. 流通手段　　C. 储藏手段　　D. 支付手段

9. 纸币的发行是建立在货币________职能基础上的。

A. 价值尺度　　B. 流通手段　　C. 支付手段　　D. 储藏手段

10. 辅币作为有限法偿货币，是指________。

A. 用辅币向国家纳税受到限制

B. 用辅币兑换铸币受到限制

C. 市场上的辅币向国家自发回流会受到限制

D. 在一次支付行为中使用辅币的金额受到限制

11. 历史上最早出现的货币形态是________。

A. 实物货币　　B. 信用货币　　C. 表征货币　　D. 电子货币

12. 典型的银行券属于________类型的货币。

A. 实物货币　　B. 信用货币　　C. 表征货币　　D. 电子货币

13. 当羊从众多商品中分离出来，经常地、固定地起一般等价物作用时，它处于________。

A. 价值简单的偶然的价值形态　　B. 总和的扩大的价值形态

C. 一般的价值形态　　D. 货币的价值形态

14. 在下列行为中，________属于货币执行流通手段职能。

A. 缴纳房租　　B. 餐馆就餐付账

C. 银行支付利息　　D. 分期付款购房

15. 我国 M1 层次的货币口径是________。

A. M1＝流通中现金

B. M1＝流通中现金＋单位活期存款＋单位定期存款

C. M1＝流通中现金＋单位活期存款＋个人储蓄存款

D. M1＝流通中现金＋单位活期存款＋农村存款＋机关团体部分存款

16. 目前世界各国普遍以金融资产的________作为划分货币层次的主要依据。

A. 安全性　　B. 收益性　　C. 流动性　　D. 盈利性

17. 关于货币层次，下列说法错误的是________。

A. 从数量上看，M0＜M1＜M2

B. M1 是狭义货币，M2 是广义货币

C. M0 包括银行库存现金

D. 在我国，准货币包括定期存款、储蓄存款和其他存款

18. 如果消费者动用储蓄存款进行消费，货币构成将发生的变化是________。

A. M1 减少，M2 增加　　B. M1 减少，M2 减少
C. M2 不变，M1 增加　　D. M2 增加，M1 不变

19. 若将 100 元人民币存入商业银行的储蓄存款账户，会导致________。
A. M1 和 M2 都增加　　B. M1 和 M2 都不变
C. M1 增加，M2 不变　　D. M1 减少，M2 不变

20. 若将 100 元人民币存入商业银行的活期存款账户，会导致________。
A. M1 和 M2 都增加　　B. M1 和 M2 都不变
C. M1 增加，M2 不变　　D. M1 不变，M2 增加

21. 用货币数量来解释货币属性、货币价值与商品价格的学说是________。
A. 货币金属论　B. 货币名目论　C. 货币国定论　D. 货币数量论

22. 在西方经济学有关货币的观点中，________把货币等同于贵金属，并认为只有金银才是一国的真正财富等。
A. 货币金属论　B. 货币名目论　C. 货币国定论　D. 货币数量论

23. 经济学家________认为，货币不过是“购买力的暂栖所”。
A. 亚当·斯密　B. 巴本　C. 克纳普　D. 弗里德曼

24. 以下属于我国准货币的是________。
A. 单位活期存款　B. 现金　C. 个人储蓄存款　D. 农村存款

25. 下列不属于准货币的是________。
A. 短期债券　B. 银行承兑汇票　C. 定期存款　D. 活期存款

26. 格雷欣法则起作用于________。
A. 平行本位制　B. 双本位制　C. 跛行本位制　D. 单本位制

27. 如果金银的法定比价为 1∶13，而市场比价为 1∶15，这时充斥市场的将是________。
A. 银币　B. 金币　C. 金币银币同时　D. 都不是

28. 历史上最早的货币制度是________。
A. 金本位制　B. 银本位制　C. 金银复本位制　D. 金块本位制

29. 在金属货币制度下，本位币的名义价值与实际价值________。
A. 呈正比　B. 呈反比　C. 相一致　D. 无关

30. 辅币的名义价值________其实际价值。
A. 高于　B. 低于　C. 等于　D. 不确定

31. 最早实行金币本位制的国家是________。
A. 美国　B. 英国　C. 法国　D. 日本

32. 商品价格与货币价值的大小成________关系，因此，单位货币价值越大，则商品价格越________。
A. 反比　高　B. 反比　低　C. 正比　高　D. 正比　低

33. 商品价格与商品价值的大小成________关系，与单位货币的含金量成________关系。
A. 反比　正比　B. 反比　反比　C. 正比　反比　D. 正比　正比

34. 现代经济中的信用货币是纸制的货币符号，货币所有者无论是手持现钞还是把它

存入银行,都发挥了________的作用。

A. 储藏手段　　B. 价值尺度　　C. 世界货币　　D. 积累或储蓄手段

35. 典型的金本位是________,它是一种相对稳定的货币制度,对资本主义的发展曾起着积极的作用。

A. 金币本位制　　B. 金汇兑本位制　　C. 金银复本位制　　D. 金块本位制

36. 复本位制之所以被单本位制取代,其根本原因在于________。

A. 国家规定的法定比价不合理

B. 金银的市场价格波动难以维持铸造比价

C. 市场过度投机导致

D. 价值尺度只能是唯一的

37. 作为金银复本位制向金单本位制过渡的一种货币制度,跛行本位制是指________。

A. 以白银为本位币的金银复本位制

B. 以黄金为本位币的金银复本位制

C. 银币的自由铸造受到限制的本位制

D. 金币的铸造受到限制的金银复本位制

38. 欧元这一共同市场货币对于世界货币制度最重要的影响在于________。

A. 减少了对货币的需求　　B. 降低了交易成本

C. 扩大了资本市场的融资能力　　D. 改变了记账单位

E. 增加了易货贸易

39. 下面关于货币层次的含义及相关表述,错误的为________。

A. M0 反映经济中最窄意义上的货币

B. M0 包括流通中的现金和库存现金

C. M1 反映经济中的现实购买力

D. M2 不仅反映经济中的现实购买力,还反映潜在购买力

40. 在商品交换中,下列________的支付效率最低。

A. 商品货币　　B. 信用货币　　C. 物物交换　　D. 电子货币

41. 张三用手机微信支付购买电影票,是发挥了货币的________职能。

A. 价值尺度　　B. 计价单位　　C. 交易媒介　　D. 支付手段

(二)多项选择题

1. 从货币发展的历史来看,货币的形式经历了________。

A. 实物货币、信用货币、金属货币、纸币

B. 价值符号阶段、商品货币阶段

C. 商品货币阶段、价值符号阶段

D. 足值货币、表征货币、信用货币、电子货币

2. 以下________表现为商业信用中债权、债务关系的信用凭证,可称之为商业信用货币。

A. 期票　　B. 汇票　　C. 支票　　D. 存款

3. 在现代经济活动中,信用货币存在的形式主要是________。

A. 现钞　　B. 信用卡　　C. 活期存款　　D. 政府债券

4. ________是潜在购买力,在一定条件下可以转化成现实购买力,故又被称为“准

货币”。

A. 定期存款　　B. 储蓄存款　　C. 活期存款　　D. 外币存款

5. 所谓“流通中的货币”，是指发挥________职能的货币。

A. 价值尺度　　B. 流通手段　　C. 支付手段　　D. 储藏手段

6. 银行券作为足值货币向现代信用货币发展的一种过渡形态货币，其主要特征有________。

A. 其内在价值等同于额定价值

B. 银行券由银行发行并可以随时兑现

C. 银行券的发行必须具有发行保证，一般分为黄金保证和信用保证

D. 早期银行券的发行是分散发行

7. 金银复本位制之所以让位于金单本位制，是因为________。

A. 货币作为一般等价物具有独占性

B. 货币执行价值尺度职能是唯一的

C. 政府规定金银的法定比价与市场决定的比价不相符合

D. 金银复本位制与货币的本质特征相冲突

8. 从货币制度诞生以来，经历过________主要货币制度形态。

A. 铸币制度　　B. 银本位制　　C. 金银复本位制　　D. 金本位制

E. 纸币制度

9. 在现代经济中，存款货币不同于现金货币的特点在于________。

A. 存款货币是社会经济中的现实购买力

B. 存款货币的流动性略次于现金货币

C. 存款货币具有收益性

D. 存款货币既来源于现金的存入，还来源于银行贷款的派生机制

10. 狭义货币 M1 包括________。

A. 现金　　B. 支票存款　　C. 储蓄存款　　D. 定期存款

11. 信用货币之所以取代表征货币，成为现代经济生活的主要货币，在于________。

A. 金属货币的升值

B. 银行券广泛流通的同时，贵金属货币的流通日益减少

C. 表征货币的长期使用使公众形成对价值符号的货币幻觉

D. 国家对信用货币的收付承诺

12. 金银复本位制的主要形式有________。

A. 金汇兑本位制　　B. 跛行本位制　　C. 双本位制　　D. 平行本位制

13. M0 即现钞，是具有最强购买力的货币，包括________。

A. 流通于银行体系外的现钞　　B. 居民手中的现金

C. 企业单位的备用金　　D. 商业银行的库存现金

14. 货币制度的基本构成要素包括________。

A. 规定货币材料

B. 规定货币的价值

C. 规定货币名称、货币单位

D. 确定各种通货的铸造、发行和流通程序

E. 确定货币发行保证制度

15. 金块本位制是不稳定的货币制度,原因在于________。

A. 没有金铸币流通　　B. 银行券不能自由兑换黄金

C. 本国货币制度依附于外国货币制度　　D. 黄金失去了价值尺度的职能

16. 金汇兑本位制也称虚金本位制,其主要特点有________。

A. 不铸造金币,不流通金币

B. 流通中以中央银行发行的银行券为主,银行券规定含金量

C. 银行券不能直接兑换黄金,只能兑换外汇

D. 银行券可以在限定条件下直接兑换黄金

E. 中央银行通过按固定比价买卖外汇的办法来稳定本国币值和汇率

17. 体现纸币本位币的主要特点包括________。

A. 纸币本位币是以国家信用为基础的信用货币,没有通胀或通缩可能

B. 纸币本位币只是流通中商品价值的符号

C. 纸币本位币的稳定性取决于国家的货币政策

D. 纸币本位币通过银行信贷程序发行和回笼

E. 现金货币在世界范围看呈现日渐缩小的趋势

18. 保证本位币正常铸造、发行和流通的主要规定包括________。

A. 本位币自由铸造和熔毁的规定　　B. 本位币限制铸造的规定

C. 本位币无限法偿的规定　　D. 本位币磨损公差的规定

19. 随着商品流通和货币流通的发展,现代货币发行保证制度中,可以作为货币发行保证的有________。

A. 中央银行集中的大量黄金外汇储备

B. 用发达国家的国际通用货币作为本国或本地区的货币发行保证

C. 银行通过商业票据贴现向流通中投放信用货币的商业信用保证

D. 银行通过买入政府债券向流通中投放信用货币的国家信用保证

20. 我国目前的准货币包括________。

A. 现金　　B. 个人储蓄存款

C. 农村存款　　D. 自筹基本建设存款

E. 企业单位定期存款

21. 下列各项中,________会直接导致现实购买力的增加。

A. 活期存款增加　　B. 定期存款增加　　C. 储蓄存款增加　　D. 现金增加

E. 支票存款增加

22. 在辅币的铸造及偿付能力的规定中,________是保证名义价值高于实际价值的辅币能正常流通的规定。

A. 辅币限制铸造的规定　　B. 辅币有限法偿的规定

C. 辅币与主币自由兑换的规定　　D. 辅币最大磨损公差的规定

23. 诺贝尔经济学奖得主蒙代尔预测,在未来 20 年内,将形成________三足鼎立的局面。

A. 美元　　B. 欧元　　C. 人民币　　D. 亚洲货币联盟

24. 2019年以来，中国人民银行在我国开展数字人民币（DCEP）试点测试，下列关于数字人民币的表述中，正确的是________。

A. 数字人民币是央行发行的法定货币

B. 数字人民币采取中心化管理、双层运营

C. 数字人民币主要定位于现金类支付凭证（M0）

D. 数字人民币是一种零售型央行数字货币，主要用于满足国内零售支付需求

E. 数字人民币和指定运营机构的电子账户资金具有通用性，共同构成现金类支付工具

三、判断题

1. 表征货币作为不具有十足价值的价格符号，能像足值货币一样发挥货币的职能，体现了一定的信用关系，具有信用货币的特征。（ ）

2. 信用货币虽然本身没有价值，但由于其能够发挥货币的职能，所以是构成社会财富的组成部分。（ ）

3. 信用货币实际上是银行债务凭证，信用货币流通也就是银行债务的转移。（ ）

4. 目前，世界各国普遍以金融资产安全性的强弱作为划分货币层次的主要依据。（ ）

5. 不兑现信用货币之所以可以流通和被接受为价值尺度，就是因为国家赋予其强制流通的法偿货币规定。（ ）

6. 格雷欣法则是在平行本位制下出现的劣币驱逐良币现象。（ ）

7. 在格雷欣法则中，实际价值高于法定比价的货币是劣币。（ ）

8. 纸币是以国家信用为基础的信用货币，无论现金还是存款货币都是中央银行代表国家对持有者的负债。（ ）

9. 在金属货币制度下，本位币可以自由铸造与熔化、自由输出入国境。（ ）

10. 现代经济中的信用货币是纸制的价值符号，它不具备典型意义上的储藏手段职能。（ ）

11. 国家信用保证一般是指银行通过买入政府债券向流通中投放信用货币，因此，这一凭国家信用发行的信用货币是具备稳定货币流通的保证作用。（ ）

12. 在纸币本位制下，如果在同一市场上出现两种以上可流通纸币，会导致实际价值较低的货币排斥实际价值高的货币的“劣币驱逐良币”现象。（ ）

13. 货币制度最基本的内容是确定货币名称和货币单位，货币名称和货币单位确定了，一国的货币制度也就确定了。（ ）

14. 我国M1层次的货币口径是：M1＝流通中现金＋企业活期存款＋个人活期储蓄存款。（ ）

15. 在金本位制下，各国货币含金量的比率相对稳定，所以对外贷款和投资的安全性有保障。（ ）

16. 在金属货币制度下，本位币的名义价值与实际价值是相一致的。（ ）

17. 在跛行本位制下，金币和银币都可流通，所以“劣币驱逐良币”规律在这一货币制度下也同样起作用。（ ）

18. 准货币一般由活期存款、定期存款、储蓄存款、外币存款等各种存款以及各种短期

信用工具等构成。 ( )

19. 在金块本位制下,金币可以自由铸造、自由熔化。 ( )

20. 所谓"流通中的货币"就是现金,即发挥支付手段职能的货币和发挥流通手段职能的货币的总和。 ( )

21. 货币作为支付手段时,已不再是交换的媒介,而是作为补充交换行为的一个环节,作为交换价值的绝对存在,独立地结束商品交换的整个过程。 ( )

22. 当货币作为价值运动的独立形式进行单方面转移时,就执行着支付手段的职能,所以从这个意义上说,是支付手段产生了纸币和现代意义的电子货币。 ( )

23. 当你将到期的债权卖出转化为银行的储蓄存款时,货币发挥了储藏手段职能。 ( )

24. 电子货币作为一种信用货币,预示着无现金社会的发展趋势,即完全没有货币的社会。 ( )

25. 当前的纸币制度下,货币既不是单纯金银的替代物,也不是信用的载体,只是国家主权的象征。 ( )

26. 在我国监管部门的相关文件中,加密货币由于不具有货币等同的法律地位,只作为资产而存在,从性质上看是一种特定的虚拟商品。 ( )

27. 支付宝、微信支付等电子支付工具都与银行账户紧耦合,是法币的一种数字化使用方式。 ( )

28. 电子货币、数字货币都只是一种新型的信用货币,都是信用货币的不同存在形态。

29. 取消银币自由铸造的跛行本位制属于金银复本位制的一种。 ( )

四、名词解释

1. 信用货币	2. 表征货币	3. 双本位制	4. 金汇兑本位制
5. 金块本位制	6. 本位币	7. 辅币	8. 准货币
9. 无限法偿	10. 有限法偿	11. 金融资产的流动性	12. 货币制度
13. 格雷欣法则	14. 电子货币	15. 数字货币	16. 央行数字货币
17. 数字人民币			

五、简答题

1. 简述足值货币、表征货币和信用货币的含义和特征。
2. 你认为我国人民币是否具有储藏手段职能?
3. 什么是货币制度?其主要构成要素有哪些?
4. 什么是信用货币?其基本特征是什么?
5. 货币层次划分的依据是什么?为什么说科学地划分货币层次具有非常重要的意义?
6. 什么是"劣币驱逐良币"规律?试举例说明之。
7. 为什么说金币本位制是一种相对稳定的货币制度,金块本位制和金汇兑本位制是不稳定的货币制度?
8. 什么是数字货币?什么是央行数字货币?数字货币与比特币等加密货币是不是简单的等同关系?

六、论述题

1. 如何理解货币的本质？
2. 什么是纸币本位制？其有何特点？应如何正确理解目前我国的“一国三币”制度？

第三章　信用、利息与利息率

一、填空题

1. 现代信用的主要形式有________、________、________、________、________。

2. 信用是商品经济发展到一定阶段的产物。当商品交换出现延期支付、货币执行________职能时，信用就产生了。

3. 现代信用中最基本的两大信用形式是________、________。

4. 现代信用制度的基础是________。

5. ________是现代信用的主要形式。

6. 国家信用包括________和________两种。

7. 国家信用的产生与国家________直接相关。

8. 消费信用主要有两种方式：一是________，二是________。

9. 国际商业信用是出口商用商品形式提供的信用，有________和________等方式。

10. 根据出票人的不同，商业票据可分为________和________两种。

11. 不是以商品交易为基础，而是专门为融通资金签发的一种票据，称为________。

12. 早期的银行券是在________流通的基础上产生的。

13. 根据利率的决定主体不同，利率可分为________、________和________。

14. 按资金借贷关系存续期内利率水平是否变动，利率可分为________和________。

15. 在国际金融市场上，多数浮动利率都是以________为参照指标而规定其上下浮动的幅度。

16. 按利率水平是否剔除通货膨胀因素来划分，利率可分为________和________。

17. 中央银行通过采用一些措施影响利率水平，其常用的方法或采取的措施有：________，________，________。

18. 古典学派认为，利率是由________和________这两个因素决定的。

19. 凯恩斯认为，利率是由________和________这两个因素共同决定的。

20. 可贷资金利率理论认为，利率取决于________和________的均衡点。

21. 可贷资金的供给＝________＋________＋________，可贷资金的需求＝________＋________。

22. IS－LM 分析模型是从整个市场全面均衡来讨论利率的决定机制，它必须在________和________同时达到均衡才能实现。

23. 利息率是________和________的比率。

24. 在计算利息额时，有两种方法：一为________，二为________。

25. 费雪效应揭示的是________和________之间的关系。

26. 我国的利率市场化是按照先________和________市场化，后________和________市场化，再________市场化三个阶段稳步推进的。

27. 2019 年 8 月起，________已经成为我国贷款市场中最重要的指导性利率。

二、选择题

（一）单项选择题

1. 信用是商品经济发展到一定阶段的产物。当商品交换出现延期支付、货币执行________职能时，信用就产生了。

A. 价值尺度　　B. 流通手段　　C. 支付手段　　D. 储藏手段

2. 经济学中，信用是一种体现特定经济关系的借贷行为，其特征表述错误的是________。

A. 信用的发生是以偿还为前提条件的

B. 信用的偿还是需要有附加利息的

C. 信用的价值运动形式与一般商品交换是没有区别的

D. 信用活动可以以商品形式，也可以以货币形式

3. 现代信用制度的基础是________，而现代信用的主要形式是________。

A. 国家信用　银行信用　　B. 国家信用　消费信用

C. 商业信用　银行信用　　D. 消费信用　投资信用

4. 关于商业本票和商业汇票的区别，以下________是错误的。

A. 商业汇票有三个当事人　　B. 商业本票是由债务人发出的

C. 商业汇票不需要经过承兑　　D. 商业汇票是由债权人发出的

5. 不是以商品交易为基础，而是专门为融通资金签发的一种票据，称为________。

A. 商业本票　　B. 商业汇票　　C. 本票　　D. 金融票据

6. ________是由债务人向债权人发出的，承诺在一定时期内支付一定款项的债务凭证。

A. 商业本票　　B. 商业汇票　　C. 银行本票　　D. 银行汇票

7. 需要经过债务人承兑方能有效的票据是________。

A. 商业本票　　B. 商业汇票　　C. 本票　　D. 支票

8. 由货币当局确定的利率是________。

A. 市场利率　　B. 官定利率　　C. 公定利率　　D. 实际利率

9. 在借贷关系存续期内，利率水平可随市场利率变化的利率是________。

A. 固定利率　　B. 浮动利率　　C. 一般利率　　D. 优惠利率

10. 在国际借贷市场上,低于 LIBOR 的贷款利率被称为________。

A. 固定利率　　B. 浮动利率　　C. 一般利率　　D. 优惠利率

11. 当一国国际收支出现持续大量逆差时,为了弥补国际收支逆差,需要利用资本项目大量引进外资。此时,金融管理当局就可能会________利率。

A. 提高　　B. 降低　　C. 不变　　D. 没关系

12. 关于消费信用,以下表述错误的是________。

A. 凯恩斯的需求管理思想得到认同是 20 世纪 60 年代消费信用快速发展的原因之一

B. 消费信用是一种刺激消费需求的方式,也是一种促进生产发展的手段

C. 人们的收入有较大幅度提高也是消费信用快速增长的原因

D. 直到 20 世纪 40 年代,消费信用才产生

13. 下列利率决定理论中,________强调投资与储蓄对利率的决定作用。

A. 马克思利率理论　　B. 古典利率理论

C. 可贷资金利率理论　　D. 流动性偏好理论

14. 在利率体系中发挥指导性作用的利率是________。

A. 市场利率　　B. 官定利率　　C. 公定利率　　D. 实际利率

15. ________认为,长期债券比短期债券有更多的市场风险,即价格波动更大,流动性较差。

A. 预期假说理论　　B. 市场分隔理论　　C. 流动性报酬理论　　D. 都不是

16. ________是利率市场化的基础,它有利于形成市场化的利率信号。

A. 一级市场　　B. 二级市场　　C. 资本市场　　D. 货币市场

17. 按照预期假说理论,如果人们预测未来短期利率下降,则债券回报率(即债券利率)曲线呈________。

A. 平坦状　　B. 递增状　　C. 递减状　　D. 隆起状

18. 流动性报酬理论在利率期限结构上的论述弥补了预期假说理论和市场分割理论的不足,认为期限不同的证券之间存在着________。

A. 完全替代　　B. 不完全替代　　C. 不能替代　　D. 分割关系

19. 认为对短期利率的预测并不能决定长期利率的变化的理论是________。

A. 预期假说理论　　B. 市场分隔理论　　C. 流动性报酬理论　　D. 都不是

20. 将商业信用转化为银行信用可以通过________。

A. 票据的承兑、贴现和抵押　　B. 股票质押贷款

C. 票据的背书　　D. 不动产的抵押贷款

21. 名义利率适应通货膨胀的变化而变化是________。

A. 同向,同步　　B. 同向,不同步

C. 不同向,但同步　　D. 不同向,也不同步

22. 利率变动对宏观经济有重要经济影响。从消费者角度看,利率上升时,会________。

A. 抑制消费,增加储蓄　　B. 刺激消费,减少储蓄

C. 刺激消费,刺激储蓄　　D. 抑制消费,抑制储蓄

23. 在通货膨胀时期,要保持实际利率水平不变,应________名义利率。

A. 保持不变　　B. 调高　　C. 调低　　D. 不一定

24. 在利率种类分析中，我们通常所说的“负利率”是指________。

A. 名义利率为负　　B. 实际利率为负

C. 名义利率低于实际利率　　D. 存款利率低于贷款利率

25. 金融资产的收益和利率水平有关，在复杂多样的利率体系中，衡量利率最精确的指标通常是________。

A. 实际利率　　B. 名义利率　　C. 基准利率　　D. 到期收益率

26. 某银行发放一笔贷款 100 万元，期限为 1 年，利率为 6%，当年通货膨胀率为 4%。按照比较精确的计算方法，实际利率为________。

A. 2%　　B. 1.92%　　C. 4%　　D. 6%

27. 如果市场主体预计未来会出现通货膨胀，下列说法正确的是________。

A. 名义利率和实际利率高低毫无联系

B. 实际利率与名义利率相等

C. 名义利率将会高于实际利率

D. 实际利率将会高于名义利率

28. 预期通货膨胀率的增加会导致利率上升，这是________。

A. 赤字效应　　B. 产出效应　　C. 费雪效应　　D. 流动性效应

29. 如果贷款利率从 3.5%上升到 4.5%，但预期房价增长率从 1.2%上涨到 3.2%，人们买房的意愿将________。

A. 增加　　B. 减少　　C. 没有影响　　D. 不一定

30. 自 2019 年 8 月起，我国的利率市场化取得突破性进展，________已经成为我国贷款市场中最重要的指导性利率。

A. LPR　　B. SHIBOR　　C. CHIBOR　　D. LIBOR

(二)多项选择题

1. 经济学中的信用是一种体现特定经济关系的借贷行为，其基本特征是________。

A. 流动性　　B. 安全性　　C. 偿还性　　D. 付息性

2. 经济学中的信用是________。

A. 一种等价交换行为　　B. 一种特殊的商品交换行为

C. 一种价值运动的特殊形式　　D. 一种借贷行为

E. 一种债权债务关系

3. 现代信用产生的基础是________。

A. 市场经济的发展　　B. 商品货币经济有了一定发展

C. 货币支付手段职能得以发展　　D. 现代银行的出现

4. 可以货币形态提供的信用有________。

A. 商业信用　　B. 银行信用　　C. 国家信用　　D. 消费信用

5. 凯恩斯阐述人们所持有的资产包括________。

A. 货币　　B. 股票　　C. 债券　　D. 实物资产

6. 商业票据是商业信用的工具，主要有________。

A. 期票　　B. 汇票　　C. 庄票　　D. 支票

7. 利率变化会引起一些经济变量的变化，从而影响整个国民经济活动水平。当利率上升时,会导致________增加。

A. 消费　B. 储蓄　C. 投资　D. 资本流入

8. 利率变化会引起一些经济变量的变化,从而影响整个国民经济活动水平。当利率下降时,会导致________增加。

A. 消费　B. 储蓄　C. 投资　D. 资本流入

9. 决定利率水平的因素是复杂多样的,主要有________。

A. 平均利润率　B. 借贷资金的供求关系

C. 国际收支状况　D. 预期通货膨胀率

E. 均衡利率

10. 促使利率水平上升的因素包括________。

A. 平均利润率增加　B. 预期通货膨胀率下降

C. 信贷资金供应增加　D. 信贷资金需求增加

E. 经济周期处于扩张阶段

11. 在利率种类分析中,我们通常所说的“负利率”是指________。

A. 名义利率为负　B. 实际利率为负

C. 名义利率低于通货膨胀率　D. 存款利率低于贷款利率

12. 下列观点中,属于凯恩斯流动性偏好利率理论的有________。

A. 利率是由货币需求与货币供给共同决定的

B. 货币供给是一个外生变量,由中央银行控制

C. 人们的“流动性偏好”成为决定利率高低的主要因素

D. 货币需求取决于人们的流动性偏好

E. 货币需求来自投资和人们的货币窖藏

13. 资金供求影响利率水平,下列正确的是________。

A. 当借贷资金供不应求时,利率上升　B. 当借贷资金供不应求时,利率下降

C. 当借贷资金供过于求时,利率下降　D. 当借贷资金供过于求时,利率上升

14. 从利率变动对经济的影响来看,与利率变动同方向的是________。

A. 货币需求　B. 货币供给　C. 投资　D. 储蓄

D. 消费

三、判断题

1. 信用只有在货币的流通手段职能存在的条件下才能发生。(　)

2. 从形式上看,国际信用是适应商品经济发展和国际贸易扩大而产生并发展起来的一种借贷关系;从本质上看,国际信用是资本输出的一种形式。(　)

3. 现代信用是在同高利贷做斗争的过程中发展起来的,随着现代信用制度的建立,高利贷信用已经被彻底消灭。(　)

4. 银行券是从货币作为流通手段的职能中产生的,是一种不定期的信用工具。(　)

5. 银行本票可以代替现金流通。(　)

6. 由货币当局确定的利率是公定利率。(　)

7. 在利率体系中发挥指导性作用的利率是公定利率。(　)

8. 实际利率是指剔除通货膨胀因素的利率，所以，实际利率又可以理解为在物价不变、货币购买力也不变的条件下的利率。（　　）

9. 利率市场化是指中央银行完全放弃对利率的调控，利率完全由市场决定。（　　）

10. 利率水平变动对资金供求有重要影响，并进而影响一国宏观经济状况及其国际收支，但利率只是影响宏观经济的一个非常重要的作用变量，而不是全部作用变量。（　　）

11. 在市场分隔理论中，长期利率和短期利率由各市场供求关系决定，因此，对短期利率的预测并不能决定长期利率的变化。（　　）

12. 预期假说理论认为，利率期限结构差异是由人们对未来利率的预期差异造成的。如果人们预测未来短期利率会下降，则债券回报率曲线大多呈递减状。（　　）

13. 由于借贷资金供求关系的影响，利率水平有时甚至高于平均利润率。（　　）

14. 因为考虑了通货膨胀因素，所以名义利率必然高于实际利率。（　　）

15. 由于支票是在银行信用基础上产生的，它的付款人就是银行，因此，支票具有比商业票据更大的信用保证。（　　）

16. 在现代经济生活中，货币量越多，表明银行信贷资金来源越多。（　　）

17. 利息是使用借贷资金的报酬，是货币资金所有者凭借对货币资金的所有权向这部分资金的使用者索取的报酬。（　　）

18. 由于利息与利润之间存在量的关系，利息也就成了反映使用借贷资金投资效率高低和货币资金使用是否合理的一个标志。（　　）

19. 不论从哪个方面看，利率变动对宏观经济都有着重要的影响。因此，提高或降低利率一定会促进经济增长或一定会使经济增长受到制约。（　　）

20. 费雪效应揭示的是预期通胀率和名义利率之间的关系。（　　）

四、名词解释

1. 信用	2. 高利贷	3. 商业信用	4. 银行信用
5. 国家信用	6. 消费信用	7. 国际信用	8. 国内信用
9. 国外信用	10. 赤字货币化	11. 票据	12. 汇票
13. 本票	14. 支票	15. 期票(商业本票)	16. 金融票据
17. 承兑	18. 背书	19. 银行券	20. 利息
21. 利率	22. 市场利率	23. 官方利率	24. 公定利率
25. 固定利率	26. 浮动利率	27. 名义利率	28. 实际利率
29. 优惠利率	30. 流动性陷阱	31. 预期假说理论	32. 市场分割理论
33. 流动性报酬理论	34. 利率的期限结构	35. LPR	

五、简答题

1. 为什么说商业信用是现代信用的基础，银行信用是现代信用的主要形式？
2. 商业本票与商业汇票有何区别？
3. 决定和影响利率水平的主要因素有哪些？
4. 简述凯恩斯流动性偏好利率理论。
5. 简述可贷资金利率理论的主要内容。

6. 简述利率期限结构理论的主要内容。

六、论述题

1. 论述信用在现代经济中的作用。

2. 为什么说 IS－LM 分析的利率理论是一种一般均衡的利率理论？

3. 利率变动对一国经济会产生怎样的影响？利率变动影响经济的主要渠道有哪些？

4. 从各国经验来看，利率市场化进程一般经历哪三个阶段？我国是如何推进利率市场化进程的？接下来还应该进行怎样的改革？

5. 如何评价利率期限结构的三大主要理论？

6. 什么是 LPR？它对我国贷款利率市场化有什么意义？

第四章　金融体系与金融改革

一、填空题

1. 现代金融体系一般是指一个经济体中有关资金集中、流动、分配和再分配的基本框架，其构成主要包括________、________、________以及对这一系统进行必要管理的监管机构共同构成的综合体。

2. 现代市场经济国家的金融机构体系通常是由________与________并存的格局，其基本特点是以________为核心，________机构居支配地位。

3. 金融工具一般应具有________、________和________等基本特征。

4. 金融体系积聚或筹集资金的功能可以有两种方式：一是________，二是________。

5. 1993 年国务院颁布了《关于金融体制改革的决定》，确定我国货币政策的最终目标为________________________。

6. 1995 年通过的《中国人民银行法》，用法律形式确定的货币政策工具主要是________、________、________、________、________五种。

7. 2018 年中国人民银行、中国银行保险监督管理委员会、中国证券监督管理委员会、国家外汇管理局联合颁布《关于规范金融机构资产管理业务的指导意见》，是一部以治理________为导向出台的资产管理新规，正式拉开了资产管理业务乱象整治的帷幕。

8.《国有金融资本管理条例(征求意见稿)》《国有金融资本出资人职责暂行规定》等一系列重要文件的出台，推动国有资本管理从________向________为主转变。

9. 2006 年 9 月 8 日中国金融期货交易所(简称中金所)在上海正式挂牌成立。目前，中金所已开发________、________、________三类七个品种金融衍生产品。

10. 2018 年我国监管体制做了调整，组建________，这是金融体制的顶层设计，也是逐步建立现代金融监管框架的必由之路，进一步强化以________为核心的宏观审慎管理框架和系统性风险防范机制。

11. 2016 年 4 月发布全球首个以人民币计价的黄金基准价格________，有效提升了我国黄金市场的定价影响力。

12. 2021 年 10 月，为健全我国宏观审慎政策框架，维护金融体系稳定，中国人民银行会同中国银行保险监督管理委员会正式发布________，补齐系统重要性银行监管制度短板。

13. ________年，人民币正式纳入特别提款权(SDR)货币篮子，权重(10.92%)仅次于美元和欧元、高于日元，人民币国际化取得重大进展。

14. 人民币原油期货(INE)于________年 3 月 26 日上市，引起了全球投资者的广泛关注。

15. 2021 年 10 月 29 日，________正式纳入中国国债，推动万亿规模的增量资金流入在岸市场。迄今为止，全球三大主流固收基准指数和主要股指均已纳入中国证券，并逐步提高中国权重。

16. 顺应金融风险管理的要求，我国初步确立________和________并行的双层金融监管模式。省级地方金融监管局由挂靠其他委办局升格为省政府直属机构，并加挂金融工作办公室牌子。

二、选择题

(一)单项选择题

1. 2018 年，中国人民银行、中国银行保险监督管理委员会、中国证券监督管理委员会、国家外汇管理局联合颁布《关于规范金融机构资产管理业务的指导意见》，是一部以治理________为导向出台的资产管理新规，正式拉开了资产管理业务乱象整治的帷幕。

A. 商业银行　　B. 投资银行　　C. 影子银行　　D. 资产管理公司

2. 金融工具一般应具有流动性、________和收益性等基本特征。

A. 盈利性　　B. 稳健性　　C. 交易性　　D. 风险性

3. 投资对象仅限于安全性高、流动性强的金融市场工具的基金是________。

A. 风险投资基金　　B. 货币市场基金　　C. 投资基金　　D. 对冲基金

4. 下列属于间接金融投资工具的是________。

A. 股票　　B. 金融债券　　C. 投资基金　　D. 公司债券

5. 随着我国利率市场化改革加快推进，贷款市场报价利率(LPR)进一步完善，持续培育以________为代表的金融市场基准利率体系。

A. 上海银行间同业拆借利率(SHIBOR)　　B. 债券回购利率(DR)

C. 中国银行间同业拆借利率(CHIBOR)　　D. 再贴现率

6. 人们对既定体系安排和体系结构的一种满足状态或满意状态的金融体系是指________。

A. 均衡的金融体系　　B. 非均衡的金融体系

C. 市场经济体制下的金融体系　　D. 计划经济体制下的金融体系

7. 2018 年我国监管体制做了调整，组建银保监会，这是金融体制的顶层设计，也是逐步建立现代金融监管框架的必由之路，进一步强化以________为核心的宏观审慎管理框架和系统性风险防范机制。

A. 中央银行　　B. 保监会　　C. 银监会　　D. 证监会

8. 2021 年 10 月 29 日，________正式纳入中国国债，将推动万亿规模的增量资金流入在岸市场。迄今为止，全球三大主流固收基准指数和主要股指均已纳入中国证券，并逐步提高中国权重。

A. 彭博巴克莱债券指数(BBGA)　　B. 摩根大通指数(GBI-EM)

C. 富时世界国债指数(WGBI)　　D. 都不是

9. 2019 年 4 月 1 日，以人民币计价的中国国债和政策性银行债券开始被纳入________，人民币计价的中国债券成为继美元、欧元、日元之后第四大计价货币债券。

A. 彭博巴克莱债券指数(BBGA)　　B. 摩根大通指数(GBI-EM)

C. 富时世界国债指数(WGBI)　　D. 都不是

10. 2021 年 9 月北京证券交易所正式成立，形成新三板________、________与北京证券交易所________"层层递进"的市场结构，其市场运行、投资者结构、主要基础制度安排等都有中小企业特色，与沪深交易所差异明显，将有利于完善和丰富我国资本市场的制度。

A. 精选层　基础层　创新层　　B. 精选层　创新层　基础层

C. 基础层　创新层　精选层　　D. 基层　中层　顶层

(二)多项选择题

1. 欧美一些国家在国际金融体系改革中反复争论关于国际货币基金组织(IMF)及世界银行的功能与作用，其实质是________。

A. 对国际金融领导权及国际经济与金融利益的争夺

B. 大国对国际金融体系的主导权争夺

C. 小国努力在这个体系中依附大国金融

D. 小国通过依附大国稳定自身的金融体系

2. 企业和家庭可以根据金融市场上观察到的利率和资产价格，进行投资、消费和储蓄的决策，体现了金融体系的________功能。

A. 聚集和分配资源　B. 管理风险　C. 提供信息　D. 改善激励

3. 2021 年 9 月，北京证券交易所正式成立，形成新三板________与北京证券交易所精选层"层层递进"的市场结构，将有利于完善和丰富我国资本市场的制度。

A. 精选层　B. 基础层　C. 创新层　D. 中间层

三、判断题

1. 对于一个经济系统而言，金融体系必须是一个能自我平衡的体系，否则将会引发金融危机、经济危机乃至政治危机。（　　）

2. 20 世纪 90 年代以来，传统的银行业务正在遭受来自证券业、保险和基金组织的侵蚀，世界金融体系越来越显得多元化，银行作为各国金融体系的信贷中心、结算中心和现金出纳中心的地位已不复存在。（　　）

3. 在世界范围内，欧美一些国家在国际金融体系改革中反复争论关于国际货币基金组织(IMF)及世界银行的功能与作用，其实质是对国际金融领导权及国际经济与金融利益的争夺。（　　）

4. 在当今世界范围内，大国争夺国际金融体系的主导权，小国则努力在这个体系中依附大国金融以稳定自己的国内金融体系。（　　）

5. 共同基金，又称投资基金，是一种直接的金融投资机构或工具。（　　）

6. 金融体系的非均衡是一种常态,正是这种非均衡性导致了金融体系的不断创新、发展和进步。 (　　)

7. 2015 年 10 月 24 日,商业银行存款利率的放开,标志着我国利率市场化改革的完成。 (　　)

四、名词解释

1. 金融体系　2. 国内金融体系　3. 区域金融体系　4. 国际金融体系
5. 金融体系的均衡　6. 金融体系的非均衡　7. 金融工具　8. 金融监管
9. 供给侧改革

五、简答题

1. 请简要概述金融体系的内涵与分类。
2. 金融体系的主要功能有哪些? 请简要概述。
3. 什么是金融监管? 金融监管的目的是什么?
4. 什么是供给侧改革? 简述我国供给侧改革的三阶段。
5. 简述我国多层次资本市场体系构建与完善过程。
6. 简述我国利率市场化推进进程。

六、论述题

1. 我国金融改革经历了哪些阶段? 取得了哪些成就?

2. 根据我国金融改革的过程与现状,阐述我国金融体系中存在的主要问题有哪些? 应该如何加以改革?

第二篇

金融机构

第五章　商业银行

一、填空题

1. 1694年成立的________是历史上第一家股份制银行，也是现代银行产生的象征。

2. 中国自办的第一家银行是1897年成立的________，它的成立标志着中国现代银行事业的创始。

3. 商业银行主要通过以下两条途径产生：一是________，二是________。

4. ________是商业银行最基本也是最能反映其经营活动特征的职能。

5. 商业银行的信用创造职能是建立在________职能和________职能的基础之上的。

6. 商业银行的业务大体上可以分为三类：________、________、________。

7. 商业银行的资金来源可以分为________和________两大类。

8. ________和________共同组成商业银行的准备金。________是商业银行用于应付日常提存的现金资产。

9. 中国商业银行的资产业务一般分为以下几类：________、________、________和其他资产。

10. 传统中间业务包括________、________、________、________和________。

11. 狭义的表外业务大致可分为________、________、________等资产转换业务，衍生工具的交易以及与________等有关的投资银行业务。

12. 商业银行的经营原则是________、________和________。

13. 西方商业银行的经营管理理论经历了________、________、________以及________四个阶段。

14. 资产担保证券是商业银行将某些传统的非流动性贷款经过技术处理后重新组合为同质量并可分割的标准贷款组合，以此为本金与利息的现金收入保证来发行证券，即________。其中，住房抵押贷款一般采用________的形式。

15. 1988年通过的________对表内资产和表外业务都确定了不同的风险权数以及相应

的资本充足率,它是西方商业银行资产负债管理理论和风险管理理论完善与统一的标志。

16. 资产管理理论依其提出的顺序,有以下三种理论:________、________和________。

17. 2004 年 6 月,巴塞尔委员会正式颁布了新巴塞尔协议(Basel Ⅱ)。其主要内容为________、________、________三大支柱,对银行业管理信贷风险及满足不同的监管条例等制定了更为复杂的标准。

18. 根据巴塞尔委员会的规定,实际缴足的、永久性的股东权益属于________,债务资本属于________。

19. 根据 2010 年 9 月 12 日颁布的《巴塞尔协议Ⅲ》协议规定,全球各商业银行 5 年内必须将一级资本充足率的下限从________上调至________。同时,协议将普通股最低要求从________提升至________。但是,对资本充足率+资本缓冲要求在 2019 年以前从现在的________逐步升至________。

20. 2010 年 9 月 12 日巴塞尔银行监管委员会颁布的《巴塞尔协议Ⅲ》,被认为是近几十年来针对银行监管领域的最大规模改革。该协定要求各家银行最迟在________年底完全接受最新的针对一级资本的定义。

21. 2013 年 1 月 6 日,巴塞尔银行业监管委员会公布《巴塞尔协议Ⅲ》中的________规则,各银行可以把更大范围的流动资产计入缓冲范畴,其中包括一些股票和优质抵押贷款支持证券。

22. 与《巴塞尔协议Ⅰ》相比,《巴塞尔协议Ⅱ》将________和________纳入银行资本计量与监管范围,并对其概念与计量标准做了界定。

二、选择题

(一)单项选择题

1. 商业银行最基本也是最能反映其经营活动特征的职能是________。

A. 信用创造　　B. 支付中介　　C. 信用中介　　D. 金融服务

2. 商业银行与其他金融机构的重要区别之一在于其能接受________。

A. 活期存款　　B. 定期存款　　C. 储蓄存款　　D. 原始存款

3. ________是历史上第一家股份制银行,也是现代银行产生的象征。

A. 德意志银行　　B. 法兰西银行　　C. 英格兰银行　　D. 日本银行

4. ________是中国自办的第一家银行,它的成立标志着中国现代银行事业的创始。

A. 中国通商银行　　B. 中国交通银行　　C. 户部银行　　D. 中国实业银行

5. 商业银行的信用创造功能取决于________。

A. 金融服务的功能　　B. 部分储备制度

C. 贷款的功能　　D. 吸收存款的功能

6. 商业银行经营既具有一般企业特征,同时又具有自身的特点,因此,其目标无论是获得最大利润或者股东利益最大化,都必须强调在________的前提下。

A. 稳健经营　　B. 自负盈亏　　C. 自主经营　　D. 独立核算

7. 商业银行是一个信用授受的机构,其信用中介职能把货币资金的________在资金盈余单位和资金短缺单位之间进行融通。

A. 所有权　　B. 使用权　　C. 借贷权　　D. 产权

8. 商业银行流动性最高的负债是________。

A. 支票存款 B. 储蓄存款 C. 定期存款 D. 小额定期存款

9. 商业银行流动性最高而收益性最低的资产是________。

A. 短期债券 B. 流动性贷款 C. 票据贴现 D. 现金

10. 下列________不属于商业银行的交易存款。

A. 支票存款 B. 储蓄存款 C. NOWs D. CDs

11. 下列________不属于商业银行的现金资产。

A. 库存现金 B. 准备金 C. 存放同业款项 D. 应付款项

12. 下列属于商业银行二级准备的是________。

A. 现金 B. 超额准备金 C. 政府债券 D. 公司债券

13. 商业银行经营证券投资业务最初主要是为了保持资产的________。

A. 安全性 B. 盈利性 C. 流动性 D. 稳定性

14. 20世纪50年代中后期至60年代初，金融市场出现“脱媒”现象，商业银行经营管理的重点转向________。

A. 资产管理 B. 负债管理

C. 资产负债综合管理 D. 资产负债表内外统一管理

15. 预期收入理论属于商业银行管理的________理论。

A. 资产管理 B. 负债管理

C. 资产负债综合管理 D. 资产负债表内外统一管理

16. 在________理论的鼓励下，当时的西方商业银行资产组合中的票据和短期国债的比重迅速增加。

A. 商业性贷款 B. 资产可转换 C. 预期收入 D. 负债管理

17. 商业银行资产在无损失状态下迅速变现的能力是指________。

A. 负债的流动性 B. 资产的流动性 C. 经营的安全性 D. 经营的盈利性

18. 下列金融工具中，流动性和安全性最好的是________。

A. 国库券 B. 政府机构债券 C. 企业债券 D. 地方政府债券

19. 根据《巴塞尔协议》的规定，银行资产和表外业务按其信贷风险的大小被分成________类，并对各类资产分别规定权数。

A. 3 B. 4 C. 5 D. 6

20. 根据1988年《巴塞尔协议》规定的资本充足率要求，银行资本和银行核心资本与银行加权风险资产的比率分别应达到________。

A. 20%和10% B. 50%和20% C. 80%和75% D. 8%和4%

21. 下列各项中，不属于2003年《新巴塞尔资本协议》中“三大支柱”的是________。

A. 最低资本要求 B. 市场约束

C. 综合监管 D. 监管当局的监督检查

22. 2007年2月，中国银监会印发了《中国银行业实施新资本协议指导意见》，要求国内大型商业银行从________年底起开始实施新资本协议。

A. 2010 B. 2011 C. 2012 D. 以上均否

23. 2008年的全球金融危机打乱了在全球加快实施《巴塞尔协议Ⅱ》的步伐，________年巴塞尔委员会在争议中颁布了《巴塞尔协议Ⅲ》。

A. 2009　　B. 2010　　C. 2011　　D. 2012

24.《巴塞尔协议Ⅲ》规定，到 2015 年 1 月，全球各商业银行的一级资本充足率下限将从现行的 4%上调至________。

A. 5%　　B. 5.5%　　C. 6%　　D. 6.5%

25.《巴塞尔协议Ⅲ》规定，全球各商业银行到 2015 年 1 月，普通股构成的"核心"一级资本占银行风险资产的下限将从现行的 2%提高至________。

A. 3%　　B. 4%　　C. 4.5%　　D. 5%

26.《巴塞尔协议Ⅲ》是近几十年来针对银行监管领域的最大规模改革，要求商业银行加强________管理。

A. 流动性　　B. 安全性　　C. 盈利性　　D. 风险性

(二)多项选择题

1. 商业银行在现代经济活动中发挥的功能包括________。

A. 信用中介　　B. 支付中介　　C. 信用创造　　D. 宏观调控

E. 金融服务

2. 商业银行的信用创造职能是建立在________职能的基础之上的。

A. 信用中介　　B. 支付中介　　C. 信用创造　　D. 金融服务

3. 商业银行的资金来源可以分为银行资本和银行负债两大类，而银行的核心资本一般包括________。

A. 实收资本　　B. 公开储备　　C. 可转换债券　　D. 次级债券

4. 商业银行的现金资产包括________。

A. 库存现金　　B. 存放在中央银行的款项

C. 应收款项　　D. 应付款项

E. 存放同业款项

5. 商业银行的准备金的组成包括________。

A. 库存现金　　B. 法定存款准备金　　C. 超额准备金　　D. 托收中现金

6. 由出租方融通资金，为承租人提供所需设备，承租方定期偿还租金并获得设备资产的使用权的一种国际通行的长期租赁形式，称为________。

A. 经营性租赁　　B. 资本性租赁　　C. 服务性租赁　　D. 融资性租赁

7. 商业银行的经营原则是________。

A. 流动性　　B. 政策性　　C. 盈利性　　D. 安全性

8. 资产管理理论作为早期的商业银行管理理论，经历了以下________发展阶段。

A. 商业性贷款理论　　B. 负债管理理论

C. 资产负债综合管理理论　　D. 资产可转换理论

E. 预期收入理论

9. 现代商业银行的发展趋势是________。

A. 业务经营全能化　　B. 跨国化　　C. 网络化　　D. 非货币化

10. 货币市场共同基金主要投资于________。

A. 股票　　B. 商业票据

C. 企业债券　　D. 大额可转让定期存单

11. 在2003年《新巴塞尔协议》中，被称为“巴塞尔协议”三大支柱的是________。

A. 最低资本金要求　　B. 监管部门的监督检查

C. 市场纪律约束　　D. 信息披露监管

12. 2003年《巴塞尔新资本协议》中特别强调的风险是________。

A. 法律风险　　B. 操作风险　　C. 市场风险　　D. 信用风险

E. 声誉风险

13. 商业银行为社会提供的风险管理服务包括以下________环节。

A. 风险识别　　B. 风险估价　　C. 风险评估　　D. 风险处理

14. 商业银行的创新投资工具包括________。

A. 结构票据　　B. 金融期权　　C. 证券化资产　　D. 剥离证券

三、判断题

1. 在我国政府机关、企业单位的所有存款，都不能称之为储蓄存款。（　）

2. 储蓄存款和储蓄是两个相同的概念。（　）

3. 商业银行与其他金融机构的基本区别在于商业银行是唯一吸收活期存款、开设支票存款账户的金融中介机构。（　）

4. 商业银行创造信用的能力不受任何条件限制。（　）

5. 商业银行的信用中介职能并不改变货币资金的所有权，而只是把货币资金的使用权在资金盈余单位和资金短缺单位之间融通。（　）

6. 永久性的股东权益和债务资本都属于商业银行的一级资本或核心资本。（　）

7. 从会计处理角度而言，所有的表外业务都属于中间业务。（　）

8. 票据贴现是商业银行的负债业务。（　）

9. 非交易存款是指不能签发支票的存款，因而不能直接充当交易媒介。（　）

10. NOW账户是以支付命令书取代了支票，实际上是一种不使用支票的支票账户。（　）

11. 支票存款可以直接起到交易媒介的作用，所以一般都把它视为货币的一个组成部分。（　）

12. 在商业银行的资产管理中，流动性是一项重要原则，因此，商业银行应该保留尽可能多的现金准备。（　）

13. 1988年的《巴塞尔协定》并没有规定将表外业务项目计入银行资本充足率。（　）

14. 根据2010年9月颁布的《巴塞尔协议Ⅲ》有关资本要求的相关规定，银行每投资或放贷100美元，就需要留出7美元用作储备。而贷款和投资的风险越高，要求的资本也越高。（　）

四、名词解释

1. 商业银行　　2. 负债业务　　3. 资产业务　　4. 中间业务

5. 表外业务　　6. 支票存款　　7. NOW账户　　8. 储蓄

9. 储蓄存款　　10. 大额可转让定期存单(CDs)　　11. 欧洲美元定期存单

12. 扬基定期存单　13. 应收款项　14. 资产担保证券　15. 结算业务
16. 租赁业务　17. 经营性租赁　18. 融资性租赁　19. 信托
20. 代理业务　21. 代理收付款业务　22. 代融通业务
23. 代理行业务　24. 现金管理业务　25. 代保管业务　26. 备用信用证业务
27. 承诺业务　28. 信贷额度　29. 贷款承诺　30. 票据发行便利
31. 贷款出售　32. 贷款证券化出售　33. 或有负债

五、简答题

1. 简述商业银行的性质。它与其他金融机构的区别何在?

2. 商业银行的资金来源由哪几个部分构成?其中支票存款和非交易存款在成本和流动性方面对银行经营有何不同影响?

3. 商业银行的资产业务主要分为哪几类?现金资产是收益率最低的资产,那么,现金资产占总资产的比例越少越好吗?为什么?

4. 试比较储蓄与储蓄存款的区别。

5. 什么是中间业务?什么是表外业务?两者是同一个概念的不同表述吗?请简要分析之。

6. 简述商业银行经营的三原则。

7. 你怎样看待商业银行资金的刚性特征?商业银行如何保持流动性?

8. 什么是商业信用证?什么是备用信用证?两者的区别是什么?

9. 互联网金融对商业银行带来了哪些机遇与挑战?

六、论述题

1. 试述商业银行的职能与作用。

2. 试述商业银行资产负债管理理论的发展脉络。

第六章　投资银行

一、填空题

1.1933 年________的颁布，标志着现代商业银行与投资银行分野格局的形成，同时也标志着纯粹意义上的商业银行和投资银行的诞生。

2.20 世纪 80 年代中期以来，世界各国投资银行与商业银行的相互关系及业务范围的界定，大致可分为________和________两种体制。

3. ________是投资银行最基本的传统业务。

4. 证券的发行方式分为________和________两种。

5. 将缺乏流动性的资产转化为在金融市场上可以出售的证券的行为，称为________。

6. 新兴公司在创业期和拓展期所融通的资金称为________，又称________。

7. 投资银行经营的业务主要包括________、________、________、________、________、________、衍生金融工具的创造与交易、咨询服务等。

8.20 世纪 60 年代以来，投资银行的发展呈现出的两个最主要的特征是________和________。

9. 投资银行是以证券业务为本源，主要发挥________功能的金融机构，是国际金融体系中最重要的组成部分之一。

10. 投资银行业监管的历史以三个重大金融法案的颁布作为转折点，分别是________、________和________。

11. 在投资银行业最发达的美国，可将投资银行按规模、业务范围、客户基础等分为________、________、________和________。

二、选择题

(一)单项选择题

1. 投资银行最基本的传统业务是________。

A. 证券承销　B. 证券交易　C. 证券私募　D. 资产证券化

2. 将缺乏流动性的资产转化为在金融市场上可以出售的证券的行为,称为________。

A. 证券承销　B. 证券交易　C. 证券私募　D. 资产证券化

3. 把证券出售给数量有限的机构投资者,如保险公司、共同基金、保险基金等,是投资银行的________业务。

A. 证券公募　B. 证券私募　C. 证券管理　D. 风险投资

4. 基金管理的关键是在分散和降低风险的基础上获得较高的收益,因此,________就显得极为重要。

A. 风险资本投资　B. 证券承销　C. 证券组合投资　D. 资产证券化

5. 投资银行是以证券业务为本源业务,主要发挥________功能的金融机构,是国际金融体系中最重要的组成部分之一。

A. 直接融资　B. 间接融资

C. 直接融资与间接融资并重　D. 不一定

6. 投资银行的资金来源主要通过证券的发行和交易筹集,其本源业务为________。

A. 证券交易　B. 证券承销　C. 证券私募　D. 资产证券化

7. 美国华尔街五大投资银行中,最先"暴雷"的是________。

A. 雷曼兄弟　B. 摩根士丹利　C. 美林　D. 贝尔斯登

E. 高盛

8. 收购与兼并统称并购,是投资银行一项极为重要的业务。兼并的实施需要超过________甚至更多的股东投票支持。

A. 45%　B. 50%　C. 60%　D. 80%

(二)多项选择题

1. 资产证券化是一种对________都有益的融资方式。

A. 发行者　B. 投资者　C. 投资银行　D. 借款者

2. 20 世纪 60 年代尤其是 70 年代中后期以来,投资银行迅速发展的重要特征集中表现在________。

A. 金融创新　B. 企业收购与兼并　C. 拓展国际业务　D. 证券承销

3. 证券发行过程中,投资银行不一定需要承担从发行人处购买证券的义务,投资银行同意从发行人处以固定价格购买证券时,此类承销的安排属于________。

A. 包销　B. 代销　C. 分销　D. 承销辛迪加

4. 信用增级或信用提高可能以以下________形式出现。

A. 第三方担保　B. 准备金或现金担保品

C. 对发行者的追索权　D. 超额担保

E. 优先/附属结构

三、判断题

1. 1933 年《格拉斯-斯蒂格尔法》的颁布,标志着纯粹意义上的商业银行和投资银行的诞生。　(　)

2. 在完成证券承销业务后,就意味着投资银行和该证券的交易关系结束了。　(　)

3. 证券交易是投资银行最基本的传统业务。（　　）

4. 证券承销实际上就是公募发行。（　　）

5. 资产证券化是对发行者、投资者和投资银行有益，而对借款者有风险的一种融资方式。（　　）

6. 基金管理的关键是在分散和降低风险的基础上获得较高的收益，因此，风险资本投资就显得极为重要。（　　）

7. 融资的利差收益也是投资银行利润的主要来源之一。（　　）

8. 投资银行的资金来源主要通过证券的发行和交易筹集。（　　）

9. 投资银行是以证券业务为本源，主要发挥间接融资功能的金融机构，是国际金融体系中最重要的组成部分之一。（　　）

10. 股票投资是一项高风险的投资，而投资于投资基金则没有任何风险。（　　）

11. 在出售新证券时，投资银行不一定需要承担从发行人处购买证券的义务，投资银行可以是新证券的发行顾问或分销商。（　　）

四、名词解释

1. 投资银行　2. 商人银行　3. 证券承销　4. 私募发行

5. 资产证券化　6. 风险资本　7. 证券包销　8. 承销辛迪加

五、简答题

1. 什么是投资银行？它与商业银行的主要区别有哪些？

2. 简述投资银行产生与发展的脉络。

3. 何谓分业模式？何谓综合模式？怎样才能既发挥综合模式的优势，又能有效地控制其风险？

4. 什么是私募发行？与公募发行相比，私募发行有哪些优缺点？投资银行在私募发行中扮演怎样的角色？

5. 什么是资产证券化？为什么说资产证券化对发行者、投资者、借款者和投资银行各方都是一种有益的融资方式？

6. 什么是投资银行？请简述投资银行与基金业务的关系。

7. 我国银行业的综合经营采用了什么样的模式？这种模式的优点是什么？

8. 为什么资产担保证券都需要经历增级和信用提高这一过程？

六、论述题

1. 投资银行在金融危机中扮演了什么角色？金融危机给美国投资银行带来了什么影响？

2. 试分析20世纪以来投资银行业监管所经历的三个重大转折及其在不同发展时期的监管力度变化。

第七章　其他金融机构

一、填空题

1. 存款型金融机构主要有________、________和________。

2. 契约型金融机构主要包括________和________。

3. 投资型金融机构主要包括________、________和________。

4. 投资基金的机制特点即________、________、________、________。

5. 根据组织形式不同,共同基金可以分为________和________两类。

6. 根据发行股份的份额是否固定及可否被赎回,共同基金可分为________和________两类。

7. 1999年,我国相继成立了________、________、________、________四家资产管理公司,分别负责管理和处置四大国有银行的不良资产。

8. 1994年,为适应经济发展的需要,我国相继建立了________、________、________三家政策型银行。

9. 2015年4月,国务院正式批复国家开发银行、中国进出口银行、中国农业发展银行三家政策性银行的改革方案,其中国务院明确将________定位为开发性金融机构。

10. 经过二十多年的发展,我国已经形成了以________、________和________为领导,国家控股商业银行为主体,多种金融机构并存的金融机构体系格局。

二、选择题

(一)单项选择题

1. 下列不属于存款型金融机构的是________。

A. 商业银行　　B. 储蓄银行　　C. 信用社　　D. 投资基金

2. 下列属于契约型金融机构的是________。

A. 金融公司　　B. 封闭型基金　　C. 保险公司　　D. 信用社

3. 下列不属于投资型金融机构的是________。

A. 共同基金　　B. 金融公司
C. 货币市场共同基金　　D. 养老金基金

4. 股份相对固定，一般不向投资者增发新股或赎回旧股的是________。

A. 公司型基金　　B. 契约型基金　　C. 封闭型基金　　D. 开放型基金

5. 在我国，负责管理和处置中国工商银行不良资产的资产管理公司是________。

A. 信达资产管理公司　　B. 华融资产管理公司
C. 东方资产管理公司　　D. 长城资产管理公司

6. 下列________不属于政策性银行。

A. 中国人民银行　　B. 中国进出口银行
C. 中国农业发展银行　　D. 国家开发银行

（二）多项选择题

1. 保险公司和养老金基金同属于契约型储蓄机构，两者的共同特征表现在________。

A. 以合约方式定期、定量地从持有人手中收取资金
B. 按合约规定向持约人提供保险服务或养老金
C. 具有投资和防灾、防损的功能
D. 其资金可投资于较长期的证券

2. 根据发行的股份（或受益凭证，下同）份额是否固定及可否被赎回，可以把共同基金分为________。

A. 公司型基金　　B. 契约型基金　　C. 封闭式基金　　D. 开放式基金

3. 货币市场基金的投资对象主要是________。

A. 股票　　B. 商业票据　　C. 长期国债　　D. 国库券

4. 投资基金的特点包括________。

A. 专家理财　　B. 投资组合　　C. 规模经营　　D. 收益率特别高
E. 规模经济

5. 政策性银行一般具有以下基本特征：________。

A. 不以营利为目的　　B. 服务于特定的业务领域
C. 组织方式上的政府控制　　D. 融资准则的非商业性

6. 我国现阶段政策性银行有________。

A. 中国人民银行　　B. 国家开发银行
C. 中国进出口银行　　D. 中国农业发展银行

7. 下列________不属于商业银行。

A. 中国农业银行　　B. 中国进出口银行
C. 中国农业发展银行　　D. 国家开发银行

三、判断题

1. 由于存款型金融机构创造存款，而这些存款又是货币供应的重要组成部分，所以，这类机构是货币金融学特别关注的机构。（　　）

2. 共同基金又称投资基金，它是一种直接的金融投资机构或工具。（　　）

3. 契约型基金本身并不是一个法人。 ( )

4. 开放型基金的发行总额是固定的。 ( )

5. 货币市场共同基金的投资对象仅限于安全性高、流动性大的货币市场金融工具。 ( )

6. 在我国,住房储蓄银行属于政策性银行。 ( )

7. 在西方国家,储蓄银行和商业银行同样受到严格监管,因为它们也创造存款,这些存款是货币供应的重要组成部分。 ( )

8. 信用合作社属于契约型金融机构。 ( )

9. 收益率特别高是投资基金的特点之一。 ( )

10. 共同基金属于契约型金融机构。 ( )

11. 在绝大多数国家里,人寿保险公司都是储蓄机构。 ( )

12. 投资基金的机制特点及优势是投资组合、分散风险、专家理财、规模经济,因此,投资基金可以防范社会经济生活中的所有风险。 ( )

四、名词解释

1. 储蓄银行	2. 信用合作社	3. 养老基金	4. 金融公司
5. 共同基金	6. 公司型基金	7. 契约型基金	8. 封闭式基金
9. 开放式基金	10. 契约型储蓄机构	11. 货币市场共同基金	
12. 对冲基金	13. 羊群效应	14. 信托公司	15. 政策性银行

五、简答题

1. 什么是存款型金融机构?什么是契约型金融机构?它们的主要类型和主要区别是什么?

2. 为什么说购买共同基金属于间接投资?共同基金的特点是什么?

3. 什么是政策性银行?它和商业银行的主要区别是什么?

4. 我国资产管理公司的经营宗旨是什么?

5. 请简要阐述 2015 年以来我国政策性银行的改革。

六、论述题

试述我国金融机构体系的结构与职能。

第八章　中央银行与金融监管体系

一、填空题

1. ________是一国金融体系的核心，是一国最高的金融管理机构。

2. 中央银行是国家宏观金融和经济调控的________，而商业银行等一般金融企业则是宏观调控的________。

3. 中央银行在国民经济中的地位体现在________、________和________三方面。

4. 中央银行的职能可概括为以下三类：________、________、________。

5. 历史上最早的国有银行是________，也是世界上第一家发行银行券的银行。

6. 中央银行在整个金融体系中的主导地位主要体现在________角色。

二、选择题

(一)单项选择题

1. 中央银行的产生________商业银行。

A. 早于　　B. 同时　　C. 晚于　　D. 不一定

2. 中央银行作为国家银行，它代理国库，集中________。

A. 银行存款　　B. 企业存款　　C. 个人存款　　D. 国库存款

3. 下列________最能体现中央银行是“银行的银行”。

A. 发行货币　　B. 最后贷款人　　C. 代理国库　　D. 集中存款准备金

4. 真正最早全面发挥中央银行职能的是________。

A. 英格兰银行　　B. 法兰西银行　　C. 德意志银行　　D. 瑞典银行

5. 中央银行作为特殊的金融机构，其业务对象为________。

A. 一国金融机构与工商企业　　B. 一国政府与金融机构

C. 一国工商企业与金融机构　　D. 工商企业与个人

6. 下列中央银行中，具有较大独立性的是________。

A. 英格兰银行　　B. 日本银行
C. 美国联邦储备体系　　D. 中国人民银行

7. 人们手中持有的纸币体现持有人对中央银行的________。
A. 负债　　B. 债权　　C. 债务　　D. 无关

8. 中央银行通常被称为“最后贷款人”，这是因为________。
A. 监管银行贷款
B. 其贷款利率优惠
C. 可以向陷入资金周转困难的商业银行和其他金融机构发放贷款
D. 在银行无能为力的情况下，可以向客户发放贷款

(二)多项选择题

1. 1656 年成立的瑞典银行是历史上最早的________。
A. 中央银行　　B. 国有银行　　C. 发行银行　　D. 商业银行

2. 第二次世界大战后，各国加强了中央银行制度的建设。中央银行制度强化主要体现在________。
A. 中央银行的国有化
B. 国家对中央银行控制的加强
C. 强化了中央银行货币政策的宏观调控
D. 中央银行国际间合作的加强
E. 跨国中央银行的出现

3. 中央银行产生的主要途径有________。
A. 垄断货币的发行　　B. 票据交换与结算
C. 从商业银行演变而来　　D. 直接组建

4. 中央银行作为特殊的金融机构，其特殊性主要体现在________。
A. 国家实行宏观金融和经济调控的主体
B. 中央银行不以营利为目的
C. 一般不与工商企业和个人发生业务关系
D. 独享货币发行的特权

5. 中央银行作为银行的银行，其主要职责有________。
A. 集中存款准备金　　B. 最终的贷款人
C. 保管黄金外汇储备　　D. 组织全国清算

三、判断题

1. 在纸币本位制下，中央银行不是唯一由国家授权发行货币的银行。（　　）

2. 中央银行作为特殊的金融机构，一般不经营商业银行和其他金融机构的普通金融业务。（　　）

3. 中央银行从事“存、放、汇”银行业务的对象是商业银行和其他商业企业。（　　）

4. 各国中央银行的独立程度虽然存在较大的差异，但没有一家中央银行能够完全独立于政府之外。（　　）

5. 中央银行作为国家的银行，又被称为“国家的总出纳”。（　　）

6. 中央银行是发行的银行，所以，除中央银行外，任何其他金融机构的行为都不会影响货币供给。（ ）

7. 中央银行充当最后的贷款人是其“政府的银行”职能的表现。（ ）

8. 流通中现金是中央银行的负债。（ ）

四、名词解释

1. 发行的银行　　2. 银行的银行　　3. 国家的银行

五、简答题

1. 为什么说中央银行是“银行的银行”？
2. 第二次世界大战后，中央银行制度的强化主要体现在哪些方面？
3. 中央银行在现代经济中发挥怎样的职能？
4. 苏格兰银行可以发行苏格兰英镑，为什么我们还说英格兰银行垄断了货币发行权？

六、论述题

1. 试述中央银行在现代经济中的作用。
2. 在探讨中央银行与政府关系中，以美联储系统的模式为例，谈谈你对中央银行独立性的看法。

第九章　金融监管体系

一、填空题

1. 从金融监管历程看，金融监管制度大致经历了从________到________的演变过程。

2. 金融监管制度的综合监管可分为________和________。

3. 我国金融监管机构有________、________、________、________，它们都承担了重要的金融监管职责，在金融监管活动中各司其职，并相互配合。

4. 1999 年 11 月美国________的颁布，标志着全球金融业由分业经营向综合经营转变的时代开始。

5. 金融监管始于________制度的建立。

6. 2010 年的《巴塞尔协议Ⅲ》针对金融国际化对________的特殊要求提出了更加严格的资本监管要求，同时提出了审慎监管的方法和措施。

二、选择题

（一）单项选择题

1. 1998 年，中国金融业多重机构分业监管的体制基本确立，________负责监管商业银行、信托投资公司、信用社和财务公司。

A. 中央金融工委　B. 中国人民银行　C. 证监会　D. 保监会

2. 2003 年，随着________的成立，银行、证券、保险——中国金融业“分业经营，分业监管”的框架将最终完成。

A. 银监会　B. 中国人民银行　C. 证监会　D. 保监会

3. ________认为，变动金融监管法规的重要原因是保护消费者的利益，并有利于监管者、被监管者和消费者三方当事者的利益。

A. 金融约束理论　B. 监管动态理论　C. 监管契约理论　D. 金融体系脆弱论

4. 为了强化人民银行宏观审慎管理和系统性风险防范职责，2017 年我国设立

________，强化了金融监管部门监管职责，确保金融安全与稳定发展。

A. 中央金融工委　　B. 金融稳定监管委员会

C. 银保监会　　D. 国务院金融稳定发展委员会

5. 美国在2010年成立了________，直接对国会负责，以加强金融监管协调、补齐监管短板，并强化宏观审慎管理和系统性风险防范。

A. 中央金融工委　　B. 金融稳定监管委员会

C. 银保监会　　D. 国务院金融稳定发展委员会

6. 进入20世纪90年代以后，金融业监管制度发生转变，美国的金融监管开始转向________。

A. 集中监管　　B. 分业监管　　C. 合作监管　　D. 综合监管

7. 2010年的________针对金融国际化对系统重要性银行监管的特殊要求，提出了更加严格的资本监管要求，同时提出了审慎监管的方法和措施。

A.《巴塞尔协议》　　B.《巴塞尔协议Ⅰ》　　C.《巴塞尔协议Ⅱ》　　D.《巴塞尔协议Ⅲ》

8. 就金融监管理论的发展而言，当前各种观点的共同之处是提倡________的政策。

A. 审慎监管　　B. 动态监管　　C. 契约监管　　D. 放松监管

(二)多项选择题

1. 金融监管制度的供给来自________方面。

A. 政府　　B. 行业协会　　C. 金融机构　　D. 中央银行

2. 我国主要的金融监管机构有________。

A. 中国人民银行　　B. 财政部　　C. 证监会　　D. 保监会

E. 银监会

3.《巴塞尔协议》将银行资本划分为________两档。

A. 风险资本　　B. 安全资本　　C. 核心资本　　D. 附属资本

4. 以下实行集中监管的国家是________。

A. 美国　　B. 英国　　C. 日本　　D. 加拿大

5. 金融监管制度需求的客观原因是为了减少或消除________，维护社会金融体系稳定，促进经济健康发展。

A. 信息不对称和金融机构的脆弱性

B. 未来的不确定性和人们对客观世界认识的有限性

C. 金融体系的负外部效应给经济发展带来的不利影响

D. 投资人和存款人对金融机构的疑惑

6.《巴塞尔协议Ⅱ》的三大支柱是________。

A. 最低资本要求

B. 监管当局的监管

C. 强化信息披露，引入市场约束

D. 对系统重要性银行监管

三、判断题

1. 有效的金融监管具有公共产品的特征，不能完全由市场来提供。　　(　　)

2. 依靠各金融机构加强自律,同时完善内部风险管理,才能有效控制金融风险。 (　　)

3. 一般来说,中央银行在金融体系中的独立性较大、权威性较高,在实施金融监管措施中遇到的干扰相对较少,实施金融监管的效果也比较好。 (　　)

4. 金融监管总能够有效保护社会公众和消费者的利益。 (　　)

5. 金融监管始于中央银行制度的建立,因此,金融监管理论也是伴随着中央银行制度的发展而演进。 (　　)

四、名词解释

1. 金融监管　2. 金融监管制度　3. 金融约束理论　4. 监管动态理论
5. 监管契约理论　6. 分业监管　7. 综合监管

五、简答题

1. 什么是金融监管?为什么要加强金融监管?
2. 请从经济学角度简要分析实施金融监管的必要性。

六、论述题

1. 20 世纪 30 年代以来,金融监管理论有何变化?其原因是什么?
2. 结合我国金融监管现状,谈谈你对进一步提高金融监管水平的看法。

第三篇

金融市场

第十章　金融市场与金融工具

一、填空题

1. 从微观层面看，金融市场的主要功能包括________、________、________和________。从宏观层面看，金融市场的主要功能包括________、________和________。

2. 按照所交易金融资产的期限划分，金融市场可分为________和________。

3. 根据所选取成分股的不同，目前各国股票价格指数分为________和________。

4. 金融工具最重要的三个特性是________、________和________。

5. 根据组织形式划分，证券交易所可以实行________，也可以实行________。

6. 根据股东的权利不同，股票可以分为________和________。

7. 根据加权方式的不同，计算股票价格指数通常可以采用________、________和________。

8. 目前，中国外汇市场可以分为以下三个层次：一是________，二是________，三是________。

9. 我国境内的票据包括________、________和________。

10. 货币市场主要包括________、________、________、________和________。

11. 资本市场主要包括________、________和________。

12. 一般而言，票据贴现可以分为________、________和________。

二、选择题

(一)单项选择题

1. 按资金的偿还期限分，金融市场可分为________。

A. 一级市场和二级市场　　B. 同业拆借市场和长期债券市场

C. 货币市场和资本市场　　D. 股票市场和债券市场

2. 按照金融资产的新旧程度不同，金融市场可分为________。

A. 一级市场和二级市场　　B. 同业拆借市场和长期债券市场
C. 货币市场和资本市场　　D. 货币市场和债券市场

3. 以下________是金融市场所具有的主要宏观功能。
A. 价格发现　　B. 减少搜寻成本和信息成本
C. 提供流动性　　D. 实现储蓄—投资转化

4. 债权类金融资产涉及到期期限和久期的概念。对零息票债权资产而言,久期________到期期限。
A. 高于　　B. 低于　　C. 等于　　D. 不一定

5. 以下属于短期资金市场的是________。
A. 债券市场　　B. 资本市场　　C. 票据市场　　D. 股票市场

6. 美国同业拆借市场又可称为________。
A. 票据市场　　B. 贴现市场　　C. 联邦基金市场　　D. 承兑市场

7. 货币市场相对于资本市场而言,其突出特点是________。
A. 安全性高,流动性低　　B. 流动性高,收益高
C. 收益高,风险性低　　D. 风险性低,流动性高

8. 已上市的股票或债券在场外交易的市场,称为________。
A. 第一市场　　B. 第二市场　　C. 第三市场　　D. 第四市场

9. 银行在票据未到期时将票据买进的做法,称为________。
A. 票据交换　　B. 票据承兑　　C. 票据结算　　D. 票据贴现

10. ________是银行间所进行的票据转让。
A. 贴现　　B. 转贴现　　C. 再贴现　　D. 都不是

11. 企业参与货币市场活动的主要目的是________。
A. 进行长期资金融通　　B. 获取价差收入
C. 调整流动性资产比重　　D. 取得长期投资利润

12. 在同业拆借市场上,最活跃、交易量最大的参与者是________。
A. 商业银行　　B. 证券公司　　C. 保险公司　　D. 基金

13. 在出售证券时与购买者约定到期买回证券的方式,称为________。
A. 证券发行　　B. 证券承销　　C. 期货交易　　D. 回购协议

14. 在证券交易所内进行的交易,称为________。
A. 场内交易　　B. 场外交易　　C. 柜台交易　　D. 第三市场交易

15. 第一张大额可转让定期存单是由________于1961年创立的。
A. 交通银行　　B. 花旗银行　　C. 东京银行　　D. 巴黎国民银行

16. 股票是代表股份资本所有权的证书,它是一种________。
A. 固定资本　　B. 可变资本　　C. 真实资本　　D. 虚拟资本

17. 一般而言,金融资产的流动性与风险性、收益性之间的关系存在________。
A. 正相关　　B. 负相关　　C. 不相关　　D. 不确定关系

18. 按照美国的做法,垃圾债券一般是指信用评级在BBB(Baa)以下的债券,又称为________。
A. 无风险债券　　B. 无收益债券　　C. 高风险债券　　D. 投资级债券

19. 同业拆借市场是金融机构之间为________而融通资金的市场。

A. 增加收益　　B. 降低风险

C. 调剂短期资金余缺　　D. 提高流动性

20. 某公司将一张面额为 10 000 元、3 个月后到期的商业票据贴现，若银行的年贴现率为 5%，则银行应付金额为________元。

A. 125　　B. 150　　C. 9 875　　D. 9 800

21. 金融机构之间最主要的调剂资金的市场是________。

A. 货币市场　　B. 资本市场　　C. 同业拆借市场　　D. 初级市场

(二)多项选择题

1. 金融市场的微观功能包括________。

A. 价格发现　　B. 提供流动性

C. 资源配置　　D. 减少搜寻成本和信息成本

2. 商业银行超额准备金减少与社会公众持有货币减少，意味着________。

A. 市场利率下降　　B. 市场利率上升

C. 宏观货币政策紧缩　　D. 国债价格下降

3. 货币市场的重要性在于________。

A. 整个金融体系调剂流动性的重要渠道

B. 为中央银行实施货币政策提供交易的媒介或标的物。

C. 为各经济活动主体提供了高收益、高风险的工具和手段

D. 为整个金融市场提供了基准利率

4. 货币市场与资本市场相比，其特点在于________。

A. 交易期限短　　B. 收益相对较高　　C. 流动性较强　　D. 风险相对较低

5. 以下属于货币市场子市场的是________。

A. 票据市场　　B. 银行同业拆借市场

C. CDs 市场　　D. 短期债券市场

E. 中央银行票据市场　　F. 债券回购市场

6. 债券与股票相比，其特点在于________。

A. 它是一种所有权证书　　B. 它是一种债权债务凭证

C. 不享有经营管理权　　D. 风险相对较低

7. 以下属于资本市场功能的有________。

A. 资本市场是资源合理配置的有效场所

B. 资本市场是筹集资金的重要渠道

C. 为中央银行公开市场操作提供了场所

D. 资本市场有利于促进产业结构向高级化方向发展

8. 货币市场上的金融工具具有________的特征。

A. 期限短　　B. 流动性强

C. 安全性高，波动性小　　D. 收益较高

三、判断题

1. 在股份公司盈利分配和公司破产清理时，优先股股东优先于普通股股东。　（　　）

2. 有价证券从发行者手中转移到投资者手中,这类交易属于二级市场交易。（ ）

3. 债券回购交易实质是一种以有价证券作为抵押品拆借资金的信用行为。（ ）

4. 一般而言,1年期以内的短期资金融通市场都称为货币市场,那么,商业银行的短期流动资金借款市场也应算作货币市场。（ ）

5. 再贴现是指银行以贴现购得的没有到期的票据向其他商业银行所做的票据转让。（ ）

6. 信用评级在BBB(Baa)以下的非金融类企业债券称为“垃圾债券”。（ ）

7. 根据《巴塞尔协议》,商业银行通过发行期限较长的金融债券而获得的资金来源可列入第一级资本,这是提高商业银行资本充足率的一种有效方法。（ ）

8. 债权类金融资产涉及到期期限和久期的概念。对零息票债权资产而言,久期一般会比到期期限长。（ ）

9. 债权类金融资产涉及到期期限和久期的概念。对附息票债权资产而言,久期一般等于到期期限。（ ）

10. 久期表示用金融资产各期现金流现值加权以后计算的收回投资的平均期限。（ ）

11. 一般而言,金融资产的风险性与收益性呈正向关系,与流动性呈反向关系。（ ）

12. 一般情况下,市场利率与股票或债券价格呈正相关变动。（ ）

13. 一般而言,同业拆借利率是整个市场上金融资产收益率变动最敏感的指标。（ ）

14. 中央银行货币政策的三大传统工具都是通过货币市场实施的。（ ）

15. 一般来说,大额可转让存单的利率高于同期定期存款的利率。（ ）

16. 短期市政债券没有信用风险。（ ）

17. 目前在我国,公司债只能由上市公司发行。（ ）

18. 上海黄金交易所是全球最大的黄金现货场内交易所。（ ）

四、名词解释

1. 金融市场　2. 货币市场　3. 资本市场　4. 第三市场
5. 第四市场　6. 一级市场　7. 二级市场　8. 现货市场
9. 期货市场　10. 银行间同业拆借市场　11. 可转让定期存单
12. 金融债券　13. 公司债券　14. 票据贴现　15. 转贴现
16. 再贴现　17. 股票价格指数　18. 短期融资券　19. 久期
20. 债券回购交易　21. 中央银行票据　22. 证券交易所　23. 股票
24. 场外交易市场　25. 结构化产品

五、简答题

1. 什么是货币市场?它包括哪些子市场?其主要功能有哪些?
2. 在证券二级市场上,第一、第二、第三、第四市场分别是指什么?
3. 什么是银行间同业拆借市场?其特点是什么?
4. 大额可转让定期存单与普通定期存单有哪些区别?

5. 什么叫债券回购？债券回购有哪几种类型？回购价格如何计算？
6. 什么叫综合指数？什么叫成分指数？它们有何区别？

六、论述题

1. 试述金融市场在经济运行中的主要功能。
2. 试述金融工具的特性及其相互关系。

第十一章　金融创新与金融改革

一、填空题

1. 关于金融创新动因的理论分析，主要包括________、________、________和________。
2. 金融创新大致可分为四大类型：________、________、________和________。
3. 根据期权头寸持有者的权利不同，金融期权分为________和________。
4. 是否行使期权合约所赋予的权利，是________的选择。
5. 看涨期权的________有买入的权利，________有应对方要求卖出该项的义务。
6. 看跌期权的________有卖出的权利，________有应对方要求买入该项的义务。
7. 只能在到期日当天执行的期权交易方式，称为________。
8. 合约能够在到期日之前的任何交易日执行的期权交易方式，称为________。
9. 金融制度创新有两条主线：一是________，二是________。
10. 加拿大经济委员会把金融创新分为三大类，即________、________和________。
11. 按照金融互换中现金流的性质，可以把互换分为三种类型：________、________以及________。

二、选择题

（一）单项选择题

1. 20 世纪 60 年代以来，商业银行在资产、负债以及中间业务等方面都有所创新，以下不属于负债创新的是________。

A. NOW 账户　　B. ATS 账户　　C. CDs 账户　　D. 票据便利发行

2. ________是金融衍生产品中相对最简单的一种，交易双方约定在未来特定日期按既定的价格购买或出售某项资产。

A. 金融期货合约　　B. 金融期权合约　　C. 金融远期合约　　D. 金融互换协议

3. 是否行使期权合约所赋予的权利，是________的选择。

A. 多头方　　B. 空头方　　C. 交易所　　D. 都不是

4. 期权交易如果只能在到期日当天执行，则称为________。

A. 美式期权　　B. 欧式期权　　C. 奇异型期权　　D. 都不是

5. 合约能够在到期日之前的任何交易日执行的期权交易方式，称为________。

A. 美式期权　　B. 欧式期权　　C. 奇异型期权　　D. 都不是

6. 做“多头”期货是指交易者预计价格将________。

A. 上涨而进行贵买贱卖　　B. 下降而进行贱买贵卖

C. 上涨而进行贱买贵卖　　D. 下降而进行贵买贱卖

7. 看跌期权的________有应对方要求买入该项的义务。

A. 多头方　　B. 空头方　　C. 交易所　　D. 都不是

8. 对冲基金是近年来国际上流行的一种________。

A. 公募基金　　B. 私募基金

C. 公募、私募都可以　　D. 都不是

9. 某公司需要借入美元进行投资，担心还债时美元汇率上涨，这时该公司可以在期货市场上________，实现套期保值。

A. 签订买入美元的合约　　B. 签订卖出美元的合约

C. 签订买卖美元的双向合约　　D. 不签合约

10. 导致金融期货交易这一金融创新产生的直接原因是________。

A. 投机　　B. 投资　　C. 规避风险　　D. 规避管制

11. 在四大基本金融衍生产品中，相对较简单的一种是________。

A. 金融远期合约　　B. 金融期货合约　　C. 金融期权合约　　D. 金融互换协议

12. 主要用于企业或金融机构改变自己的资产、负债的利率结构和币种结构，使现金流更好地配比，同时也能够减少成本的金融衍生交易是________。

A. 金融远期交易　　B. 金融期货交易　　C. 金融期权交易　　D. 金融互换交易

13. 交易双方权利和义务不对称的是________。

A. 金融互换　　B. 金融期货　　C. 金融远期　　D. 金融期权

(二)多项选择题

1. 金融创新对货币供给的影响在于________。

A. 使货币供给总量降低　　B. 使货币定义及其计量的难度加大

C. 使货币乘数增大　　D. 使货币供给的内生性增加

2. 以下属于表外业务创新的是________。

A. 组合性融资　　B. 票据发行便利

C. 按揭贷款证券化　　D. 收益分享贷款

3. 以下属于金融机构创新的是________。

A. 风险投资公司　　B. 对冲基金　　C. 期货期权　　D. 网络银行

4. 以下属于商业银行资产业务创新的是________。

A. 银团贷款　　B. 按揭贷款证券化　　C. 票据发行便利　　D. 组合性融资

5. 风险投资的特点是________。

A. 投资方向主要集中于高科技领域　　B. 是高风险、高收益的投资

C. 是权益投资　　D. 是借贷资本

6. 对冲基金与共同基金相比，具有以下不同之处：________。

A. 对冲基金不是金融机构

B. 对冲基金通过私募方式征集

C. 对冲基金投资选择面比共同基金窄

D. 对冲基金的投资者按投资份额平等分享投资损益

7. 金融创新的动因包括________。

A. 科学技术进步　　B. 逃避管制　　C. 追逐规模效应　　D. 规避风险

E. 金融竞争趋同

8. 金融期货的交易机制包括________。

A. 现货交割　　B. 对冲机制　　C. 统一结算　　D. 保证金制度

三、判断题

1. 金融远期合约是一种标准化的合约，交易双方约定在未来特定日期按既订的价格购买或出售某项资产。(　　)

2. 看跌期权的空头方有卖出的权利，多头方有应对方要求买入该项资产的义务。(　　)

3. 到期日之前的任何交易日执行的期权，称为欧式期权。(　　)

4. 在期权交易中，期权的买卖双方都可以选择到期是否执行合约。(　　)

5. 对冲基金从名称上看就与套期保值有联系，很多时候就是用于套期保值的。(　　)

6. 对冲基金相比共同基金来讲，它不属于金融机构，不受金融机构制度的管束。(　　)

7. 金融互换交易主要通过场外市场进行交易。(　　)

8. 共同基金和私募基金的资金是通过公募方式获得的。(　　)

9. 中国还没有民营银行。(　　)

四、名词解释

1. 金融创新　　2. 金融远期合约　　3. 金融期货合约　　4. 金融期权合约

5. 看涨期权　　6. 看跌期权　　7. 货币互换　　8. 利率互换

9. 交叉互换　　10. 结构化产品　　11. 指数化货币期权票据

12. 对冲基金　　13. 金融互换交易　　14. 风险投资公司

五、简答题

1. 金融创新的类型主要有哪些？请简述之。

2. 什么是金融期货合约？它有哪些主要类型？作用何在？

3. 什么是金融期权合约？它包括哪些类型？作用何在？

4. 什么是对冲基金？它和共同基金有何异同？

5. 什么是金融远期合约？它有哪些主要类型？分别如何运作？

六、论述题

1. 什么是金融创新？关于金融创新的理论解释主要有哪些？

2. 试述金融创新的社会经济效应。

3. 面对中国金融改革与开放的长期重要国策，如何加强宏观金融调控与强化金融监管体制？

第十二章　金融市场理论的发展

一、填空题

1. 从目前的学术研究来看，金融市场理论主要可分为三个部分：________、________、________。

2. ________是有效市场理论的集大成者，他为该理论的最终形成与完善做出了卓越的贡献。

3. 1967 年，哈利·罗伯特(Harry Roberts)提出了有效市场的三种形式，即________、________、________。

4. 法玛(Fama)的________在现代证券理论中占有重要的位置，它为________的形成机制和________的变动方式构造了一个科学、严密、规范的模式，成为现代金融经济学的理论基石。

5. 20 世纪 80 年代的________和________两大理论对有效市场假说形成了挑战。

6. ________被认为是现代资产组合理论的创始人。

7. 根据分离定理，投资者所选择的相同的风险资产组合在资本资产定价模型(CAPM)中被称为________。

8. 市场微观结构理论正式发展经历了第一阶段的________和第二阶段的________。

9. ________是行为金融学的重要理论基础，也是应用于经济研究的最重要的行为决策理论。

10. 在行为资本资产定价理论中，投资者被分为两类：________和________。

11. DSSW 模型的一个实际运用是解释封闭式基金的________之谜。

二、选择题

(一)单项选择题

1. 在有效市场假说中，认为公开信息有用，而基本面分析是徒劳的、无用的市场是

________。

A. 强有效市场　　B. 半强有效市场　　C. 弱有效市场　　D. 无效市场

2. 现代资产组合理论的创始人是________。

A. 法玛(Fama)　　B. 威廉·夏普(William F. Sharpe)

C. 哈里·马科维茨(Harry M. Markowitz)　　D. 斯蒂芬·罗斯(Stephen A. Ross)

3. 在资本资产定价模型中,β系数是衡量________的指标。

A. 系统风险　　B. 非系统风险　　C. 信用风险　　D. 经营风险

4. 在金融市场理论中,一般而言,一个接近实际而没有内在随机性的模型仍然具有貌似随机的行为,则认为这个真实的动力系统是________。

A. 强劲的　　B. 混沌的　　C. 分形的　　D. 分离的

5. 只有在合约到期日才被允许执行的期权是指________。

A. 美式期权　　B. 欧式期权　　C. A、B都可以　　D. A、B都不可以

6. 在行为金融学理论中,噪音交易者是________。

A. 中性的　　B. 理性的　　C. 非理性的　　D. 不一定

7. 作为行为金融学的重要理论基础,也是应用于经济研究最重要的行为决策理论是________。

A. 行为资本资产定价理论　　B. 行为资产组合理论

C. 期望理论　　D. 预期理论

8. 1998年,巴贝利斯(Barberis)、斯莱佛(Shleifer)、弗斯尼(Vishny)构建了BSV模型,试图综合解释________。

A. 非理性交易者长期存在的原因　　B. 过度反应和反应不足

C. 股价是由有信息投资者决定的　　D. 封闭式基金的折价之谜

9. 解释市场中噪音交易者行为的是________。

A. BTP模型　　B. BSV模型　　C. DHS模型　　D. DSSW模型

10. 在行为金融学理论模型中,试图解释过度反应和反应不足的模型是________。

A. BSV模型　　B. DHS模型　　C. DSSW模型　　D. BPT模型

11. 通过过度自信和自我归因偏差分析,认为股价是由有信息投资者决定的模型是________。

A. BSV模型　　B. DHS模型　　C. DSSW模型　　D. BPT模型

(二)多项选择题

1. 对强有效市场的研究主要集中于________的业绩,测试他们能否通过交易赚取超额收益,来检验市场的强式有效性。

A. 研究公司内幕人员　　B. 证券交易所的专家、经纪人

C. 证券分析家　　D. 私募基金

E. 共同基金

2. 法玛(Fama)根据信息的公开程度,认为信息可包括________。

A. 历史信息　　B. 虚假信息　　C. 公开信息　　D. 内幕信息

3. 现代资产组合投资理论主要由________组成。

A. 资产组合理论　　B. 资本资产定价理论

C. 套利定价理论　　D. 市场微观结构理论

4. 广义市场微观结构理论包括________。

A. 价格发现机制　B. 集中交易机制　C. 信息传播机制　D. 清算机制

5. 资本资产定价模型最核心的内容是________。

A. 因素模型　B. 收益和风险关系　C. 资本市场线　D. 证券市场线

6. 以下属于经济学家斯托尔(Stoll)存货模型观点的是________。

A. 做市商的买卖价差是用于抵消提供"即时性服务"过程中所发生的成本

B. 价差是做市商作为垄断者的市场权力的反映

C. 做市商应当是风险厌恶的

D. 做市商是风险中性的

E. 买卖价差是对其因偏离最佳资产组合所承担的风险的补偿

7. 市场微观结构理论的信息模型对做市商行为做了全新的解释,认为证券交易的价差受________的影响。

A. 存货成本　B. 交易成本　C. 信息成本　D. 机会成本

三、判断题

1. 有效市场假说其实是新古典经济学中理性人和理性预期假定在金融市场的延伸。(　　)

2. 目前世界上最普遍使用的期权定价模式是美式期权定价模式。(　　)

3. APT 定价模式表明投资者会因为承受非系统性风险而得到补偿。(　　)

4. 马科维茨(Markowitz)的资产组合理论使证券理论由规范经济学进入到实证经济学的范畴。(　　)

5. 根据资本资产定价模型,证券组合的风险为证券投资活动中无法通过分散化来避免的系统风险。(　　)

6. 在经济学家斯托尔(Stoll)看来,做市商应当是风险厌恶者而不是风险中性者。(　　)

7. 价格发现机制是金融市场微观结构理论的核心。(　　)

8. 根据行为资本资产定价理论,证券的预期收益完全取决于投资组合与市场组合之间的 β 系数。(　　)

9. 根据 DSSW 模型,封闭式基金的市场交易价格通常不等于其持有的资产组合的市场价值(即基金的资产净值)。(　　)

四、名词解释

1. 有效市场假说　2. 弱有效市场　3. 半强有效市场　4. 强有效市场
5. 混沌理论　6. 分形市场假说　7. 套利　8. 期权
9. 欧式期权　10. 美式期权　11. 行为金融学
12. 行为资本资产定价理论　13. 行为资产组合理论

五、简答题

1. 简述早期的投资理论和现代投资理论的区别。

2. CAPM 中的 β 系数和 APT 的因素敏感性系数有什么联系？

3. 有效市场假说的定义以及三个分类是什么？

4. 金融市场微观结构理论在金融市场理论中的地位如何？

5. 存货模型的基本理论是什么？在其发展过程中，出现了哪几种价差决定模型？

6. 运用行为金融学的知识，简析封闭式基金的折价交易之谜。

六、论述题

1. 根据马科维茨(Markowitz)的证券投资组合理论，投资者应如何决定其最优资产组合？

2. 试述行为金融学与传统金融学的关系。

第四篇

货币理论与货币政策

第十三章　货币需求

一、填空题

1. 所谓“货币需求”,必须同时包括两个基本要素:一是________,二是________。

2. 衡量各资产优缺点的标准主要是________、________和________。货币是________最低的资产。

3. 收入状况对货币需求的决定作用具体表现在以下两个方面:一是________,二是________。

4. 市场利率对货币需求的影响表现在两个方面:一是________,二是________。

5. 货币需求函数中的自变量大致可分为以下三类:________、________、________。

6. 根据传统货币数量理论,货币数量的变动必然引起________做同方向等比例的变动。

7. 现金交易说的代表人物是美国经济学家________,他提出的交易方程式为________。

8. 现金余额说由剑桥学派的创始人________首先提出。著名的剑桥方程式为________。

9. 在剑桥方程式中,k 表示的是________的比例。

10. 凯恩斯将人们持有货币的动机分为三种,即________、________、________。

11. 根据凯恩斯货币需求理论,当收入水平上升时,________动机和________动机的货币需求会增加。

12. 鲍莫尔的存货模型是对凯恩斯货币理论的发展,他认为________动机的货币需求同样是利率的减函数。

13. 美国经济学家托宾进一步发展了________的资产选择理论,对凯恩斯________动机的货币需求进行分析。

14. 托宾的资产选择中,资产的选择范围有两种:________和________。

15. 托宾认为,人们资产选择的原则不是预期收益的极大化,而是________的极大化。

16. 在弗里德曼的货币需求理论中,总财富分为________和________。

17. 在弗里德曼的货币需求理论中,被作为货币需求的决定因素的收入是一种________。

18. 从理论上说,鲍莫尔模型是对凯恩斯的________动机货币需求理论的重大发展;从政策意义上说,鲍莫尔模型对凯恩斯以________作为中介目标的货币政策主张提供了进一步的理论支持。

二、选择题

(一)单项选择题

1. 根据传统货币数量论,货币需求增加50%,则________。
A. 短期产出增加50%,物价水平在长期上涨50%
B. 短期产出减少50%,物价水平在长期下降50%
C. 物价上涨50%
D. 产出增加50%

2. 在决定货币需求的各个因素中,收入水平的高低和收入获取时间长短对货币需求的影响分别是________。
A. 正相关,正相关　B. 负相关,负相关　C. 正相关,负相关　D. 负相关,正相关

3. 在正常情况下,市场利率与货币需求呈________。
A. 正相关　B. 负相关
C. 正、负相关都可能　D. 不相关

4. 货币本身的收益是货币需求函数的________。
A. 规模变量　B. 机会成本变量　C. 制度因素　D. 其他变量

5. 下列________是货币需求函数的规模变量。
A. 货币本身的收益　B. 收入
C. 债券的预期收益率　D. 实物资产的预期收益率

6. 实物资产的预期收益率是货币需求函数的________。
A. 规模变量　B. 机会成本变量　C. 其他变量　D. 都不是

7. 提出现金交易说的经济学家是________。
A. 凯恩斯　B. 马歇尔　C. 费雪　D. 庇古

8. $M=kpY$ 是属于________的理论方程。
A. 现金交易说　B. 现金余额说　C. 可贷资金说　D. 流动性偏好说

9. 根据凯恩斯流动性偏好理论,当预期利率上升时,人们就会________。
A. 抛售债券而持有货币　B. 抛出货币而持有债券
C. 只持有货币　D. 只持有债券

10. 按照凯恩斯的货币理论,当市场利率相对稳定时,人们的货币需求决定因素是________。
A. 预防动机　B. 交易动机与投机动机之和
C. 交易动机　D. 交易动机与预防动机之和

11. 鲍莫尔的存货模型是对凯恩斯的________的货币需求理论的重大发展。
A. 交易动机　B. 预防动机　C. 投机动机　D. 谨慎动机

12. 托宾的资产选择理论是对凯恩斯的________的货币需求理论的重大发展。

A. 交易动机　　B. 预防动机　　C. 投机动机　　D. 公共权力动机

13. 以下________属于弗里德曼的货币数量理论。

A. 利率是货币需求的重要决定因素

B. 人们资产选择的原则是效用极大化

C."恒久性收入"概念是一个不包括人力资本在内的纯物质化的概念

D. 货币数量说首先是一种货币需求理论,其次才是产出、货币收入或物价水平的理论

14. 投机动机的货币需求是对闲置的货币余额的需求,即对资产形式的需求,这是________提出的观点。

A. 凯恩斯　　B. 托宾　　C. 鲍莫尔　　D. 弗里德曼

15. 假定储户到银行提取存款所需的排队时间变长了,那么人们的货币需求会________。

A. 不变　　B. 不一定　　C. 增加　　D. 减少

16. 从政策意义上说,鲍莫尔模型对凯恩斯以________作为中介目标的货币政策主张提供了进一步的理论支持。

A. 货币供应量　　B. 利率　　C. 基础货币　　D. 超额准备金

17. 下列属于费雪方程式的是________。

A. $MV=pT$　　B. $M=kpY$

C. $M=\sqrt{\frac{2bT}{i}}$　　D. $M=L_1(Y)+L_2(r)$

18. 将凯恩斯货币理论模型修正为$M=L_1(r,Y)+L_2(r)$的是________。

A. 托宾　　B. 弗里德曼　　C. 鲍莫尔　　D. 卢卡斯

19. 提出预期效用最大化作为资产选择的经济学家是________。

A. 托宾　　B. 弗里德曼　　C. 鲍莫尔　　D. 惠伦

20. 弗里德曼论证并强调货币需求函数的稳定性,目的在于说明货币对于总体经济的影响主要来自________方面。

A. 货币需求　　B. 货币供给　　C. 利率　　D. 经济周期

21. 现金交易说侧重于________角度强调货币的交易职能,现金余额说着重从________角度分析货币的储藏职能。

A. 宏观　宏观　　B. 微观　微观　　C. 宏观　微观　　D. 微观　宏观

(二)多项选择题

1. 最具有代表性的传统货币数量论是________。

A. 费雪的现金交易说　　B. 马歇尔的现金余额说

C. 凯恩斯流动性偏好　　D. 鲍莫尔模型

2. 凯恩斯把用于财富储存的资产分为________。

A. 股票　　B. 债券　　C. 货币　　D. 黄金

3. 凯恩斯认为人们对货币的偏好起因于________。

A. 交易动机　　B. 预防动机　　C. 投机动机　　D. 投资动机

E. 储藏动机

4. 在惠伦的货币需求模型中,货币需求依赖于________等因素。

A. 在一定收入所得期内变现的次数
B. 变现的手续费
C. 支出的不确定性
D. 持有货币的机会成本

5. 在弗里德曼的现代货币数量论中,影响货币需求的因素有________。

A. 总财富
B. 持有货币的机会成本
C. 利率
D. 人力财富和非人力财富的比例

6. 弗里德曼货币需求函数中的机会成本变量有________。

A. 恒常收入
B. 预期物价变动率
C. 货币的预期名义收益率
D. 债券的预期名义收益率

7. 弗里德曼的货币需求函数得出以下解释:________。

A. 利率变动对货币需求的影响很小
B. 货币的流通速度是稳定的、可以预测的
C. 恒常收入是货币需求函数的决定因素
D. 选择利率作为货币政策中介目标

8. 在人们持有货币的三种动机中,货币的________蕴含了预防动机。

A. 流通手段
B. 储藏手段
C. 流动性
D. 支付手段

三、判断题

1. 货币需求就是人们持有货币的愿望,而不考虑人们是否有足够的能力来持有货币。 ( )

2. 凡是影响或决定人们持有货币的动机的因素,就是影响或决定货币需求的因素。 ( )

3. 在现金交易说中,k 为以货币形式持有的收入与财富占总收入与总财富的比例。 ( )

4. 当人们预期利率下降时,货币需求会大量增加,甚至形成“流动性陷阱”。 ( )

5. 根据凯恩斯流动性偏好理论,当预期利率上升时,人们就会抛出货币而持有债券。 ( )

6. $MV=pT$ 是现金余额说的方程式。 ( )

7. 按照凯恩斯的货币理论,当市场利率相对稳定时,投机动机是决定人们货币需求的因素。 ( )

8. 弗里德曼的货币数量论认为“恒久性收入”概念是一个不包括人力资本在内的纯物质化的概念。 ( )

9. 一般情况下,消费倾向与货币需求呈反方向变动。 ( )

10. 凯恩斯认为,货币是“购买力的暂栖所”。 ( )

11. 弗里德曼的现代货币数量论是在批判凯恩斯流动性偏好理论基础上对传统货币数量论的继承和发展。 ( )

12. 根据凯恩斯流动性偏好理论,投机动机的货币需求是对闲置的货币余额的需求,即对资产形式的需求。 ( )

四、名词解释

1. 货币需求
2. 名义货币需求
3. 实际货币需求
4. 货币需求函数
5. 货币需求的交易动机
6. 货币需求的预防动机
7. 货币需求的投机动机
8. 规模变量
9. 持有货币的机会成本
10. 货币数量说
11. 流动性偏好
12. 流动性陷阱
13. 恒常收入

五、简答题

1. 什么是货币需求？为什么货币需求是有限的？
2. 简要分析收入状况和市场利率对货币需求的影响。
3. 货币需求函数中的机会成本变量主要有哪些？它们对货币需求有何影响？
4. 在货币需求理论中，货币本身的收益率是一种机会成本变量吗？为什么？
5. 简要分析鲍莫尔模型与托宾模型的区别。

六、论述题

1. 试述凯恩斯流动性偏好理论。
2. 鲍莫尔怎样发展了凯恩斯的流动性偏好理论？其政策意义何在？
3. 为什么说弗里德曼的现代货币数量论既是对传统货币数量论的继承和发展，又是对凯恩斯流动性偏好理论的继承和发展？

第十四章　货币供给

一、填空题

1. 货币的定义可分为狭义和广义两种。狭义货币(M1)包括商业银行的________和________。广义货币又可分为三个层次：M2是指M1加上商业银行的________和________，M3是指M2加上________，M4是指M3加上________。

2. 目前大多数经济学家都接受狭义的货币定义M1，而把其他流动资产称为________。

3. 货币供给的外生性与内生性之争，实际上是人们对________与________之间的关系有不同的认识。这种不同的认识在一定程度上决定了他们对________也有不同的认识。

4. ________与________的倍数，就是通常所说的存款乘数。

5. 存款多倍收缩是由商业银行的________减少所引起的，其减少的原因有两个：一是________，二是________。

6. 基础货币的存在形式表现为________和________。

7. 货币乘数的决定因素共有五个，分别是________、________、________、________及________。

8. 定期存款比率的变动主要决定于________的资产选择行为。

9. 货币供给量是由________、________及________这三个经济主体的行为共同决定的。

10. 商业银行的________是现代信用货币经济中最主要的货币形式。

11. 货币当局投放基础货币的渠道主要有以下三条：一是________，二是________，三是________。

12. 货币乘数也称货币扩张倍数，是用于说明________与________的倍数关系。

13. 根据弗里德曼和施瓦茨货币供给模型的分析，现代社会经济中的货币存量大致可分为两部分：一部分是________，即________；另一部分是________，即________。

14. 根据现代货币供给理论，货币存量是________与________之积。

15. 货币的流量是指一个国家在一定时期中货币流通的总量，它实际上是________与

________的乘积。

16. 基础货币一般由三部分组成：(1)________；(2)________；(3)________。

二、选择题

(一)单项选择题

1. ________认为，货币供给将完全由货币当局的行为所决定。

A. 货币供给内生论者　　B. 货币供给外生论者

C. 货币供给中性论者　　D. 都不是

2. 如果某人将手中的国库券兑换成现金，则________。

A. M1 增加，M2 不变　　B. M1 不变，M2 增加

C. M1 与 M2 都不变　　D. M1 与 M2 都增加

3. 美联储在购买美国财政证券时，会导致银行部门支票存款的相应增加，这是因为________。

A. 美联储通常从很多银行购买证券　　B. 银行超额准备金增加，贷款扩张

C. 美国财政部在美联储有存款　　D. 上述所有选项都正确

E. 上述所有选项都不正确

4. 定期存款比率的变动主要取决于________的行为。

A. 中央银行　　B. 社会公众　　C. 商业银行　　D. 非银行金融机构

5. 通货比率的变动主要取决于________的行为。

A. 中央银行　　B. 非银行金融机构　　C. 商业银行　　D. 社会公众

6. 下列金融变量中，直接受制于商业银行行为的是________。

A. 超额存款准备金率　　B. 通货比率

C. 定期存款比率　　D. 储蓄存款比率

7. 下列银行中，________对货币扩张影响最小。

A. 中国人民银行　　B. 浦东发展银行　　C. 中国工商银行　　D. 中国进出口银行

8. 存款准备率越高，则货币扩张倍数________。

A. 越大　　B. 越小　　C. 不变　　D. 不一定

9. 商业银行派生存款的能力________。

A. 与原始存款成正比，与法定存款准备金率成正比

B. 与原始存款成正比，与法定存款准备金率成反比

C. 与原始存款成反比，与法定存款准备金率成正比

D. 与原始存款成反比，与法定存款准备金率成反比

10. 在基础货币一定的条件下，货币乘数越大，则货币供应量________。

A. 越多　　B. 越少　　C. 不变　　D. 不确定

11. ________强调货币的价值储藏职能，认为货币是"购买力的暂栖所"。

A. 凯恩斯　　B. 费雪　　C. 弗里德曼　　D. 庇古

12. 下列________不属于 M1。

A. 通货　　B. 企业活期存款

C. 个人活期储蓄存款　　D. NOW 账户

13. 一个国家在一定时期当中货币流通的总量，它实际上是________与货币流通速度的乘积。

A. 货币流量　　B. 货币存量　　C. 基础货币　　D. 货币乘数

14. 认为货币与各种非货币的金融资产之间具有一定程度的类同性与替代性，是________的观点。

A. 凯恩斯　　B. 乔顿　　C. 弗里德曼　　D. 托宾

15. 商业银行的超额准备金率越高，则货币乘数________。

A. 越大　　B. 越小　　C. 不变　　D. 不确定

16. 商业银行的超额准备金率越低，则货币供应量________。

A. 越多　　B. 越少　　C. 不变　　D. 不确定

17. 正统的货币供给理论模式，即货币供给是基础货币与货币乘数之积，源于________提出的简单模型。

A. 乔顿　　B. 弗里德曼　　C. 菲利普斯　　D. 卡甘

18. 所谓“货币供给的内生性”，是指货币供给由________决定。

A. 中央银行　　B. 经济因素　　C. 人为因素　　D. 政策因素

19. 我国货币供应量 M2 减 M1 是________。

A. 狭义货币供应量　　B. 广义货币供应量　　C. 基础货币　　D. 准货币

20. 如果原始存款为 8 000 万元，派生存款为 36 000 万元，则存款乘数为________。

A. 4　　B. 4.5　　C. 5　　D. 5.5

21. 商业银行的准备金和流通中现金之和，称为________。

A. 狭义货币　　B. 广义货币　　C. 基础货币　　D. 存款货币

22. 法定存款准备金变动直接影响的是________。

A. 商业银行的超额准备金　　B. 流通于银行体系之外的现金

C. 短期利率　　D. 商业银行吸收的活期存款

23. 银行的一位客户提取了 100 000 元的存款，而同时另一位客户存入 150 000 元的存款。其他条件不变，银行的准备金会________。

A. 减少 50 000 元　　B. 增加 50 000 元　　C. 不变　　D. 不一定

24. 根据我国货币层次划分，个人活期储蓄存款被划入________。

A. M0　　B. M1　　C. M2　　D. M3

25. 决定货币供给量大小的是________。

A. 中央银行和商业银行　　B. 中央银行和社会公众

C. 商业银行和社会公众　　D. 中央银行、商业银行和社会公众

26. 基础货币由下列________构成。

A. 公众所持通货＋库存现金

B. 公众所持通货＋法定准备金

C. 公众所持通货＋商业银行和其他存款机构的准备金

D. 公众所持通货＋超额准备金

27. 货币供应量与基础货币之比，称为________。

A. 存款比率　　B. 法定存款准备金率

C. 货币乘数　　D. 贴现率

28. 下列不属于基础货币的是________。

A. 公众所持通货　　B. 活期存款　　C. 准备金存款　　D. 库存现金

29. 关于基础货币的说法，正确的包括________。

A. 法定存款准备金是基础货币，超额存款准备金不是基础货币

B. 基础货币是央行投放并且是央行可以控制的那部分货币

C. 基础货币等于公众所持通货、其他存款金融机构的库存现金和准备金存款之和

D. 公众所持通货是基础货币，库存现金不是基础货币

30. 基础货币包括________。

A. 准备金＋商业银行库存现金

B. 准备金＋活期存款

C. 准备金－商业银行库存现金

D. 准备金＋公众所持通货

（二）多项选择题

1. 如果货币供应是内生变量，那么决定货币供应的是________。

A. 中央银行　　B. 投资　　C. 储蓄　　D. 收入

2. 货币当局投放基础货币的渠道主要有________。

A. 直接发行通货　　B. 变动黄金、外汇储备

C. 实行货币政策　　D. 向企业直接贷款

3. 可以减少基础货币投放的是________。

A. 中央银行在公开市场上买入有价证券　　B. 中央银行在公开市场上卖出有价证券

C. 政府存款增加　　D. 增加商业银行存款准备

4. 货币扩张倍数取决于________。

A. 通货比率　　B. 定期存款比率　　C. 基础货币　　D. 利率

E. 存款准备金率

5. 影响商业银行创造派生存款能力的因素有________。

A. 原始存款　　B. 法定存款准备率　　C. 财政存款　　D. 通货比率

E. 超额准备金率

6. 影响定期存款比率的主要因素有________。

A. 定期存款利率　　B. 资金成本的高低

C. 其他金融资产的收益率　　D. 收入或财富的变动

7. 影响商业银行超额准备金比率的主要因素有________。

A. 市场利率　　B. 融资成本及难易程度

C. 收入或财富的变动　　D. 社会大众的资产偏好及资产组合调整

E. 社会对资金的需求程度

8. 决定通货比率的主要因素有________。

A. 社会公众的流动性偏好程度　　B. 法定存款准备金率

C. 银行体系活期存款的增减变化　　D. 收入或财富变动

9. 货币供应量是由________经济主体的行为共同决定的。

A. 中央银行　　B. 企业　　C. 商业银行　　D. 个人

10. 在决定和影响货币供应量的因素中,可由中央银行操纵的因素有________。

A. 基础货币　　B. 通货比率

C. 法定存款准备金率　　D. 定期存款比率

11. 在决定和影响货币供应量的因素中,由社会公众决定的因素有________。

A. 法定存款准备金率　　B. 通货比率

C. 定期存款比率　　D. 超额准备金率

12. 基础货币构成包括________。

A. 存款货币　　B. 通货

C. 法定存款准备金　　D. 超额准备金

13. 商业银行存款货币创造的前提条件有________。

A. 整个存款机构体系　　B. 部分准备金制度

C. 银行存款同现金近于通用　　D. 最后贷款人制度

E. 转账结算制度

14. 下列属于基础货币的是________。

A. 活期存款　　B. 公众所持通货

C. 准备金存款　　D. 商业银行库存现金

三、判断题

1. 货币供给外生论者认为,货币供给的变动将受制于各种经济因素的变动及微观经济主体的决策行为。（　）

2. 在现代货币供给理论中,货币供给总量通常是一个流量的概念。（　）

3. 在现代信用货币制度下,通货和存款货币是同一个概念的两种不同的表述。（　）

4. 一般来说,基础货币是中央银行能够加以直接控制的,而货币乘数则是中央银行不能完全控制的。（　）

5. 一旦中央银行取消了对定期存款法定存款准备金要求,定期存款比率对 M1 就不再有影响。（　）

6. 在货币乘数不变的条件下,货币当局可以通过控制基础货币来控制整个货币供给量。（　）

7. 当央行为维持汇率稳定而买卖外汇时,常导致基础货币的变动。（　）

8. 货币乘数取决于四个因素的变动,即现金漏损率、超额准备金率、活期存款法定准备金率、定期存款法定准备金率以及定期存款与活期存款之比。（　）

9. 只要商业银行具备了部分准备金制度,商业银行就可以创造派生存款。（　）

10. 货币供给之所以是一个内生变量,主要是因为货币当局能够对货币乘数实施直接或完全的控制。（　）

11. 定期存款比率的变动主要取决于商业银行的经营决策行为。（　）

12. 在弗里德曼-施瓦茨货币供给模型中,货币供给归根结底还是一个外生变量。（　）

13. 定期存款比率的变动仅仅取决于社会公众的资产选择行为。（　）

14. 商业银行的活期存款是现代信用货币经济中最主要的货币形式。（　）

15. 如果认为货币供给为外生变量,则货币当局无法通过货币政策来决定货币供给,从而对宏观经济运行实施有效的调控和调节。（　）

16. 中央银行只要控制住基础货币,就可以控制住货币供给量。（　）

17. 货币的存量实际上就是货币流量与货币流通速度的乘积。（　）

18. 原始存款的发生只是改变了货币的存在形式,并不改变货币的总量。（　）

19. 从乔顿的货币乘数模型来看,货币乘数并不是一个外生变量。（　）

20. 在基础货币一定的条件下,货币乘数决定了货币供给的总量。（　）

21. 按照格利和肖的货币供给理论"新观点",作为货币创造者的银行与作为非货币金融资产创造者的其他各种金融机构之间,只是流动性程度不同,而没有本质的区别。（　）

22. 货币供给的一般模式,即货币供给是基础货币与货币乘数之积,源于乔顿提出的简单模型。（　）

23. 货币供给理论"新观点"认为,货币的定义应该是广义的货币,而不是狭义的货币。（　）

24. 在现代货币供给理论中,现金漏损意味着商业银行体系准备金的流失。（　）

25. 由于货币当局及其负债在金融体系中的核心地位,基础货币是货币当局强制性地提供给经济社会的一种资产,不管供应多少,都必然为社会所接受。从这个意义上来说,基础货币的供给决定着其需求。（　）

26. 中央银行控制货币供应的能力取决于基础货币和货币乘数两大因素,其中主要取决于它能否准确地预测货币乘数及其决定因素的变化。（　）

27. 降准政策只能使得法定存款准备金和超额存款准备金此消彼长,对基础货币却几乎没有影响,但央行的公开市场操作等政策可以直接作用于基础货币。（　）

四、名词解释

1. 货币供给的内生性　2. 货币供给的外生性　3. 货币的存量　4. 货币的流量
5. 存款乘数　6. 原始存款　7. 派生存款　8. 存款准备金
9. 存款准备金率　10. 基础货币　11. 通货　12. 超额准备金
13. 货币乘数　14. 通货比率

五、简答题

1. 原始存款与派生存款有何不同？它们对货币总量有何不同影响？
2. 简述商业银行存款货币的创造过程及影响派生规模的因素。
3. 什么是现金漏损？简述现金漏损对货币供给的影响。
4. 基础货币是如何决定的？受哪些因素的影响？
5. 基础货币的基本特征有哪些？如何理解基础货币的供给决定着其需求？
6. 什么是简单存款乘数？什么是复杂的存款乘数？
7. 什么是货币乘数？简要分析货币乘数的决定因素。
8. 简要分析货币乘数对货币供给的影响。

六、计算题

1. 假设某商业银行的资产负债表(简表)如表14—1所示。

表14—1　　某商业银行资产负债表(简表)　　单位:亿元

资产		负债	
在央行存款	500	活期存款——现金	2 000
贷款	1 500		

假定该存款为原始存款,客户不提现,也不转为定期存款,其他因素不予以考虑。若活期存款法定准备率为10%,则:

(1)该商业银行现在的超额准备金是多少亿元?

(2)该商业银行最大可能创造出的派生存款是多少亿元?

2. 假设某商业银行的资产负债表(简表)如表14—2所示。

表14—2　　某商业银行资产负债表(简表)　　单位:元

资产		负债	
准备金	10 000	存款——现金	50 000
贷款	40 000		

假定存款客户不提现,不转存定期存款。

试求:

(1)此时存款货币扩张倍数是多少?存款货币总量又是多少?

(2)在法定存款准备金率为10%的情况下,如果该银行把10%的存款作为超额准备金,存款货币和存款乘数会有变化吗?

(3)在法定存款准备金率为10%的情况下,如果该银行不保留超额准备金,存款货币和存款乘数会怎样变化?

(4)在法定存款准备金率为10%的情况下,如果该银行不保留超额准备金,中央银行向该银行出售20 000元政府债券,存款货币和存款乘数会怎样变化?

3. 设原始存款为5 000万元,法定存款准备金率为6%,超额存款准备金率为4%,提现率为10%。试计算整个银行体系创造的派生存款总额。

4. 假设某商业银行吸收到500万元的原始存款,经过一段时间的派生后,银行体系最终形成存款总额2 500万元。若商业银行的存款准备金率为15%,试计算提现率。

5. 假定商业银行吸收的活期存款为5 000亿元,其中800亿元交存中央银行作为存款准备金,流通于银行体系之外的现金为600亿元。试计算货币乘数。

6. 假设某银行吸收到一笔200万元的活期存款,除按规定比例上存央行6%的法定存款准备金外,银行还多上存了4%的准备金。此外,在这笔存款中,最终会被存款人取走30万元的现金用于发放工资。试计算这笔存款最多能派生出多少派生存款?

7. 假设公众持有现金为500亿元,中央银行法定活期存款准备金率为10%,法定定期存款准备金率为5%,流通中通货比率为20%,定期存款比率为40%,商业银行的超额准备率为18%。

试求：

(1)货币乘数是多少？

(2)狭义货币供应量 M1 是多少？

8. 假设一国狭义货币供应 M1 为 120 000 亿元，中央银行的法定活期存款准备金率和定期存款准备金率分别为 5%和 4%。据测算，流通中现金的漏损率(现金/活期存款)为 20%，商业银行的超额准备金率为 3%，定期存款比率为 50%。

试求：

(1)该国货币乘数是多少？

(2)该国银行体系共有多少准备金？

9. 在一国的银行体系中，商业银行的存款准备金总额为 7 万亿元，流通于银行体系之外的现金总额为 5 万亿元，该国的狭义货币供应量 M1 为 60 万亿元。

试求：

(1)该国的狭义货币乘数是多少？

(2)活期存款总额以及现金提取率是多少？

10. 已知：流通于银行体系外的现金 C 为 800 亿元，活期存款 D 为 5 000 亿元，超额准备金 ER 为 200 亿元，法定准备金率 r 为 10%。

试求：

(1)现金提取比率 c 和超额准备金比率 e 各是多少？

(2)货币乘数 m 是多少？

11. 已知：存款准备金率 $r=6\%$，超额准备金率 $e=4\%$，货币乘数 $m=4$。

试求：

(1)现金提取率是多少？

(2)如果出现金融危机，现金提取率上升到原来的一倍，存款准备金率不变，那么新的货币乘数是多少？

12. 假定某商业银行从中央银行获得了 50 000 元的再贷款，如果存款的法定准备金率为 12%，并且该商业银行持有 8%的超额准备金，流通中的现金漏损率为 20%。

试求：

(1)存款乘数为多少？

(2)银行体系最终将创造出多少存款货币？

(3)新增多少流通中现金？

(4)货币乘数为多少？

(5)新增多少货币供应？

七、论述题

1. 如果中央银行规定的法定存款准备金比率为 20%，有人将 1 000 元现金存入一家商业银行，在没有任何“漏损”的假设下，试说明存款货币的多倍扩张与多倍收缩(包括过程与结果)。

2. 试根据乔顿的货币供给模型，分析货币供给的决定因素。

3. 何谓通货比率？它主要决定于哪些因素？它对货币供给有何影响？

4. 货币供给内生论与外生论各有何理论主张？如何评价？

5. 我国货币供给的内生性主要表现在哪些方面？

第十五章　通货膨胀与通货紧缩

一、填空题

1. ________是测度通货膨胀和通货紧缩的主要标志。

2. 根据物价上涨的程度，通货膨胀可以分为以下几种：________、________、________和________。

3. 我国学者按形成的原因不同，将通货膨胀分为________、________、________和________。

4. 衡量通货膨胀的传统指标主要有________、________、________。

5. 凯恩斯主义的通货膨胀理论是________。他们强调引发通货膨胀的是________，而不是货币量。

6. 后凯恩斯学派则用________解释通货膨胀。把通货膨胀归咎于________的提高。

7. 货币主义学派则认为，通货膨胀完全是一种________现象，________是通货膨胀的唯一原因。

8. 马克思主义认为，通货膨胀表现在流通领域，根源于________和________。

9. 通过宏观紧缩政策控制社会总需求，各国治理通货膨胀的主要手段有________、________和________。

10. 治理通货膨胀主要有以下三大对策：________、________和________。

11. 国外学者普遍把通货紧缩定义为________。

12. 双要素通货紧缩定义包括________和________。

13. 三要素通货紧缩定义认为，通货紧缩是________、________和________ 三者同时持续下降。

14. 对温和型通货膨胀的社会经济效应有三种观点：________、________和________。

15. 自 1997 年以来，中国的通货紧缩趋势是以________和________为主要特征的。

二、选择题

(一)单项选择题

1. 在纸币流通条件下,货币的供应量不能适应经济增长的需要时,将会发生________现象。

A. 通货膨胀　　B. 通货紧缩

C. 购买力下降　　D. 通货膨胀或通货紧缩

2. 认为通货膨胀的原因在于经济发展过程中社会总需求大于总供给,从而引起一般物价水平持续上涨的是________。

A. 需求拉上论　　B. 成本推进论

C. 开放型通货膨胀　　D. 隐蔽型通货膨胀

3. 把通货膨胀归咎于产品成本提高的是________。

A. 凯恩斯主义　　B. 后凯恩斯学派

C. 货币主义　　D. 马克思主义

4. 物价上升、失业增加、经济不景气同时存在的现象,最有可能的是________。

A. 需求拉上的通货膨胀　　B. 成本推进的通货膨胀

C. 需求转移型通货膨胀　　D. 瓶颈制约型通货膨胀

5. 认为通货膨胀表现在流通领域,根源于生产和流通领域,是________的观点。

A. 凯恩斯主义　　B. 后凯恩斯学派　　C. 货币主义学派　　D. 马克思主义

6. 认为引发通货膨胀的原因在于货币数量的过度增加,并断言"通货膨胀无论何时何地都是一种货币现象"的是________。

A. 凯恩斯主义　　B. 后凯恩斯学派　　C. 货币主义学派　　D. 马克思主义

7. 通货膨胀对策中,通过公开市场业务出售政府债券属于________。

A. 改善需求　　B. 改善供给　　C. 收入指数化政策　　D. 紧缩性货币政策

8. 下列________不属于紧缩性财政政策。

A. 削减政府支出　　B. 减少公共事业投资

C. 增加税收　　D. 制定物价、工资管制政策

9. 下列可以体现通货紧缩有利方面的是________。

A. 储蓄增加的同时,个人消费相应减少

B. 实际利率上升,债务人负担加重

C. 实际利率上升,投资吸引力下降

D. 促进企业在市场竞争中为占领市场份额而运用降价促销战略

10. ________认为,通货紧缩可能的原因是资产泡沫破灭对经济产生的致命的影响。

A. 凯恩斯　　B. 格林斯潘　　C. 弗里德曼　　D. 舒尔茨

11. 在通货紧缩成因分析中,________认为,严重通货紧缩是货币紧缩的结果。

A. 凯恩斯　　B. 格林斯潘　　C. 迈耶　　D. 弗里德曼

12. 下列________说法明显是错的。

A. 物价水平的持续下降意味着实际利率的上升,投资项目的吸引力下降

B. 物价水平的持续下降意味着货币购买力不断提高,从而消费者会增加消费,减少储蓄

C. 通货紧缩可能引发银行业危机

D. 通货紧缩制约了货币政策的实施

13. 反映与居民生活有关的商品和劳务价格变动幅度的指数是________。

A. CPI　B. PPI　C. WPI　D. GDPD

14. 菲利普斯曲线说明通货膨胀与失业率之间是________关系。

A. 正相关　B. 负相关　C. 不相关　D. 不一定

15. 在供应学派看来,治理通货膨胀的最核心政策是________。

A. 利率政策　B. 减税政策　C. 增税政策　D. 法律和行政手段

16. 以历史的价格波动作为基础计算编制核心通货膨胀率的方法是________。

A. 修削平均法　B. 加权中位数法　C. 统计法　D. 剔除法

17. 下列被称为“卖方的通货膨胀”的是________。

A. 需求拉上型通货膨胀　B. 成本推进型通货膨胀

C. 结构型通货膨胀　D. 输入型通货膨胀

(二)多项选择题

1. 以下对通货膨胀定义的正确理解是________。

A. 通货膨胀是纸币流通条件下的特有现象

B. 通货膨胀并非是个别商品价格的临时性上涨,而是物价水平的全面、持续的上涨

C. 物价水平的上涨就是通货膨胀

D. 货币量的增加和物价水平的提高是相伴随的关系,而不是定向的因果关系

2. 核心通货膨胀率的特征是________。

A. 剔除了传统指标中的噪音因素,对总物价水平的中长期趋势有较强的预测作用

B. 主要反映社会公众的通货膨胀预期和经济活动的需求压力

C. 由供给冲击引起的通货膨胀也应该属于由中央银行进行干预的范畴

D. 对影响经济活动中每一个商品价格的共同因素,即来自总需求方面的变化,应该予以特别的关注

3. 核心通货膨胀的度量方法主要有________。

A. 剔除法　B. 加权平均法　C. 修削平均法　D. 加权中位数法

4. 认为通货膨胀的根源在于总需求方面的经济学派有________。

A. 凯恩斯主义　B. 后凯恩斯学派　C. 货币主义学派　D. 马克思主义

5. 根据成本推进论的观点,导致生产成本提高的原因主要有________。

A. 工资推进　B. 利润推进　C. 资本推进　D. 生产要素推进

6. 结构性通货膨胀可包括________。

A. 输入性通货膨胀　B. 国际货币主义模型

C. 需求移动型通货膨胀　D. 小国开放型通货膨胀

7. 凯恩斯学派与货币主义关于菲利普斯曲线的分歧,可综合为以下________方面。

A. 曲线较长期斜率问题　B. 预期的性质问题

C. 菲利普斯曲线的形状问题　D. 失业的性质问题

8. 紧缩性货币政策包括________。

A. 提高法定存款准备金率　B. 提高再贴现率

C. 提高基准利率　　D. 在公开市场买入政府债券

9. 通货紧缩三要素定义包含以下________三个方面。

A. 一般物价水平普遍、持续下降　　B. 货币供应在绝对量上的减少

C. 货币供应量在相对量上的减少　　D. 经济衰退

10. 在以下四种物价指数中，同时具备资料易收集、公布频率高的特点的是________。

A. CPI　　B. PPI　　C. WPI　　D. GNPD

11. 关于通货紧缩成因理论中，属于通货紧缩的金融结构理论观点的是________。

A. 中央银行不适当的货币政策是通货紧缩的罪魁祸首

B. 过度负债是一国经济由盛而衰的转折点，是导致通货紧缩的一个重要原因

C. 投资过度和消费不足是导致通货紧缩的根源

D. 强调脆弱金融市场体系在通货紧缩中的作用

12. 治理通货紧缩的货币政策包括________。

A. 降低法定存款准备金率　　B. 降低再贴现率

C. 在公开市场上卖出政府债券　　D. 降低基准利率

三、判断题

1. 通货膨胀不是一次性或短暂的物价水平的上涨，而是持续的不可逆转的物价上涨现象。（　　）

2. 需求拉上论认为通货膨胀的原因在于产品成本的提高，因而推动着物价上涨。（　　）

3. 后凯恩斯学派与凯恩斯学派都主张需求拉上型通货膨胀成因论。（　　）

4. 凯恩斯学派赞同需求拉上论，而货币学派则主张成本推进论。（　　）

5. 采用向商业银行、企业和个人发行债券的方法弥补财政赤字，一般不会扩大货币总量，引发通货膨胀。（　　）

6. 信用膨胀必将直接导致货币供应量过多，信用膨胀实质上就是通货膨胀的同义语。（　　）

7. 普遍、持续的物价下降意味着单位货币购买力的不断上升，对投资者来说意味着投资成本降低，对经济发展是有利的。（　　）

8. 经常项目顺差会造成国内市场货币流通量过多，而资本项目顺差则不形成通货膨胀压力。（　　）

9. 供应学派主张通过降低税率促进生产发展，治理通货紧缩。（　　）

10. 收入指数化既能剥夺政府从通货膨胀中获得收益，又可抵消或缓解物价波动对个人收入水平的影响。（　　）

11. 通货紧缩会影响货币政策的实施，使货币政策失去灵活性。（　　）

12. 核心通货膨胀对传统通货膨胀度量方法的不足进行了调整，因此将逐渐取代传统的通货膨胀指标。（　　）

四、名词解释

1. 通货膨胀　　2. 消费者物价指数　　3. 生产者物价指数　　4. 核心通货膨胀

5. 国民生产总值物价平减指数　6. 需求拉上论　7. 成本推进论
8. 结构性通货膨胀　9. 输入性通货膨胀　10. 菲利普斯曲线　11. 通货紧缩

五、简答题

1. 什么是核心通货膨胀？为什么现代中央银行都注重测量核心通货膨胀？
2. 简述关于通货膨胀成因的几种理论观点。
3. 什么是通货紧缩？简述通货紧缩是如何形成的。

六、论述题

1. 试分析通货膨胀的成因，并提出相应对策。
2. 试全面、客观地评价通货紧缩的社会经济效应，并提出相应的对策。
3. 试就 1997 年以来中国通货紧缩现象的成因和对策，谈谈你的看法。
4. 你认为“物价稳中有降”是不是理想的经济状态？为什么？

第十六章　货币经济学的新发展

一、填空题

1. 通常，我们将货币增长率的变化通过影响个体投资组合进而影响到实际变量的长期值的现象，称为________。

2. 在货币与长期经济增长关系的理论模型中，________通过计算发现，货币增长率和通货膨胀率的提高将导致长期资本存量和长期产出的增加，货币不具有超中性。

3. 在货币与长期经济增长关系的理论模型中，________发现，长期均衡资本存量、产出水平和消费水平独立于货币增长率或通货膨胀率，即货币存在超中性。

4. 菲利普斯曲线的关系式表明，一个国家可以通过提高通货膨胀率来________。

5. 20 世纪 60 年代末、70 年代初，美国和大多数西方国家普遍出现了“滞胀”现象，即________和________共存的现象。

6. 1967 年，菲尔普斯(Phelps)首先把________的概念引入菲利普斯曲线。

7. 卢卡斯(Lucas)在理性预期一般均衡模型中，成功地解释了货币的短期________和长期________。

8. 菲尔普斯和弗里德曼的研究表明，当预期通货膨胀率等于实际通货膨胀率时，失业率就处于________水平。

9. 在通货膨胀偏差的消除方法中，目标法则主要包括________和________。

10. 近年来，在货币政策的理论研究和实际操作中，有两类货币政策法则正越来越受到人们的重视：一类是________，另一类是________。

二、选择题

(一)单项选择题

1. 认为长期均衡资本存量、产出水平和消费水平独立于货币增长率或通货膨胀率，即货币存在超中性的经济学家有________。

A. 托宾　　B. 詹森　　C. 斯德劳斯基　　D. 斯叨克曼

2. 凯恩斯的《就业、利息和货币通论》发表后，人们意识到凯恩斯理论所蕴含的实际工资对总需求冲击是________。

A. 反周期的　　B. 顺周期的　　C. 非周期的　　D. 近似周期的

3. 在研究货币与经济增长关系模型中，认为稳态均衡资本存量与通货膨胀率负相关的模型是________。

A. 托宾模型　　B. 詹森模型　　C. 斯德劳斯基模型　　D. 斯叨克曼模型

4. 菲尔普斯和弗里德曼的研究表明，当预期通货膨胀率________实际通货膨胀率时，失业率就处于自然率水平。

A. 高于　　B. 等于　　C. 低于　　D. 不一定

(二)多项选择题

1. 在货币与长期经济增长关系上，经济学家们达成共识，即货币从长期看是________。

A. 中性的　　B. 近似中性的　　C. 正相关　　D. 负相关

2. 认为长期均衡资本存量、产出水平和消费水平独立于货币增长率或通货膨胀率，即货币不具有超中性的经济学家有________。

A. 斯德劳斯基　　B. 詹森　　C. 托宾　　D. 斯叨克曼

3. 在货币与短期经济波动的研究中，凯恩斯理论相对古典经济学的不同观点表现在________。

A. 货币供给能改变物价水平　　B. 名义工资是刚性的

C. 市场并不能自动出清　　D. 存在非自愿的失业问题

4. 卢卡斯(Lucas)在理性预期一般均衡模型中，成功地解释了货币的________。

A. 短期中性　　B. 短期非中性　　C. 长期中性　　D. 长期非中性

5. 在詹森模型中，通货膨胀率的增加对资本存量的影响有以下倾向________。

A. 通货膨胀率的增加等价于政府向年轻个体征收铸币税

B. 稳态均衡资本存量与通货膨胀率负相关

C. 长期均衡资本存量、产出水平和消费水平独立于货币增长率或通货膨胀率

D. 通货膨胀率的增加使得持有货币的机会成本上升

6. 在卢卡斯模型中，假定经济中存在着以下冲击________。

A. 相对需求冲击　　B. 相对供给冲击　　C. 货币冲击　　D. 资本冲击

7. 中央银行的相机抉择行为将导致通货膨胀出现偏差。消除偏差的方法有：________。

A. 引入中央银行的信誉

B. 允许中央银行的偏好不同于公众偏好

C. 坚持中央银行政策的一贯性

D. 对中央银行政策的灵活性强加某种限制

三、判断题

1. 无论从理论模型出发，还是从经验分析出发，经济学家们的研究表明，通货膨胀与产出增长、失业等其他实际变量之间的长期关系还存在着一定程度的不确定性。　(　)

2. 卢卡斯的理论告诉我们，非预期的通货膨胀率的增加并不能导致产出的增长，只有

预期的通货膨胀率的增加才能提高产出。（　　）

3. 从卢卡斯等的定量计算可以看出,通货膨胀福利成本应该是非常小的。（　　）

4. 货币与经济增长关系分析告诉我们,只有非预期的通货膨胀可以带来短期产出增长,预期通货膨胀率的变化没有实际效应。（　　）

5. 实证研究发现,通货膨胀率与货币供给增长率的相关系数几乎等于 1,证明两者之间存在因果关系。（　　）

四、名词解释

1. 托宾效应　　2. 目标法则　　3. 工具法则　　4. 泰勒法则
5. 相机抉择　　6. 固定规则

五、简答题

1. 简述当前货币经济学家在货币与长期经济增长关系上有哪些分歧与共识。
2. 为什么古典理论中不存在非自愿失业,货币政策会对产出无效?
3. 凯恩斯理论中工资刚性假定的引入是如何解释非自愿失业存在的? 这种假定有什么缺陷?
4. 自然率假设是如何解释"滞胀"现象的?
5. 人们为什么要抛弃适应性预期而引入理性预期?
6. 简述通货膨胀有哪些方面的福利成本。

六、论述题

1. 解决通货膨胀偏差有哪些手段?
2. 泰勒法则是否蕴含着中央银行可以机械地按照该法则行事?

第十七章　货币政策的目标与工具

一、填空题

1. 货币政策理论主要研究以下几个问题：一是________，二是________，三是________，四是________，五是________，六是________。

2. 西方发达国家的货币政策有四大目标：________、________、________和________。

3. 在现实生活中，除了非自愿性失业外，还有两种失业是不可避免的：一种是________，另一种是________。

4. 国际收支平衡有________和________两个概念。

5. 用于反映通货膨胀率与失业率之间此增彼减的交替关系的曲线是________。

6. 协调货币政策目标之间矛盾的方法最主要有以下三种：________、________和________。

7. 1995 年，我国以法律形式确定我国中央银行的最终目标是________。

8. 保持币值稳定实际有两层含义：一是________，二是________。

9. 一般性货币政策工具包括以下三种：一是________，二是________，三是________。

10. ________是一种威力巨大而不常使用的一般性货币政策工具。

11. 一般性货币政策工具中，最灵活、最常用的货币政策工具是________。

12. 中央银行选择货币政策中介目标的主要标准有以下三个：________、________和________。

13. 所谓“货币政策的中介目标”，实际上是指那些介于________和________之间的变量。

14. 间接信用控制的货币政策工具有________和________。

15. 以利率作为传导机制的货币政策传导机制理论是________学派的观点。

16. ________学派的货币政策传导机制理论被认为货币供应量是通过“黑匣子”操作的。

17. 根据凯恩斯学派的货币政策理论，当一国经济出现________时，货币供应量的增加就不能使利率下降，于是货币政策无效。

18. 根据蒙代尔的政策配合说，________主要解决国内经济问题，而________主要解决国际经济问题。

19. 现代货币理论(Modern Money Theory，简称 MMT)发端于 20 世纪 90 年代，是继承了________对于凯恩斯经济学解读的后凯恩斯主义学者对货币金融理论做出的新贡献。

20. 现代货币理论的基础是德国历史学派经济学家________提出的国定货币学说，因此也被称为“新国定货币学说”(neo-chartalism)。

21. 现代货币理论的三大支柱是________、________、________。

二、选择题

(一)单项选择题

1. 愿意接受现行的工资水平和工作条件，但仍然找不到工作的是________。

A. 充分就业　B. 非自愿失业　C. 自愿失业　D. 摩擦性失业

2. 下列________不是货币政策的最终目标。

A. 充分就业　B. 经济增长　C. 物价稳定　D. 国际收支顺差

3. 货币政策四大目标之间存在矛盾，任何一个国家要想同时实现是很困难的，但其中________是一致的。

A. 充分就业与经济增长　B. 经济增长与国际收支平衡

C. 物价稳定与经济增长　D. 物价稳定与经济增长

4. 菲利普斯曲线反映________之间此消彼长的关系。

A. 通货膨胀率与失业率　B. 经济增长与失业率

C. 通货紧缩与经济增长　D. 通货膨胀与经济增长

5. 根据蒙代尔的政策配合说，________主要解决国内经济问题，而________主要解决国际经济问题。

A. 货币政策　财政政策　B. 财政政策　货币政策

C. 财政政策　利率政策　D. 货币政策　汇率政策

6. 下列________是指在两个目标之间存在矛盾的情况下，通过适当操作，将货币政策的两个目标都能控制在相对合理的水平。

A. 统筹兼顾　B. 相机抉择　C. 政策搭配　D. 单一规则

7. 1995 年，我国以法律形式确定我国中央银行的最终目标是________。

A. 以经济增长为首要目标　B. 以币值稳定为主要目标

C. 保持物价稳定，并以此促进经济增长　D. 保持币值稳定，并以此促进经济增长

8. 目前，西方各国运用比较多而且十分灵活有效的货币政策工具是________。

A. 法定存款准备金　B. 再贴现政策

C. 公开市场业务　D. 窗口指导

9. 下列货币政策操作中，引起货币供应量增加的是________。

A. 提高法定存款准备率　B. 提高再贴现率

C. 降低再贴现率　D. 中央银行卖出债券

10. 目前，我国货币政策的中介目标是________。

A. 利率　B. 货币供应量　C. 基础货币　D. 贷款限额

11. 中央银行降低法定存款准备金率时,商业银行________。

A. 可贷资金量减少　B. 可贷资金量增加

C. 可贷资金量不受影响　D. 可贷资金量不确定

12. 一般来说,中央银行提高再贴现率时,会使商业银行________。

A. 提高贷款利率　B. 降低贷款利率

C. 贷款利率升降不确定　D. 贷款利率不受影响

13. 中央银行在公开市场上大量抛售有价证券,意味着货币政策________。

A. 放松　B. 收紧　C. 不变　D. 不一定

14. 下列________不是通过直接影响基础货币变动实现调控的货币政策工具。

A. 法定存款准备金政策　B. 公开市场业务

C. 再贴现政策　D. 都不是

15. 现代货币理论(简称 MMT)发端于 20 世纪 90 年代,是继承了________对于凯恩斯经济学解读的后凯恩斯主义学者对货币金融理论做出的新贡献。

A. 明斯基　B. 克纳普　C. 斯密　D. 梅耶

16. 现代货币理论的基础是德国历史学派经济学家________提出的国定货币学说,因此也被称为“新国定货币学说”(neo-chartalism)。

A. 明斯基　B. 克纳普　C. 斯密　D. 梅耶

(二)多项选择题

1. 一般性的货币政策工具,是指各国中央银行普遍运用或经常运用的货币政策工具。这类货币政策工具包括________。

A. 存款准备金政策　B. 再贴现政策

C. 窗口指导　D. 公开市场业务

2. 一般来说,中央银行选择货币政策中介目标的主要标准有________。

A. 安全性　B. 可测性　C. 可控性　D. 相关性

3. 属于间接信用控制的货币政策工具有________。

A. 流动性比率　B. 利率上限　C. 窗口指导　D. 道义劝告

4. 在通货膨胀形势下,中央银行相应的政策调控应当是________。

A. 提高法定存款准备金率　B. 提高再贴现率

C. 买进有价证券　D. 减少商业银行准备金

5. 直接对基础货币起到调控作用的货币政策工具是________。

A. 存款准备金政策　B. 再贴现政策

C. 公开市场业务　D. 央行票据发行

6. 我国近年来进行的货币政策工具创新包括________。

A. 短期流动性调节工具(SLO)　B. 常备借贷便利(SLF)

C. 中期借贷便利(MLF)　D. 抵押补充贷款(PSL)

E. 信贷资产质押再贷款

7. 现代货币理论的三大支柱包括________。

A. 货币国定论　B. 货币名目论

C. 最后雇佣者计划　　D. 赤字货币化

8. 所谓“充分就业”，就是要排除自然失业，下列属于非自然失业的是________。

A. 自愿失业　　B. 非自愿失业

C. 摩擦性失业　　D. 自愿失业＋摩擦性失业

三、判断题

1. 愿意接受现行的工资水平和工作条件，但仍然找不到工作的，属于摩擦性失业。（　）

2. 任何一个国家要想同时实现货币政策的所有目标是很困难的，因此，各国一般选择一到两个目标作为货币政策的主要目标。（　）

3. 根据蒙代尔的政策配合说，货币政策主要解决国内经济问题，而财政政策主要解决国际经济问题。（　）

4. 在两个目标之间存在矛盾的情况下，通过适当操作，将货币政策的两个目标都控制在相对合理的水平，是凯恩斯学派相机抉择的方法。（　）

5. 币值稳定与物价稳定是同一个概念。（　）

6. 中央银行在公开市场上买进证券，只是等额地投放基础货币，而不是等额地投放货币供应量。（　）

7. 从技术上讲，中央银行创造基础货币的量可以是无限的。（　）

8. 货币政策诸目标呈一致关系的是经济增长与物价稳定。（　）

9. 再贴现是中央银行与商业企业之间办理的票据贴现业务。（　）

10. 一般来说，央行降低再贴现利率，则货币供应量一定扩张。（　）

11. 根据菲利普斯曲线，货币工资变动率与失业率存在比较稳定的此增彼减的关系。（　）

12. 选择性的货币政策工具通常可在不影响货币供应总量的条件下，影响银行体系的资金投向和不同贷款的利率。（　）

13. 现代货币理论(MMT)主张打破货币政策与财政政策的界限，支持政府通过货币发行缓解财政赤字，促进就业。（　）

14. 就总体而言，我国央行的短期流动性调节工具实际上主要是一种超短期的逆回购操作。通过这种操作，中央银行为市场提供短期的流动性供给。（　）

四、名词解释

1. 货币政策　　2. 货币政策目标　　3. 充分就业　　4. 菲利普斯曲线

5. 自愿失业　　6. 非自愿失业　　7. 摩擦性失业　　8. 相机抉择

9. 货币政策工具　　10. 存款准备金政策　　11. 再贴现政策　　12. 公开市场业务

13. 货币政策最终目标　　14. 货币政策中介目标

15. 现代货币理论(MMT)　　16. 中央银行票据

17. 短期流动性调节工具(SLO)　　18. 常备借贷便利(SLF)

19. 中期借贷便利(MLF)　　20. 抵押补充贷款(PSL)

21. 信贷资产质押再贷款　　22. 央行票据互换工具

五、简答题

1. 中央银行选择货币政策中介目标的依据主要有哪些?
2. 简述货币政策的最终目标及含义。
3. 货币政策工具主要有哪些?
4. 现代货币理论的理论基础是什么?
5. 现代货币理论的现实意义是什么?
6. 试评价现代货币理论的优点与缺陷。
7. 你认为我国现阶段的货币政策应以什么作为中介目标?
8. 我国存款准备金政策的特色何在?
9. 我国再贷款政策的定位是什么?
10. 我国公开市场操作的特色何在?

六、论述题

1. 西方国家货币政策的最终目标有哪几个?中央银行在同一时间实行同一种货币政策能否同时达到这些最终目标?为什么?

2. 中央银行的一般性货币政策工具有哪几种?它们分别是如何调控货币供应量的?其各自的优缺点是什么?

3. 试述凯恩斯学派和货币学派关于货币政策传导机制的理论分歧。

4. 在通货紧缩情况下,如何运用一般性货币政策解决这一问题?

第十八章　货币政策的传导机制

一、填空题

1. 所谓“货币政策的传导机制”，是指从________的运用开始，通过________的传导到最终目标的实现所经过的途径或过程。

2. 资产价格渠道理论是________的扩展，主要有________、________和________。

3. 货币政策传导的信用渠道包括________和________。

4. 资产价格渠道理论认为，货币政策将通过影响________，尤其是________来传导到实体经济，从而达到货币政策的最终目标。

5. 传统的货币政策传导机制理论都认为货币政策主要是通过________的变动或________的变动来影响实体经济的。

6. 银行贷款渠道论强调银行贷款的供给对________的影响。

7. 综合货币政策传导机制理论的分析，货币政策通过股票价格的变动影响消费支出，大致表现在以下三个方面：一是________，二是________，三是________。

8. 所谓“货币政策传导机制的信用渠道”，主要包括两个：一是________，二是________。

9. 托宾将 q 定义为________与________之比。

10. 著名的《拉德克利夫报告》将利率的效应分为两种：一是________，二是________。

二、选择题

(一)单项选择题

1. 根据托宾 q 理论，货币政策将通过对________的影响而作用于实际的经济活动，从而达到预期的最终目标。

A. 利率　　B. 货币供应量　　C. 股票价格　　D. 货币的价格

2. 从凯恩斯学派的货币政策传导机制理论来看，________是不可靠的政策选择。

A. 财政政策　　B. 货币政策　　C. 收入政策　　D. 三者都是

3. 在货币政策的传导机制中，既可以作为操作目标，又可以是中介目标的是________。

A. 基础货币　B. 货币供应量　C. 短期利率　D. 长期利率

4. 根据汇率渠道理论，汇率的变动通常与利率的变动相互影响。如货币供应量下降，将导致本币________。

A. 贬值　B. 升值　C. 先升值后贬值　D. 不一定

5. 托宾 q 定义，若________时，公司只要发行较少的股票即可筹得较多的资本。

A. $q=1$　B. $q>1$　C. $q<1$　D. $q=0$

6. 罗萨认为，贷款人之所以对利率的变动具有如此强烈的敏感程度，是因为他们必须保持足够的________。

A. 收益性　B. 安全性　C. 流动性　D. 一致性

7. 根据《拉德克利夫报告》，利率的变动将对各种金融机构的________可能性产生强烈的影响。

A. 信用供给　B. 信用需求　C. 投资　D. 贷款

8. 银行贷款渠道论强调________对企业投资支出的影响。

A. 利率　B. 货币供给　C. 银行贷款的供给　D. 资产价格

9. 利率效应论主要由________经济学家提出。

A. 凯恩斯学派　B. 货币学派　C. 新古典综合派　D. 后凯恩斯学派

10. 根据货币政策传导的资产负债渠道论分析，货币政策可以通过________的变动影响消费支出。

A. 利率效应　B. 信用供给　C. 银行贷款需求　D. 股票价格

(二)多项选择题

1. 资产价格渠道理论实际上是对凯恩斯学派利率渠道理论的一种扩展，这类理论包括________。

A. 托宾 q 理论　B. 莫迪利安尼的财富效应理论

C. 汇率渠道理论　D. 罗萨德银行贷款渠道理论

2. 根据莫迪利安尼的理论，消费者的消费支出要取决于其一生的财富。而他所谓的“财富”，包括________。

A. 人力资本　B. 精神财富　C. 真实资本　D. 金融财富

3. 根据著名的《拉德克利夫报告》，利率的效应包括________。

A. 利率刺激效应　B. 储蓄的生命周期效应

C. 一般流动性效应　D. 收益性权衡

4. 货币政策通过资产负债表渠道传导的过程可以从________几个方面说明。

A. 信用可得性　B. 资产价格　C. 名义利率　D. 消费支出

5. 综合货币政策传导的信用渠道理论分析，货币政策通过股票价格的变动影响消费支出，大致表现在________几个方面。

A. 利率效应　B. 财富效应　C. 流动性效应　D. 收益性效应

6. 货币政策通过汇率渠道发挥作用的条件是________。

A. 货币与各种非货币金融资产之间必须具有完全的替代性

B. 资本可以在国际间自由流动

C. 货币可以自由兑换
D. 利率与汇率都完全由市场决定
7. 对于货币政策传导机制，凯恩斯学派经济学家提出以下基本观点________。
A. 货币政策的中介目标应是利率
B. 货币和利率等金融因素的变动将对实际经济活动产生影响
C. 产量、收入等实物变量的变动也将对货币和利率产生相应的反作用
D. 货币政策的作用是间接的

三、判断题

1. 根据弗里德曼货币政策传导理论的观点，在长期中，货币供应量的增加不仅会引起实际产出的增加，而且导致物价水平的上涨。（　）
2. 实际上，资产价格渠道理论是对凯恩斯学派利率渠道理论的一种扩展。（　）
3. 作为一种一般性的货币政策工具，存款准备金政策实际上只影响法定准备金与超额准备金的相对比例，而并不影响基础货币。（　）
4. 几乎所有的货币政策理论都认为，货币政策影响产出或收入是通过影响投资和消费等总需求来实现的，因此，货币政策的作用是间接的。（　）
5. 根据托宾 q 理论，货币政策是导致股票价格变动，从而导致 q 变动的唯一因素。（　）
6. 根据莫迪利安尼的财富效应理论，扩张货币政策下，货币供应增加，将导致股价上升，经济主体财富增加。（　）

四、名词解释

1. 货币政策传导机制　　2. 托宾 q　　3. 银行贷款渠道论
4. 货币政策传导的资产负债表渠道

五、简答题

1. 简述货币政策传导机制的基本原理。
2. 在货币政策传导机制问题上，凯恩斯学派与货币学派分别有怎样的解释？
3. 哪几种理论用于说明货币政策对消费支出的影响？你同意这些理论吗？
4. 试述托宾 q 理论，并作简要评论。
5. 传统的货币政策传导机制理论有哪些局限性？
6. 在货币政策的传导中，银行贷款渠道与利率渠道有何不同？
7. 简述货币政策传导的成本渠道理论。
8. 为什么利率市场化有利于疏通货币政策传导？

六、论述题

1. 货币政策传导的资产负债表渠道主要可从哪几个方面来说明？
2. 你认为我国现阶段的货币政策主要通过什么渠道来传导？为什么？

第五篇

国际金融与经济均衡

第十九章　国际收支

一、填空题

1. ________是指一国在一定日期对外债权债务的综合情况。

2. 按照国际货币基金组织的定义，________是在一定时期内，一个经济实体的居民同非居民之间所进行的全部经济交易的系统记录。

3. 国际收支平衡表是按照________的原理编制的。

4. 在国际收支平衡表中，当收入大于支出时，我们称为________；反之，当支出大于收入时，我们称为________。

5. ________是国际收支平衡表中最基本和最重要的项目。

6. 国际收支平衡表按交易性质分为________、________和________三大类。

7. 经常项目可细分为________、________和________三个项目。

8. 资本与金融项目可分为________和________两大类。

9. 平衡或结算项目包括________和________两个项目。

10. 一国的官方储备主要包括四个组成部分，即________、________、________和________。

11. 将所有国际经济交易划分为________和________，可作为判断国际收支在性质上是否平衡。

12. 考察国际收支在性质上是否平衡的四个口径是________、________、________和________。

13. 国际收支不平衡的主要原因是________、________、________和________。

14. 国际收支不平衡的对策是________、________、________和________。

15. 从作用途径来看，调节国际收支的政策措施可分为________和________两大类。

二、选择题

(一)单项选择题

1. ________是指一国在一定日期(如某年某月某日)对外债权债务的综合情况。

A. 国际收支　　B. 国际借贷
C. 贸易收支　　D. 资本收支

2. 国际收支是一个________。

A. 存量　　B. 流量　　C. 不确定　　D. 以上都不是

3. ________是国际收支平衡表中最基本和最重要的项目。

A. 经常项目　　B. 资本项目
C. 贸易收支　　D. 平衡项目

4. 股息、红利等投资收益属于________。

A. 劳务收支　　B. 贸易收支
C. 转移收支　　D. 资本项目

5. 在国际收支平衡表中,出国留学的奖学金应记入________项目。

A. 资本项目　　B. 贸易收支
C. 转移收支　　D. 劳务收支

6. 在经济繁荣时期,由于国内需求旺盛,进出口业务会发生相应的变动,则国际收支可能出现________。

A. 顺差　　B. 逆差　　C. 平衡　　D. 不确定

7. 只有________才能在总体上反映一国自主性交易的状况。

A. 经常项目　　B. 资本项目
C. 贸易收支　　D. 官方结算

8. 通过减少国民收入,使用于进口的支出下降,这一对策是________。

A. 国际收支的自动调节作用　　B. 国际收支的调节手段
C. 国际收支的融资手段　　D. 支出减少政策

9. 支出减少政策的核心是________。

A. 减少政府支出　　B. 减少货币供应量
C. 提高利率　　D. 减少国民收入

10. 游资(Hot Money)应记入________项目。

A. 长期资本　　B. 短期资本
C. 经常项目　　D. 资本项目

(二)多项选择题

1. 国际收支平衡表中,以下属于经常项目的是________。

A. 银行和保险业务收支　　B. 证券投资的利息收支
C. 进出口信贷资金　　D. 侨民汇款

2. 以下属于劳务收支的是________。

A. 旅游费用　　B. 保费收支
C. 套利套汇交易资金　　D. 证券投资

3. 考察国际收支性质上是否平衡的口径有________。

A. 贸易差额　　B. 经常项目差额

C. 基本差额　　D. 官方结算差额

4. 国际收支不平衡的主要原因包括________。

A. 经济周期　　B. 国民收入

C. 货币价值　　D. 经济结构

5. 国际收支调节手段中的支出转移政策包括________。

A. 汇率调整　　B. 财政政策

C. 货币政策　　D. 出口关税政策

6. 国际收支调节手段中的支出增减政策包括________。

A. 汇率调整　　B. 财政政策

C. 货币政策　　D. 出口关税政策

7. 以下记入国际收支平衡表贷方的是________。

A. 货物出口　　B. 外国居民为本国居民提供服务

C. 本国居民收到国外的单边转移　　D. 本国居民获得外国资产

E. 官方储备减少

三、判断题

1. 国际借贷和国际收支是两个密切相关的概念,并且其含义没有很大的差异。(　　)

2. 由于商品贸易仍然在国际经济往来中占有重要地位,因此,狭义的国际收支就是指这种贸易收支。(　　)

3. 国际借贷在某种程度上反映了一国在一定时期内的对外收入和支付的情况,是一个流量的概念。(　　)

4. 股息、红利等投资收益属于资本收支项目。(　　)

5. 在经济繁荣时期,由于国内需求旺盛,进出口业务会发生相应的变动,则国际收支可能出现顺差。(　　)

6. 即使一国的自主性交易不能达到平衡,该国的国际收支在性质上也可能是平衡的。(　　)

7. 目前,所有的外汇收支都包括在国际收支内。(　　)

8. 在国际金本位制度下,一国的国际收支是通过黄金的输出入而自动调节的。(　　)

9. 在纸币流通条件下,一国的国际收支已无法借助黄金的输出入而自动调节。(　　)

10. 从性质上看,按不同的口径进行考察,国际收支的不平衡是一种偶然的现象,而国际收支的平衡是一种经常的现象。(　　)

11. 在考察一国的国际收支中,只有资本项目才能在总体上反映一国自主性交易的状况。(　　)

四、名词解释

1. 国际借贷　　2. 国际收支　　3. 国际收支平衡表　　4. 自主性交易

5. 调节性交易　　6. 支出转移政策　　7. 支出增减政策

五、简答题

1. 国际借贷与国际收支有何异同?
2. 简述国际收支平衡表的主要内容。
3. 简述考察国际收支不平衡的口径主要有哪些。

六、论述题

试述国际收支不平衡的主要原因。解决国际收支不平衡的主要对策有哪些?

第二十章 外汇与汇率制度

一、填空题

1. 外汇主要包括以下几个方面：________、________、________、________和________。

2. 一国是否有能力实行本币的自由兑换，取决于以下三个方面：________、________和________。

3. 外汇的基本特征包括以下三个方面：________，________，________。

4. 自1996年12月1日起，我国基本实现了________的人民币自由兑换，成为所谓的________。

5. 汇率主要有以下两种标价法：________和________。

6. 金本位条件下两种货币的含金量之比，称为________，它是决定两种货币汇率的基础。

7. 在金币本位制下，汇率波动的界限是________，最高不超过________，即铸币平价加运费；最低不低于________，即铸币平价减运费。

8. 关于纸币流通条件下汇率决定的理论中，________抓住了货币内在特性，一致深受学术界的推崇，占据主流地位。

9. 所谓________，是指在自由交易条件下，由于存在商品套购，任何一种商品在不同地方都只能是同样的价格。

10. 根据货币当局是否对汇率变动进行干预，浮动汇率可分为________和________。

11. 根据一国货币是否与他国货币建立稳定关系，浮动汇率可分为________、________和________。

12. 影响汇率变动的主要因素包括________、________、________和________。

二、选择题

(一)单项选择题

1. 以下________是错误的。

A. 外汇是一种金融资产
B. 外汇必须以外币表示
C. 用作外汇的货币不一定具有充分的可兑性
D. 用作外汇的货币必须具有充分的可兑性

2. 美元对英镑按________计价。
A. 直接标价法　　B. 间接标价法
C. 美元标价法　　D. 应收标价法

3. 以整数单位的外国货币为标准,折算为若干数额的本国货币的标价法是________。
A. 直接标价法　　B. 间接标价法
C. 美元标价法　　D. 应收标价法

4. 在直接标价法下,一定单位的外币折算的本国货币增多,说明本币汇率________。
A. 上升　　B. 下降　　C. 不变　　D. 不确定

5. 在间接标价法下,汇率数值的上下波动与相应的外币的价值变动在方向上________,而与本币的价值变动在方向上________。
A. 一致　相反　　B. 相反　一致
C. 无关系　　D. 不确定

6. 关于纸币流通条件下汇率决定的理论中,________抓住了货币内在特性,一致深受学术界的推崇,占据主流地位。
A. 国际借贷论　　B. 汇兑心理论
C. 购买力平价论　　D. 货币论

7. 通常情况下,一国国际收支发生顺差时,外汇汇率就会________。
A. 上升　　B. 下降
C. 不变　　D. 不确定

8. 一国价格水平上涨,会导致国际收支________,该国的货币汇率________。
A. 顺差　上升　　B. 顺差　下降
C. 逆差　上升　　D. 逆差　下降

9. 各国中央银行往往在外汇市场通过买卖外汇对汇率进行干预,当外汇汇率________时,卖出外币,回笼本币。
A. 过高　　B. 过低
C. 不确定　　D. 以上都不是

(二)多项选择题

1. 根据外汇的定义,我们可以得出外汇具有以下基本特征________。
A. 外汇是一种金融资产
B. 外汇必须以外币表示
C. 必须是国际市场普遍接受的货币
D. 用作外汇的货币必须具有较充分的可兑性

2. 一国是否有能力实行本币的自由兑换,取决于________。
A. 是否具有稳定对外经济的强大实力
B. 是否具有强大的 GDP 生产能力

C. 其稳定国际收支和汇率的能力

D. 是否持有充足的外汇储备

3. 以下实行间接标价法的国家或地区有________。

A. 美国　　B. 英国

C. 欧元区　　D. 澳大利亚

4. 影响汇率变动的主要因素有________。

A. 资产价格　　B. 利率

C. 一国物价水平　　D. 国际收支

E. 中央银行的直接干预

5. 根据一国货币是否与他国货币建立稳定关系划分的汇率包括________。

A. 自由浮动汇率　　B. 单独浮动汇率

C. 钉住浮动汇率　　D. 联合浮动汇率

6. 中间汇率制度包括________。

A. 管理浮动汇率制度　　B. BBC 规则

C. 汇率目标区　　D. 爬行钉住

三、判断题

1. 根据 1996 年我国颁布的外汇管理条例，外汇包括外币，但比外币的范围更广。（　）

2. 一国是否有能力实行本币的自由兑换取决于稳定的国际收支和是否充足的外汇准备。（　）

3. 以整数单位的外国货币为标准，折算为若干数额的本国货币的标价法是间接标价法。（　）

4. 在直接标价法下，一定单位的外币折算的本国货币增多，说明本币汇率上升。（　）

5. 在间接标价法下，一定数额的本币兑换成更多的外汇，说明本币汇率下降。（　）

6. 从各国的政府行为来看，提高利率往往成为稳定本国货币汇率、防止其大幅度下跌的重要手段。（　）

7. 直接标价法和间接标价法之间存在一种倒数关系。（　）

四、名词解释

1. 外汇　　2. 货币的可兑性　　3. 汇率　　4. 直接标价法

5. 间接标价法　　6. 铸币平价　　7. 固定汇率制度　　8. 特里芬难题

9. 浮动汇率制度　　10. 自由浮动汇率制度

11. 管理浮动汇率制度　　12. 单独浮动汇率制度

13. 联合浮动汇率制度　　14. 钉住浮动汇率制度

15. 国际结算货币

五、简答题

1. 什么是外汇？有哪些基本特征？

2. 什么是货币的可兑换性？有哪些主要类型？
3. 简述影响汇率变动的主要因素。
4. 简述布雷顿森林体系的主要内容。
5. 什么是特里芬难题？
6. 什么是 BBC 规则？它的具体内容是什么？

六、论述题

试分析浮动汇率制度的利弊。

第二十一章　国际资本流动与国际金融危机

一、填空题

1. 对国际直接投资存在三种不同观点：________、________和________。

2. 国际直接投资对东道国的有利因素主要表现在以下四个方面：________、________、________和________；不利因素主要有三个方面：________、________和________。

3. 国际融资的具体方式主要有以下几个方面：________、________、________。

4. 国际债券按定值货币与发行地是否一致，可分为________和________。

5. 国际债券按利率的确定方式，可分为________、________和________。

6. 国际金融危机一般有三种表现形式：________、________和________。

7. 接受欧洲美元存款，并在此基础上提供贷款的银行，称为________；办理境外美元交易的市场，称为________。

8. ________成为欧洲货币市场最大的交易中心。

9. 短期资本流动可分为以下三个类别：________、________和________。

10. 国际游资按其风险性，可分为两种类型：________和________。

11. 国际游资的来源主要是各种投资基金，其中，________是最活跃的国际游资。

二、选择题

（一）单项选择题

1. 对国际直接投资的态度，亚当·斯密持________。

A. 激进观点　　B. 自由市场观点

C. 实用观点　　D. 民族观点

2. 外国居民在美国发行的美元债券，称为________。

A. 扬基债券　　B. 武士债券

C. 牛头狗债券　　D. 欧洲债券

3. 一国居民在另一国发行的以第三国货币定值的债券，称为________。
A. 扬基债券 B. 武士债券
C. 牛头狗债券 D. 欧洲债券
4. 外国居民在英国发行的英镑债券，称为________。
A. 扬基债券 B. 武士债券
C. 牛头狗债券 D. 欧洲债券
5. 通过在国际间不断转移的方式以获取较高的短期收益的资金，称为________。
A. 业务性资本流动 B. 保值性资本流动
C. 投机性资本流动 D. 国际游资
6. ________是欧洲货币市场最大的交易中心。
A. 巴黎 B. 苏黎世
C. 伦敦 D. 纽约
7. 国际短期资本流动中的________，又称为资本外逃。
A. 业务性资本流动 B. 保值性资本流动
C. 投机性资本流动 D. 国际游资
8. 对国际直接投资持利弊兼有观点的属于________。
A. 激进观点 B. 自由市场观点
C. 实用民族主义观点 D. 保守观点
9. 目前交易额最大的国际间银行同业拆借中心在________。
A. 纽约 B. 伦敦
C. 法兰克福 D. 东京
E. 中国香港

(二)多项选择题

1. 国际直接投资对东道国的既有利也有弊的因素主要表现为________。
A. 资源转移效应 B. 竞争效应
C. 国家主权效应 D. 就业效应
E. 国际收支效应
2. 国际直接投资对东道国的不利因素主要表现为________。
A. 资源转移效应 B. 竞争效应
C. 国家主权效应 D. 就业效应
E. 国际收支效应
3. 国际直接投资对母国最重要的不利影响集中在________。
A. 国际收支 B. 逆向的资源转移效应
C. 竞争效应 D. 就业效应
4. 在国际直接投资方面，母国(投资国)鼓励对外直接投资的政策包括________。
A. 外国风险保险 B. 资本援助
C. 税收优惠 D. 政治压力

三、判断题

1. 国际直接投资使东道国既可以利用外资，又可以引进国外先进的技术和管理技能，

所以国际直接投资是有利而无害的。 (　　)

2. 大卫·李嘉图对国际直接投资持实用观点。 (　　)

3. 国际直接投资对东道国和投资国都是利弊兼有。 (　　)

4. 武士债券为外国居民在美国发行的美元债券。 (　　)

5. 欧洲货币市场的交易几乎完全不受官方的限制。 (　　)

6. 利率不是欧洲货币市场的优势，灵活、方便才是它的优势。 (　　)

四、名词解释

1. 国际直接投资　2. 国际融资　3. 欧洲债券　4. 外国债券
5. 武士债券　6. 扬基债券　7. 牛头狗债券　8. 外国债券市场
9. 欧洲美元　10. 欧洲银行　11. 欧洲美元市场　12. 国际游资
13. 国际金融危机　14. 羊群效应　15. 货币替代　16. 欧洲货币市场
17. 银团贷款　18. 伦敦银行同业拆借利率

五、简答题

1. 什么是国际直接投资？对国际直接投资主要有哪几种不同的观点？
2. 什么是国际债券？外国债券和欧洲债券有何异同？
3. 什么是欧洲货币市场？其主要优势是什么？
4. 什么是国际金融危机？其主要表现形式有哪些？
5. 简述国际金融危机的成因。
6. 简析外资的过度流入对一国经济金融的不利影响。

六、论述题

1. 试分析国际直接投资对东道国和母国的利弊。
2. 试述国际游资对国际金融危机的影响。

第二十二章　开放经济中的内外均衡与政策选择

一、填空题

1. 米德冲突说明，一国如果要同时实现内外均衡，就必须同时使用________和________。单独强调任何其中一种政策，将会导致一国________与________之间的冲突。

2. 蒙代尔的指派理论认为：________应着眼于稳定国内经济，而________则应当是稳定国际收支。

3. 英国经济学家詹姆斯·米德开创性地提出了________的理论模式，从而为分析开放经济条件下的内外均衡奠定了基础。

4. 要实现 n 个经济目标，必须具备至少 n 种政策工具，称为________。

5. 根据 M－F 模型，在固定汇率制度下，________对物价水平和产出水平的效果十分明显，而________却没有任何作用；相反，在浮动汇率制度下，________对经济不起任何作用，而________却十分有效。

6. 资本项目是否开放，也会影响经济政策发挥作用的途径。在资本自由流动条件下，货币政策与财政政策首先会影响________；反之，在资本项目完全被政府所控制的情况下，货币政策与财政政策首先会影响________。

7. 支出调整政策实质是对________进行管理。

8. 支出转换政策实质是对总需求的________调整，使总需求的构成在________与________之间保持恰当的比例。

二、选择题

(一)单项选择题

1. 根据 M－F 模型，在固定汇率制度下，________对物价水平和产出水平的效果十分明显，而________却没有任何作用。

A. 货币政策　财政政策　　　　B. 财政政策　货币政策

C. 货币政策　汇率政策　　D. 汇率政策　财政政策

2. 根据M－F模型，在浮动汇率制度下，________对经济不起任何作用，而________却十分有效。

A. 货币政策　财政政策　　B. 财政政策　货币政策

C. 货币政策　汇率政策　　D. 汇率政策　财政政策

3. 根据M－F模型，在资本可以自由流动的前提下，货币政策对经济活动的影响是通过________来实现的。

A. 货币供应　　B. 货币需求

C. 利率　　D. 汇率

4. ________开创性地提出了“两种目标、两种工具”的理论模式。

A. 丁伯根　　B. 蒙代尔

C. 斯旺　　D. 米德

5. 资本项目是否开放，也会影响经济政策发挥作用的途径。在资本自由流动条件下，货币政策与财政政策首先会影响________。

A. 投资与消费　　B. 投资

C. 净出口　　D. 消费

6. 在资本项目完全被政府所控制的情况下，货币政策与财政政策首先会影响________。

A. 投资与消费　　B. 利率

C. 净出口　　D. 货币供求

(二)多项选择题

1. 在内外均衡的政策选择中，支出调整政策包括________。

A. 货币政策　　B. 财政政策

C. 汇率政策　　D. 关税政策

2. 在内外均衡的政策选择中，支出转换政策包括________。

A. 货币政策　　B. 财政政策

C. 汇率政策　　D. 关税政策

E. 进口配额限制

3. 根据蒙代尔政策指派原理，在一国经济处于国内高通货膨胀率、对外国际收支顺差的情况下，应进行以下政策配合，采取________。

A. 紧缩性的财政政策　　B. 紧缩性的货币政策

C. 扩张性的财政政策　　D. 扩张性的货币政策

4. 根据蒙代尔政策指派原理，当一国经济处于国内高失业率、对外国际收支逆差的情况下，应进行以下政策配合，采取________。

A. 紧缩性的财政政策　　B. 紧缩性的货币政策

C. 扩张性的财政政策　　D. 扩张性的货币政策

5. 根据蒙代尔政策指派原理，当一国经济处于国内高通货膨胀率、对外国际收支逆差的情况下，应进行以下政策配合，采取________。

A. 紧缩性的财政政策　　B. 紧缩性的货币政策

C. 扩张性的财政政策　　D. 扩张性的货币政策

6. 根据蒙代尔政策指派原理，当一国经济处于国内高失业率、对外国际收支顺差的情况下，应进行以下政策配合，采取________。

A. 紧缩性的财政政策　　B. 紧缩性的货币政策
C. 扩张性的财政政策　　D. 扩张性的货币政策

7. 根据蒙代尔-弗莱明模型，在固定汇率制度、资本自由流动的条件下，将导致________。

A. 货币政策有效　　B. 财政政策有效
C. 货币政策无效　　D. 财政政策无效

三、判断题

1. 根据M-F模型，在资本可以自由流动的前提下，货币政策对经济活动的影响是通过利率来实现的。（　）

2. 蒙代尔的政策指派理论认为，指派给货币政策的任务应着眼于稳定国内经济，而指派给财政政策的任务则应当是稳定国际收支。（　）

3. 蒙代尔开创性地提出了“两种目标、两种工具”的理论模式。（　）

4. 根据M-F模型，在固定汇率制度下，货币政策对物价水平和产出水平的效果十分明显，而财政政策却没有任何作用。（　）

5. 根据M-F模型，在浮动汇率制度下，货币政策对经济不起任何作用，而财政政策却十分有效。（　）

6. 资本项目是否开放，也会影响经济政策发挥作用的途径。在资本项目完全被政府所控制的情况下，货币政策与财政政策首先会影响净出口。（　）

四、名词解释

1. 内外均衡理论　2. 支出调整政策　3. 支出转换政策　4. 米德冲突
5. 丁伯根法则　6. 政策指派理论　7. 蒙代尔—弗莱明模型　8. 内部均衡
9. 外部均衡

五、简答题

1. 简述支出调整政策的作用与局限。
2. 简述支出转移政策的作用与局限。
3. 什么是政策指派理论？简述其基本原理。

六、论述题

1. 根据M-F模型，分析固定汇率制度下的宏观政策效应。
2. 根据M-F模型，分析浮动汇率制度下的宏观政策效应。
3. 内外失衡对我国经济造成了怎样的影响？
4. 你认为我国现行政策协调配合应注意哪些问题？应如何加以改进？结合我国对外改革开放政策协调的发展现状，谈谈你的看法。

参考答案

第一篇　导　论

第一章　金融与经济

一、填空题

1. 货币
2. 信用中介　支付中介　支付中介
3. 实际金融资产存量/国民生产总值　广义货币总量/GDP 总量　人均实际广义货币量(即人均实际 M2)
4. 资产
5. 金融深化
6. 利率
7. 银行体系　中央银行　商业银行
8. 信用创造

二、选择题

(一)单项选择题

1. D　2. C　3. B　4. B　5. D　6. C　7. D　8. B　9. A　10. B

(二)多项选择题

1. AB　2. ACD　3. ABD　4. BC　5. AD　6. ABCD　7. ABCD

三、判断题

1. 错　2. 对　3. 对　4. 对　5. 对　6. 对　7. 错　8. 对　9. 错　10. 对
11. 对　12. 错

四、名词解释

1. 货币(money):是固定充当一般等价物的特殊商品。货币是价值尺度和流通手段的统一。

2. 财产(property):是货币、财物及民事权利义务的总和。财产可以用货币来计量,但货币只是财产的一小部分。

3. 财富(wealth):"富"是指财力,财富是形容财产"多"的意思。在社会科学中,财富包括的内容更广泛,人们拥有的财富不仅包括物质层面的内容,还包括非物质的、精神层面的内容。

4. 收入(income):是经济主体通过交换或其他规定(如税法)所得到的财产。所有收入的总和是国民收入,包括劳动收入和财产收入。

5. 金融:是指货币流通和信用活动以及与之相关的经济活动。狭义的金融是指资金融通,广义的金融还包括金融机构体系和金融市场的构成。

6. 金融深化:是指放松对金融市场和金融体系的过度干预,使利率和汇率能够充分反映资金和外汇的实际供求情况,并能够抑制通货膨胀。

五、简答题

1. 答案要点:

货币(money):是固定充当一般等价物的特殊商品。

财产(property):是货币、财物及民事权利义务的总和。财产可以用货币来计量,但货币只是财产的一小部分。

财富(wealth):"富"是指财力,财富是形容财产"多"的意思。在社会科学中,财富包括的内容更广泛,人们拥有的财富不仅包括物质层面的内容,还包括非物质的、精神层面的内容。

收入(income):是经济主体通过交换或根据其他规定(如税法)所得到的财产,是一定时期收益的流量。所有收入的总和是国民收入,包括劳动收入和财产收入。

货币与财富、收入、财产之间的关系如下:

(1)货币与财富是两个不同的概念,它们包含的内容不同。财富不仅包括物质层面,还包括非物质的、精神层面的内容。因此,财富不是仅用货币就能换得的,也不是用货币所能计量的。

(2)收入水平也可以用货币来计量,但收入不等于人们持有的货币。收入是一个流量概念,而货币是一个存量概念。

(3)财产可以用货币来计量,但是,货币只是财产的一小部分。

2. 答案要点:

金融市场是资金融通的场所,已成为人们经济活动中的主要场所。金融市场不仅与个人的收入或财富增长有关,还与整个国民经济有着密切的联系。就目前而言,银行依然是金融市场中的主体,各种交易还是要借助货币的功能来进行,只不过由于金融市场的发展,特别是多种金融衍生交易方式的出现,使金融市场的交易活动更加丰富多彩,以银行贷款为代表的间接融资比重有所下降而已。

六、论述题

1. 答案要点:

金融在现代经济中的核心地位,可以从以下六个方面反映出来:

(1)经济货币化程度加深;

(2)以银行为主体的多元化金融体系已经形成;

(3)金融创新方兴未艾,货币形式正在发生变化;

(4)经济主体的持币动机发生转移;

(5)金融调控已经成为主要的宏观调控方式;

(6)金融深化已经成为现代经济发展中的典型特征。

2. 答案要点:

金融与经济的辩证关系包括两个方面:

(1)金融是经济发展的结果。

金融是指货币流通和信用活动以及与之相关的经济活动。狭义的金融是指资金融通;广义的金融是指除了资金融通外,还包括金融机构体系和金融市场的构成。

金融是商品货币关系发展的必然产物。目前,人类社会处于传统的货币经济向金融经济转化的过程中。

(2)金融促进经济的发展。

从最早的金融活动——货币充当交换媒介,到垄断资本主义阶段的金融资本与金融寡头,再到目前国际金融业的发展,金融发展的每一次演进都对经济发展起着重要的促进和推进作用。

第二章 货币与货币制度

一、填空题

1. 铸币
2. 银行券
3. 表征货币
4. 现金　存款
5. 电子货币
6. 准货币
7. 流通手段　支付手段
8. 银本位制　金银复本位制　金本位制　纸币本位制
9. 平行本位制　双本位制
10. 良币

11. 劣币
12. 金币本位制　金块本位制　金汇兑本位制
13. 货币材料的确定
货币名称、货币单位和价格标准
本位币、辅币及其偿付能力
发行保证制度
14. 流动性
15. 现金　活期存款　准货币
16. 货币材料的确定
17. 足值货币
18. 本位币　主币
19. 良币驱逐劣币
20. 银行
21. 数字货币
22. 法定数字货币(央行数字货币)
23. 中央银行-商业银行
24. 代币体系　账户体系

二、选择题

(一)单项选择题

1. D　2. D　3. A　4. C　5. B　6. D　7. C　8. A　9. B　10. D
11. A　12. C　13. C　14. B　15. D　16. C　17. C　18. C　19. D　20. B
21. D　22. A　23. D　24. C　25. D　26. B　27. A　28. B　29. C　30. A
31. B　32. B　33. C　34. D　35. A　36. D　37. C　38. D　39. B　40. C
41. C

(二)多项选择题

1. CD　2. AB　3. ABC　4. ABD　5. BC　6. BCD
7. ABCD　8. BCDE　9. BCD　10. AB　11. BCD　12. CD
13. ABC　14. ACDE　15. AB　16. ABCE　17. BCDE　18. ACD
19. ABCD　20. BDE　21. ADE　22. ABC　23. ABD　24. ABCDE

三、判断题

1. 对　2. 对　3. 对　4. 错　5. 错　6. 错　7. 错　8. 错　9. 对　10. 对
11. 错　12. 错　13. 错　14. 错　15. 对　16. 对　17. 错　18. 错　19. 错　20. 错
21. 对　22. 错　23. 错　24. 错　25. 错　26. 对　27. 对　28. 对　29. 对

四、名词解释

1. 信用货币:是以信用作为保证、通过一定信用程序发行、充当流通手段和支付手段的货币形态，是货币发展中的现代形态。

2. 表征货币：是指由足值货币的代表物，包括银行券、辅币等执行货币基本职能的货币形态。

3. 本位币：亦称主币，是一个国家的基本通货和法定的计价结算货币。

4. 辅币：是本位币以下的小额货币，主要提供小额零星交易和找零之用。

5. 双本位制：是典型的金银复本位制，是指国家和法律规定金、银两种铸币的固定比价，两种铸币按国家比价流通，而不是随着金、银市场比价的变动而变动。

6. 金汇兑本位制：亦称虚金本位制，主要特点是：不铸造金币，没有金币流通，实际流通的是纸币——银行券；中央银行将黄金和外汇存入另一实行金本位制国家的中央银行，并规定本国货币与该国货币的兑换比率；银行券规定含金量，但不能直接兑换黄金，只能兑换外汇；政府或中央银行通过按固定比价买卖外汇的办法来稳定本国币值和汇率。

7. 金块本位制：亦称生金本位制，主要特点是：不铸造金币，没有金币流通，实际流通的是纸币——银行券；银行券规定含金量，但不能自由兑换黄金，只能在规定的数额以上兑换金块；黄金集中由政府保管，作为银行券流通的保证金。

本位币是一个国家的基本通货和法定的计价结算货币；辅币是本位币以下的小额货币，主要提供小额零星交易和找零之用。

8. 准货币：本身是一种潜在的货币而非现实的货币，在一定条件下或付出一定代价可以转化为现实的购买力，故又称为"潜在货币""近似货币""亚货币"。一般由定期存款、储蓄存款、外币存款以及各种短期信用工具等构成。

9. 无限法偿：是指无限的法定支付能力，不管是用本位币偿还债务或其他支付，也不管每次支付的本位币的数额大小，债权人和受款人都不得拒绝接受，否则视为违法。

10. 有限法偿：即每次支付辅币的数量不能超过规定的额度，否则债权人或受款人有权拒收。

11. 金融资产的流动性：是指金融资产能及时转变为现实购买力并不蒙受损失的能力。

12. 货币制度：又称"币制"或"货币本位制"，是指一个国家或地区以法律形式确定的货币流通结构及其组织形式。

13. 格雷欣法则：即"劣币驱逐良币"规律，当两种铸币在同一市场上流通时，实际价值高于法定价值的"良币"会被逐出流通，即被熔化或输出国外，导致实际价值低于法定价值的"劣币"充斥市场的现象。

14. 电子货币：是信用货币与电脑、现代通信技术相结合的一种最新货币形态，它通过电子计算机运用电磁信号对信用货币实施储存、转账、购买和支付，明显比纸币、支票更快速、方便、安全、节约。美国经济学界把电子货币称为继金属货币、纸币以后的"第三代货币"，而实质上，电子货币是新兴的信用货币形式，是高科技的信用货币。

15. 数字货币(Digital Currency)：国际货币基金组织称之为"价值的数字表达"，可以定义为以数字形式存在并基于网络记录价值归属和实现价值转移的货币。

16. 央行数字货币：亦称法定数字货币，是指由央行发行、国家信用支撑，与法定纸币和硬币完全等价、完全法偿的数字货币，是法币的数字化形式。

17. 数字人民币：Digital Currency Electronic Payment，DCEP，数字货币电子支付的缩写，是人民银行发行的数字形式的法定货币，由指定运营机构参与运营，以广义账户体系为基础,支持银行账户松耦合功能,与实物人民币等价,具有价值特征和法偿性。DC 指的是数字货币,EP 指的是电子支付,即数字货币和电子支付工具。

五、简答题

1. 答案要点:

从货币发展的历史来看,货币形态经历了足值货币、表征货币和信用货币等演变。

(1)足值货币。

足值货币的含义:足值货币是货币发展的早期形态,其货币的额定价值同它作为特殊商品的内在价值是一致的,所以,又可称之为商品货币或实物货币。

足值货币的基本特征:(1)足值货币本身是具有十足内在价值的商品。(2)足值货币是以其自身所包含的实际价值同商品世界的一切商品相交换的。(3)足值货币本身内含着否定自身的基因。

(2)表征货币。

表征货币的含义:是指由足值货币的代表物,包括银行券、辅币等执行货币基本职能的货币形态。

表征货币的基本特征:①银行券是由银行发行的可以随时兑现的表征货币,它是作为代替贵金属货币流通与支付的信用工具。②银行券的发行必须具有发行保证,一般分为黄金保证和信用保证。黄金保证体现为银行的金准备,信用保证则体现发行银行保证兑现的信用度。③早期银行券的发行是分散的,各家商业银行都可凭自己的信誉和能力发行银行券,其前提是必须保证随时可按面额兑付金币、银币。自中央银行诞生后,银行券集中由中央银行发行,成为中央银行的基本职能之一。

(3)信用货币。

信用货币的含义:是以信用作为保证、通过一定信用程序发行、充当流通手段和支付手段的货币形态,是货币发展中的现代形态。

信用货币的基本特征:①由中央银行发行的信用货币是由中央银行代表国家发行的纸制本位货币,它是一种价值符号,不具有十足的内在价值,黄金基础也已经消失。②信用货币是债务货币。信用货币主要由现金和存款组成,所以,信用货币实际上是银行的债务凭证,信用货币流通也就是银行债务的转移。③信用货币具有强制性的特征。首先,通过法律手段确定其为法定货币;其次,银行可以通过发行货币,强制社会向它提供信用。④国家可以通过银行来控制和管理信用货币流通,把货币政策作为实现国家宏观经济目标的重要手段。

2. 答案要点:

马克思所指出的典型意义上的储藏手段,是金属货币条件下的金银原始条块的储藏。作为储藏手段的货币,它必须退出流通领域,处于静止状态。处于流通领域中的货币发挥流通手段和支付手段职能,退出流通领域的货币才执行储藏手段职能。

金银货币具有十足的价值,它作为社会财富在退出流通后储藏起来,具有永久性和保值性的特点。金属货币的储藏手段职能,使它能够自由地、完全地退出流通或进入流通,自发地调节流通中的货币量。马克思把这种现象称之为货币的"蓄歇",现代西方学者称之为"购买力的暂栖处"。

现代经济中的信用货币是纸制的价值符号,本身没有内在价值,也不能兑现金银,因此,它不具有典型意义上的储藏手段职能。当强制流通的纸币投入流通后，就滞留在流通中，不能完全退出流通。货币所有者把现钞暂时沉淀在手中，是潜在的购买手段或待实现的购买力；把现钞存在银行，则又通过银行的信贷活动投入生产和流通。在纸币币值稳定的前提下，货币所有者无论是手持沉淀现钞，还是把它存入银行变成存款，都发挥了积累或储蓄手段的作用。

我国的人民币也是纸币，本身不存在实际的内在价值，因而也不具备典型意义上的储藏手段职能。

3. 答案要点：

货币制度又称“币制”或“货币本位制”，是指一个国家或地区以法律形式确定的货币流通结构及其组织形式。

其构成要素有：

(1)货币材料的确定。即规定哪一种物品作为一国货币的基本货币材料，是货币制度的最基本内容。货币材料确定了，一国的货币制度类型也就确定了。

(2)货币名称、货币单位和价格标准。主要是确定货币单位的名称和货币单位的“值”。

(3)本位币、辅币及其偿付能力。

(4)发行保证制度。发行保证制度也称发行准备(或储备)制度，是指通过银行发行的信用货币作为价值符号依靠什么来保证其币值稳定的制度。

4. 答案要点

信用货币是以信用作为保证、通过一定信用程序发行、充当流通手段和支付手段的货币形态，是货币发展中的现代形态。

其基本特征有：

(1)由中央银行发行的信用货币是由中央银行代表国家发行的纸制本位货币，它是一种价值符号，不具有十足的内在价值，黄金基础也已经消失。

(2)信用货币是债务货币。信用货币实际上是银行债务凭证，信用货币流通也就是银行债务的转移。

(3)具有强制性。它是法定货币，银行发行并强制流通使用。

(4)国家可以通过银行来控制和管理信用货币流通，把货币政策作为实现国家宏观经济目标的重要手段。

5. 答案要点：

划分货币层次的主要依据是金融资产流动性的强弱。流动性程度不同的金融资产在流通中周转的便利程度不同，从而对商品流通和各种经济活动的影响程度也就不同。所以，按流动性强弱对不同形式、不同特性的货币划分不同的层次，对科学地分析货币流通状况，正确地制定、实施货币政策，及时有效地进行宏观调控，具有非常重要的意义。

6. 答案要点：

“劣币驱逐良币”规律，是指在双本位制下，当两种铸币在同一市场上流通时，实际价值高于法定价值的“良币”会被逐出流通，即被熔化或输出国外，导致实际价值低于法定价值的“劣币”充斥市场的现象。“劣币”驱逐“良币”规律是16世纪英国理财家格雷欣发现的，所以，也将其称之为“格雷欣法则”。

7. 答案要点：

金币本位制是一种相对稳定的货币制度。首先,由于币制相对稳定,不会发生通货膨胀,能够促进商品生产的发展和商品流通的扩大;其次,信用关系不受币值波动的影响,能够促进信用的发展;再次,各国货币含金量的比率相对稳定,外汇市场也比较稳定,促进了国际贸易的发展,保证了对外贷款和投资的安全性。

金块本位制和金汇兑本位制是两种不稳定的货币制度。第一,这两种货币制度没有铸币流通,失去了自发调节货币流通的可能性;第二,银行券不能兑换自由黄金,一旦过多就会贬值;第三,在金汇兑本位制下,本国货币制度依附于外国货币制度,一旦外国货币制度动摇,本国货币制度也必然动摇。

8. 答案要点:

数字货币(Digital Currency),国际货币基金组织称之为“价值的数字表达”,可以定义为以数字形式存在并基于网络记录价值归属和实现价值转移的货币。①

目前,国际上数字货币的概念范畴十分宽泛,几乎可以涵盖目前我们所知道的各类电子货币、加密货币和法定数字货币。数字货币可以分为两大类:一是各个国家央行正在积极参与研究的央行数字货币(即 CBDC),二是加密数字货币(数字资产)。央行数字货币(亦称法定数字货币)是指由央行发行、国家信用支撑,与法定纸币和硬币完全等价、完全法偿的数字货币,是法币的数字化形式。

数字货币与比特币等加密货币不是简单的等同关系,不能混为一谈。从概念范畴上来讲,加密货币包含于数字货币的概念之中。加密货币是基于区块链加密技术而创建发行的货币。目前币圈中常见的比特币、以太坊、EOS 等币种都是加密货币。同样容易混淆的概念还包括虚拟货币和密码货币。加密货币出现之前,随着网络社区兴起,逐渐出现了一类主要用于社区内各种虚拟商品交易的虚拟货币,如网络积分、游戏币等,最广为人知的莫过于 Q 币。欧洲央行将虚拟货币定义为“被某一特定虚拟社区成员使用并接受的数字货币”。也就是说,虚拟货币可以被视为数字货币的一种。在我国监管部门的相关文件中,一般提到虚拟货币通常特指以比特币、以太坊等为代表的不受监管的加密货币。对于我国而言,加密货币由于不具有货币等同的法律地位,不能且不应作为货币在市场上流通使用,只作为资产而存在,从性质上看是一种特定的虚拟商品。

六、论述题

1. 答案要点:

应从以下几个方面来理解:

(1)货币是商品。

货币是商品,它与商品世界的其他商品一样,都是人类劳动的产物,是价值和使用价值的统一体。正因为货币和其他一切商品具有共同的特性,即都是用于交换的人类劳动产品,它才能在交换、发展的长期过程中被逐渐分离出来,成为不同于一般商品的特殊商品,即货币。

(2)货币是一般等价物。

货币是商品,但却不是普通的、一般的商品,它是从商品世界中分离出来的、与其他一切商品相对立的特殊商品。货币商品不同于其他商品的特殊性,就在于它具有一般等价物的

---

① 钟伟等:《数字货币》,中信出版社 2018 年版,第 57 页。

特性，发挥着一般等价物的作用。货币商品作为一般等价物的特性，具体表现在以下两个方面：(1)它是表现和衡量一切商品价值的材料；(2)它具有与其他一切商品直接交换的能力，成为一般的交换手段。

(3)货币是固定充当一般等价物的商品。

人类社会价值形态自发发展的历史长河，包括由简单的、偶然的价值形态到总和的、扩大的价值形态，再到一般价值形态。在一般价值形态充当一般等价物的商品很多，但它们不是货币，因为它们只是在局部范围内临时性地发挥一般等价物的作用；货币则是固定充当一般等价物的商品，是在一个国家或民族市场范围内长期发挥一般等价物作用的商品。

(4)货币是生产关系的反映。

固定充当一般等价物的货币是商品经济社会中生产关系的体现，即反映产品由不同所有者所生产、所占有，并通过等价交换实现人与人之间社会联系的生产关系。

学习马克思关于货币定义的主要启示如下：①货币是一个历史的经济范畴，它必然会在历史发展的长河中趋于消亡；②货币是不以人们意志为转移的自发产物，也不是任何人为的主观力量所能消除的，它只能自然消亡；③货币是一个世界性的经济范畴，它不能在一国范围内人为地废除；④货币是商品经济社会中社会劳动和私人劳动矛盾的产物，只要这一矛盾没有消除，货币就不会退出历史舞台。

2. 答案要点：

所谓“纸币本位制”，是指由中央银行代表国家发行以纸币为代表的国家信用货币，由政府赋予无限法偿能力并强制流通的货币制度。纸币本位制的主要特点如下：

(1)纸币本位币是以国家信用为基础的信用货币，无论是现金还是存款，都是国家对货币持有者的一种债务关系。存款货币是银行代表国家对存款人的负债；流通中的现金是中央银行信贷资金的来源，是中央银行代表国家对持有者的负债。

(2)纸币本位制不规定含金量，不能兑换黄金，不建立金准备制度，它只是流通中商品价值的符号。

(3)纸币本位制通过银行信贷程序中的发行和回笼，即纸币本位币通过银行贷款、票据贴现，买入黄金、外汇和有价证券，投放到流通中去；通过收回贷款，收回贴现票款，卖出金银、外汇和有价证券，使流通中的货币向银行回笼。

(4)纸币本位币是没有内在价值的价值符号，不能自发适应经济运行的需要。纸币本位制的稳定性取决于国家的货币政策，中央银行必须按经济原则发行货币，并以其作为调控国民经济的重要工具，既控制通货膨胀，又防范通货紧缩。

(5)从世界范围看，纸币本位制下的存款货币、电子货币流通广泛发展，而现金货币流通则呈日渐缩小的趋势。

货币作为一般等价物的独占性、排他性规律，在金银复本位制下表现为价值体系的紊乱和“劣币驱逐良币”的格雷欣法则。在纸币本位制下，如果在同一市场上出现两种以上纸币流通，而当这两种纸币的法定比价和实际比价发生背离时，同样会产生货币的排他和独占现象。不过，由于纸币本身只是一种价值符号，其排他和独占现象与金属本位货币恰好相反，不再是实际价值低的货币排斥实际价值高的货币，而会出现实际价值高的货币排斥实际价值低的货币的“良币驱逐劣币”现象。而“一国三币”是特定历史条件下中国人民的智慧创造，它不是三种货币在同一个市场上流通，所以，不会产生“良币驱逐劣币”现象。

第三章 信用、利息与利息率

一、填空题

1. 商业信用 银行信用 国家信用 消费信用 国际信用
2. 支付手段
3. 商业信用 银行信用
4. 商业信用
5. 银行信用
6. 国内信用 国外信用
7. 财政
8. 赊销 消费贷款
9. 来料加工 补偿贸易
10. 商业本票(或期票) 商业汇票
11. 融通票据
12. 商业票据
13. 市场利率 官方利率 公定利率
14. 固定利率 浮动利率
15. LIBOR
16. 名义利率 实际利率
17. 调整再贴现率 公开市场业务操作 调整其他基准利率
18. 投资 储蓄
19. 货币供给 货币需求
20. 可贷资金的供给 可贷资金的需求
21. $S(i)$ $\Delta M(i)$ $DH(i)$ $I(i)$ $\Delta H(i)$
22. 实际领域 货币领域
23. 利息 本金
24. 单利法 复利法
25. 预期通胀率 名义利率
26. 银行间拆借利率 债券利率 贷款利率 贴现利率 存款利率
27. LPR

二、选择题

(一)单项选择题

1.C	2.C	3.C	4.C	5.D	6.A	7.B	8.B	9.B	10.D
11.A	12.D	13.B	14.B	15.C	16.D	17.D	18.B	19.B	20.A
21.A	22.A	23.B	24.B	25.D	26.B	27.C	28.C	29.A	30.A

(二)多项选择题

1. CD　2. CDE　3. BC　4. BCD　5. AC　6. AB
7. BD　8. AC　9. ABCD　10. ADE　11. BC　12. ABCD
13. AC　14. BD

三、判断题

1. 错　2. 对　3. 错　4. 错　5. 对　6. 错　7. 错　8. 对　9. 错　10. 对
11. 对　12. 错　13. 对　14. 错　15. 对　16. 对　17. 对　18. 对　19. 错　20. 对

四、名词解释

1. 信用:在经济学中,信用是一种体现特定经济关系的借贷行为,是以偿还为条件的价值运动的特殊形式。

2. 高利贷信用:是高利贷资本的运动形式,以贷款利息率特别高为特征。

3. 商业信用:是厂商在销售商品时,以延期付款即赊销形式所提供的信用,它是现代信用制度的基础。

4. 银行信用:是由银行、货币资本所有者和其他专门的信用机构以贷款的形式提供给贷款人的信用。

5. 国家信用:是以国家和地方政府为债务人的一种信用形式。

6. 消费信用:是对消费者个人所提供的信用。

7. 国际信用:是国际间的借贷行为,包括以赊销商品形式提供的国际商业信用、以银行贷款形式提供的国际银行信用以及政府间相互提供的信用。

8. 国内信用:是国家以债务人身份向国内居民、企业团体取得的信用,它形成一国内债。

9. 国外信用:是国家以债务人身份向国外居民、企业团体和政府取得的信用,它形成一国外债。

10. 赤字货币化:是指政府发行国债弥补赤字,如果向中央银行推销国债,中央银行有可能通过发行货币来购买,从而导致货币投放过度,引发通货膨胀。

11. 票据:是指具有一定格式,并可用于证明债权债务关系的书面凭证。

12. 汇票:是指出票人要求售票人在一定时期内向收款人支付一定金额的支付命令书,须经付款人承兑后有效的票据。

13. 本票:是出票人对收款人发出的在一定期间内支付一定金额的债务凭证。

14. 支票:是活期存款人向银行发出的要求无条件支付一定金额的支付命令书。

15. 期票:又叫商业本票,是由债务人向债权人发出的,承诺在一定时期内支付一定款项的债务凭证。

16. 融通票据:又叫“金融票据”或“空票据”,它不是以商品交易为基础,而是专门为融通资金签发的一种特殊票据。

17. 承兑:是指在票据到期前,由付款人在票据上做出表示承诺付款的文字记载及签名的一种手续。

18. 背书:又称里书,是票据上注明的收款人或持票人转让票据时在票据背面签署的行为,表明背书人具有票据偿付的连带责任。

19. 银行券:是在商业票据流通基础上产生的,由银行发行的一种信用货币。它是一种不定期信用工具。

20. 利息:是使用借贷资金的报酬,是货币资金所有者凭借对货币资金的所有权向这部分资金使用者索取的报酬。

21. 利率:是利息对本金的比率。

22. 市场利率:是指由资金供求关系和风险收益等因素决定的利率。

23. 官方利率:是指货币管理当局确定的利率。

24. 公定利率:是指由金融机构或行业公会、协会按协商的办法确定的利率。

25. 固定利率:是指在整个借贷期限内,利率水平保持不变的利率。

26. 浮动利率:是指在借贷关系存续期间,利率水平可随市场变化而定期变动的利率。

27. 名义利率:是指没有剔除通货膨胀因素的利率。

28. 实际利率:是指剔除通货膨胀因素的利率。

29. 优惠利率:是指金融机构对存款收取比一般利率水平高的利率,对贷款收取比一般利率水平低的利率。

30. 流动性陷阱:是指当利率下降到一定水平时,货币需求的弹性将会变得无限大,形成流动性陷阱。

31. 预期假说理论:认为利率期限结构差异是由人们对未来利率的预期差异造成的。

32. 市场分割理论:认为各种期限的证券市场是彼此分隔、相互独立的,长期利率和短期利率由各市场供求关系决定。一般来说,投资者偏好利率期限较短、风险较小的债券,债券回报率曲线大多呈递增状。

33. 流动性报酬理论:认为长期债券比短期债券有更多的市场风险,即价格波动更大,流动性又较差。投资者在做出投资决策时,首先根据期限偏好选择债券,只有在能获得更高回报率时,才会选择非偏好期限的债券。

34. 利率的期限结构:是指不同期限的利率之间的关系。可用债券的回报率曲线来表示。

35. LPR(Loan Prime Rate):指贷款市场报价利率,是商业银行对其资质最好并且处于有利竞争地位的企业发放短期贷款时的利率;而对于其他企业的贷款利率,则在最优惠利率的基础上,根据不同情况逐级上升。因此,最优惠利率在市场经济下可以说是确定贷款利率的基准。

五、简答题

1. 答案要点:

首先,商业信用可以克服在商品生产和流通过程中卖方商品积压、买方又缺乏资金的矛盾;其次,厂家向商家提供商业信用有利于商家减少资本持有量,提高商品流通速度,促进经济发展。因此,在现代市场经济中,商业信用得以充分发展,成为现代信用制度的基础。

由于商业信用是厂商之间以商品形式提供的信用,因而具有一定的局限性:一是商业信用的规模受到厂商资本数量的限制,二是商业信用受到商品流转方向的限制。而银行信用是由银行、货币资本所有者和其他专门的信用机构以贷款的形式提供给贷款人的信用。银行信用克服了商业信用的局限性，大大扩充了信用的范围、数量和期限，更能满足经济发展的需要，因此成为现代信用的主要形式。

尽管银行信用是现代信用的主要形式，但商业信用依然是现代信用的基础。因为商业信用能直接服务于产业资本的周转，是厂商首先使用的信用形式；银行信用的大量业务仍以商业信用为基础（如票据贴现）。

2. 答案要点：

商业本票是由债务人向债权人发出的、承诺在一定时期内支付一定款项的债务凭证。商业汇票是由债权人发给债务人，命令他在一定时期内向指定的收款人或持票人支付一定款项的支付命令书，须经过票据承兑手续才具有法律效力。

两者的区别：

(1)当事人不同。商业本票有两个当事人：一是出票人（即债务人），二是收款人（即债权人）。而商业汇票有三个当事人：出票人（债权人），受票人或付款人（债务人），收款人或持票人。

(2)方向不同。商业本票是债务人发给债权人的，商业汇票则是债权人发给债务人的。

(3)是否承兑。商业汇票须经承兑才有法律效力，商业本票则不需承兑。

3. 答案要点：

决定和影响利率水平的主要因素有：

(1)平均利润率；

(2)借贷资金的供求关系；

(3)预期通货膨胀率；

(4)中央银行货币政策；

(5)国际收支状况。

4. 答案要点：

所谓“流动性偏好”，是指人们宁可持有没有收益但可灵活周转的货币的心理倾向，其实质是人们的货币需求。

凯恩斯认为，利率是由人们的流动性偏好即货币需求与货币供给决定的。由于中央银行的货币供给是相对确定的，流动性偏好就成为决定利率的主要因素。凯恩斯认为，人们持有货币的动机主要有交易动机、预防动机与投机动机。交易动机是人们为进行日常交易而产生的货币需求，预防动机是人们为应付意料之外的支出而产生的货币需求，投机动机是人们进行债券投机而持有闲置货币。交易动机和预防动机的货币需求是收入的增函数，投机动机的货币需求是市场利率的减函数。凯恩斯的货币需求函数为：$M=M1+M2=L_1(Y)+L_2(r)$。

人们货币需求动机的多样化导致货币需求的不稳定，在货币供给相对确定的情况下，利率很大程度上受货币需求的影响。当利率低到一定程度时，整个经济中所有的人都预期利率将上升，从而所有的人持有货币而不愿持有债券，投机动机的货币需求将趋于无穷大，若央行继续增加货币供给，将如数被人们无穷大的投机动机的货币需求所吸收，从而利率不再下降，这种极端情况即所谓的“流动性陷阱”。

5. 答案要点：

可贷资金理论是在综合古典学派利率理论和凯恩斯利率理论的基础之上建立起来的。该理论是 1939 年由 D. H. 罗伯逊提出的,他认为利率是由可贷资金的供给和可贷资金的需求决定的。

可贷资金的供给来源于中央银行,也来源于人们的储蓄、人们的货币反窖藏以及商业银行的信用创造,即 $L_S=S(i)+\Delta M(i)+DH(i)$。可贷资金的需求则来自投资和人们的货币窖藏,即 $L_D=I(i)+\Delta H(i)$。

6. 答案要点:

利率的期限结构是指不同期限的利率之间的关系,可用债券的回报率曲线来表示。债券的回报率曲线是把期限不同,但风险、流动性和其他条件相同的债券回报率连成的一条线。这种曲线有四种可能的状态,如图 3—1 所示。

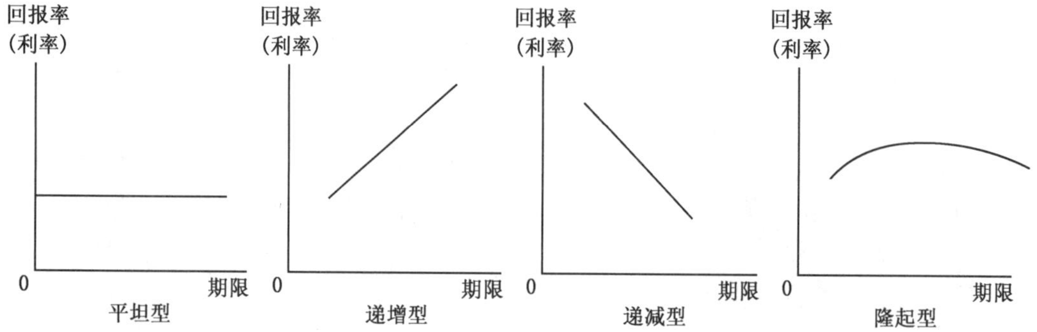

图 3—1 债券回报率曲线的四种可能状态

经济学家在解释长短期利率不同结构时,形成了以下几种理论:

(1)预期假说理论:认为利率期限结构差异是由人们对未来利率的预期差异造成的。

(2)市场分割理论:认为各种期限的证券市场是彼此分隔、相互独立的,长期利率和短期利率由各市场供求关系决定。一般来说,投资者偏好利率期限较短、风险较小的债券,债券回报率曲线大多呈递增状。

(3)流动性报酬理论:认为长期债券比短期债券有更多的市场风险,即价格波动更大,流动性又较差。投资者在做出投资决策时,首先根据期限偏好选择债券,只有在能获得更高回报率时,才会选择非偏好期限的债券。

六、论述题

1. 答案要点:

信用在现代经济中主要有以下几个方面的作用:

(1)促进资金再分配,提高资金使用效率。

信用是促进资金再分配的最灵活方式。借助于信用,可以把闲置的货币资金以及社会各阶层的货币储蓄集中起来,转化为借贷资本。同时,在信用活动中,价值规律的作用能得到充分发挥。信用还会使资金从利润率较低的部门向利润率较高的部门转移。通过竞争机制,在促进各部门实现利润平均化的过程中,也提高了整个经济的效率。

(2)加速资金周转,节约流通费用。

由于信用能使各种闲置资金集中起来并投放出去，促使大量原本处于相对静止状态的资金运动起来，这对于加速整个社会资金周转无疑是有巨大好处的。而且，利用各种信用形式，还能节约大量的流通费用，增加生产资金投入。

(3)加快资本集中，推动经济增长。

信用是促使资金集中的有力杠杆。因为信用可使零星资本合并为一个规模庞大的资本，也可使个别资本通过合并其他资本来扩大资本规模。在现代兼并收购活动中，很多都是利用信用方式来进行并完成这种资本集中的。资本集中与积累有利于大工业和生产社会化程度的提高，也有利于推动一国的经济增长。

(4)调节经济结构。

信用调节经济的职能主要表现为国家利用货币和信用制度来制定各项重要政策和金融法规，利用各种管理杠杆来改变信用的规模及其运动趋势。国家借助于信用的调节职能既能抑制通货膨胀，也能用于防止经济衰退和通货紧缩，刺激有效需求，调节资本流向的变化与资本转移，以实现经济结构调整，使国民经济结构更合理，经济发展的持续性更好。

当然，信用也有其两面性。如果国家对信用活动管理不当，导致信用膨胀或信用萎缩，信用就会对经济产生负面影响。信用膨胀往往会引起通货膨胀，信用萎缩则会加速通货紧缩。在近几十年的经济活动中，与信用萎缩相比，信用膨胀发生的几率更大一些，需要给予更多的关注。

2. 答案要点：

IS－LM分析模型是从整个市场全面均衡来讨论利率决定机制的。该模型的理论基础有以下几点：

(1)整个社会经济活动可分为两个领域：实际领域和货币领域。实际领域要研究的主要对象是投资 I 和储蓄 S，货币领域则是货币需求 L 和货币供给 M。

(2)实际领域均衡的条件是 $I=S$，货币领域均衡的条件是 $L=M$，整个社会经济均衡必须在实际领域和货币领域同时达到均衡才能实现。

(3)投资是利率的反函数，储蓄是收入的增函数。根据以上条件，必须在实际领域找出 $I=S$ 的均衡点的轨迹，即 IS 曲线；在货币领域找出 $L=M$ 的均衡点的轨迹，即 LM 曲线。

(4)IS－LM这两条曲线的交点即经济均衡点，这一均衡点决定了均衡时的利率水平和收入水平，此即IS－LM分析模型。

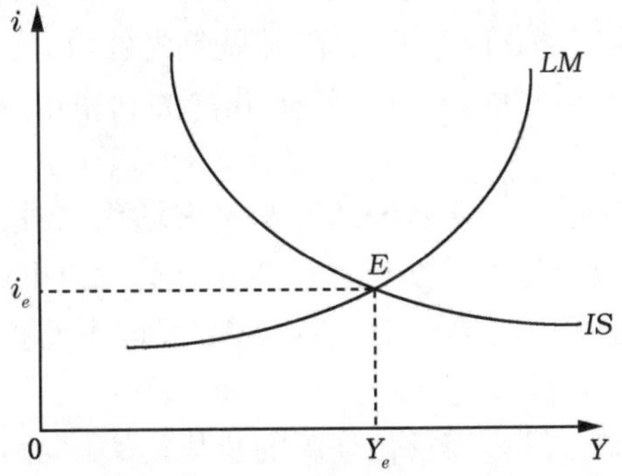

图3—2　IS－LM分析模型

3. 答案要点:

利率变动对一国经济的影响包括以下几个方面:

(1)利率变动对资金供求的影响:当利率提高时,资金需求受制约;当利率降低时,资金供给受抑制。

(2)利率变动对宏观经济的影响:利率变动会影响全社会的消费,进而影响全社会的储蓄即资金供给;利率变动会影响全社会的投资即资金需求。

(3)利率变动对国际收入的影响:当一国国际收支出现持续大量逆差时,为了弥补国际收支逆差,金融管理当局就可以提高利率水平,以吸引外资,减少逆差;当一国国际收支出现持续过度顺差时,金融管理当局可以调低利率水平,以限制外资流入,减少顺差。

利率变动影响经济的渠道有:

中央银行常用的方法或采用的措施包括:调整再贴现率、进行公开市场业务操作、直接调整由中央银行所控制的其他基准利率。

中央银行可主动地调高或降低再贴现率,以此来影响商业银行和其他金融机构向中央银行取得再贷款的成本,当中央银行提高再贴现率时,会使商业银行和其他金融机构的再贷款成本上升。金融机构为了实现其现定的利润目标,就会相应提高贷款利率,从而使市场利率水平上升;反之则反是。此外,商业银行和其他金融机构还可根据中央银行变动再贴现率这一举措来预测市场资金供给状况和中央银行的货币政策趋向。

中央银行也可通过公开市场业务操作来影响利率水平。当中央银行持续大量买进有价证券时,一方面会导致市场上对有价证券需求增加,从而使有价证券价格上升;另一方面又会使商业银行超额准备金增加,导致贷款扩大,从而使利率水平下降。当中央银行持续大量卖出有价证券时,一方面导致有价证券价格下降,另一方面又会引起利率水平上升。

4. 答案要点:

从各国的利率市场化过程来看,可分为三个阶段:第一阶段的目标是将利率维持在接近市场均衡状态的水平,保持经济、金融运行稳定;第二阶段的目标是通过扩大利率浮动范围,放松利率浮动权,以完善利率浮动机制;第三阶段的目标是通过增加金融交易品种,扩大交易规模,形成金融资产多样化,先在非存贷款金融交易中实现利率市场化,然后通过这些金融交易与银行存贷款业务的竞争,促使银行先放开贷款利率,再放开存款利率,最终实现利率市场化。

借鉴国外实行利率市场化改革的成功经验,我国自 1993 年起确定了利率市场化改革的基本设想,提出了我国利率市场化改革的次序,那就是先外币、后本币,先农村、后城镇,先贷款、后存款,先大额、后小额,循序渐进。30 年来,我国的利率市场化改革也正是按照这一思路不断推进的。

1998 年,中国人民银行先在贷款领域推进利率市场化,放松了银行贴现与转贴现利率管制。自 2000 年起,我国放开外币贷款利率和 300 万美元以上的存款利率;自 2004 年起,放开了金融机构人民币贷款利率上限;自 2006 年起,我国不断扩大商业银行的住房贷款利率浮动范围。

自 2012 年起,我国加快了利率市场化改革的步伐。2012 年,我国中央银行扩大了人民币存款利率浮动区间;2013 年 7 月 20 日,取消金融机构贷款利率下浮限制,全面放开金融机构贷款利率和贴现利率管制,由金融机构根据商业原则自主决定贷款和贴现的利率水平。

自 2013 年 10 月 25 日起，我国中央银行建立了贷款市场报价利率（LPR）机制；自 2019 年 8 月起，在报价原则、形成方式、期限品种、报价行、报价频率和运用要求六个方面对 LPR 进行改革，使 LPR 成为我国贷款市场中最重要的指导性利率。至此，我国的利率市场化取得突破性进展。

回顾我国利率市场化的进程，可以清楚地看到，我国的利率市场化是按照先银行间拆借利率和债券利率市场化，后贷款利率和贴现利率市场化，再存款利率市场化这三个阶段稳步推进的。与其他大多数发展中国家相比，我国迄今为止的利率市场化进程是比较稳健的，没有发生大的利率波动，也没有对我国宏观经济产生不利影响，我国国民经济保持了比较稳定的发展趋势。

接下来我国将进一步推动利率市场化的深入进行，其改革目标是在逐渐形成合理的利率期限结构的基础上，按照市场供求关系，确定合理的基础利率水平，以引导市场利率的变化与走向，充分发挥利率在调节市场以及引导经济主体预期方面的作用，以实现资源的合理配置。而要形成合理的利率期限结构，就需要大力推进我国资本市场改革，建设多层次资本市场，提供不同期限的资本市场融资工具，以及多种金融衍生工具，形成充分公平的竞争性市场，使资金供给者和需求者在公平的竞争性市场中有充分的选择权，即让市场参与者在充分考虑收益与风险的基础上做出理性的价格选择。这样既有助于形成比较合理的利率期限结构和债券收益率曲线，又能更好地发挥市场的价格发现功能，在市场有效配置资源的过程中合理地确定利率的均衡水平。

5. 答案要点：

利率期限结构理论主要有三种：预期假说理论、市场分割理论和流动性报酬理论。

预期假说理论假定整个证券市场是统一的，各种期限的证券之间具有完全的替代性，即证券购买人并不会固定持有某种期限的证券，当某种证券的预期回报率低于期限不同的另一种证券时，人们就会换购另一种证券，从而解释了证券市场上不同期限的证券利率的同向波动现象，但未能说明为什么在大多数情况下，都是长期利率高于短期利率的原因。

市场分割理论认为，各种期限的证券市场是彼此分隔、相互独立的，各种证券之间毫无替代性，因此，长期利率和短期利率都是由各自市场供求关系决定，彼此之间并无交叉影响。该理论能解释长期利率一般高于短期利率的现象，但无法解释不同期限证券利率的同向波动。

流动性报酬理论综合了预期假说理论和市场分割理论的特点。该理论既考虑投资者的偏好，又强调了预期高回报率对投资者的影响，因此，从金融市场的现实情况看，不同期限证券虽然不能完全替代，但一种证券的预期回报率对其他证券的预期回报率是会产生影响的。该理论能够较好地解释利率经常表现出来的期限结构现象。

6. 答案要点：

LPR（Loan Prime Rate）即贷款市场报价利率，是金融机构对其资质最好并且处于有利竞争地位的企业发放短期贷款时的利率；而对于其他企业的贷款利率，则在最优惠利率的基础上，根据不同情况逐级上升。因此，最优惠利率在市场经济下可以说是确定贷款利率的基准。

LPR 的意义如下：

（1）及时反映市场利率变化趋势；

(2)有效发挥方向性和指导性作用;

(3)引导贷款实际利率;

(4)货币政策传导渠道有效疏通,贷款利率和债券利率之间的相互参考作用也有所增强。

第四章　金融体系与金融改革

一、填空题

1. 金融机构　金融市场　金融工具　监管机构
2. 众多银行　非银行金融机构　中央银行　银行
3. 流动性　风险性　收益性
4. 通过完善的金融市场直接筹集　通过金融中介间接筹集
5. 保持货币币值的稳定,并以此促进经济增长
6. 存款准备金　中央银行基准利率　再贴现　中央银行贷款　公开市场业务
7. 影子银行
8. “管企业”　“管资本”
9. 股指期货　国债期货　股指期权
10. 中国银行保险监督管理委员会(银保监会)　中央银行
11. “上海金”
12. 《系统重要性银行附加监管规定(试行)》
13. 2016
14. 2018
15. 富时罗素世界政府债券指数(WGBI)
16. 中央垂直监管　地方属地监管

二、选择题

(一)单项选择题

1.C　2.D　3.B　4.C　5.B　6.A　7.A　8.C　9.A　10.C

(二)多项选择题

1.ABCD　2.ABC　3.BC

三、判断题

1. 对　2. 错　3. 对　4. 对　5. 错　6. 对　7. 错

四、名词解释

1. 金融体系:是由金融机构和监管协调机构,通过法律、经济习惯等在一定经济体制中形成的。对于一个经济系统而言,金融体系必须是一个能自我平衡的体系,否则将会引发金融危机、经济危机乃至政治危机。

2. 国内金融体系：是一国的金融公司，包括国外投资机构在国内的分支机构，在一国金融管理机制下的金融体系。

3. 区域金融体系：是多个国家或地区的金融体系的有机结合，金融机构和监管协调组织互相交叉或共有，资本互相融通，金融有关的司法相似。当各国经济发展协调一致的时候，区域金融体系的作用会很突出，甚至会出现共同货币。

4. 国际金融体系：是由世界所有相互有金融联系的国家组成的系统，是多个区域金融体系的有机结合，在现代通信网络和国际协议的支持下，24 小时全天候运转，为世界各国企业、投资和投机家、各国政府和组织提供各种金融服务，每一个指标的些许变动，都会牵动世界经济的走向。

5. 金融体系的均衡：是指人们对既定体系安排和体系结构处于一种满足状态或满意状态。

6. 金融体系的非均衡：是指人们对现行金融体系的一种不满意状态，或不适应现行金融体系的发展，欲改变这一状况的状态。金融体系的非均衡是一种常态，正是这种非均衡性导致了金融体系的不断创新、发展和进步。

7. 金融工具又称金融资产，是指信用关系的书面凭证、债权债务的契约文书等，是金融机构中和金融市场上交易的对象。金融工具一般应具有流动性、风险性和收益性等基本特征。

8. 金融监管主要是指国家金融主管机关对各类金融机构的业务活动制定基本规则并监督实施中形成的关系。金融监管有狭义和广义之分。狭义的金融监管是指中央银行或其他金融监管当局依据国家法律规定对整个金融业(包括金融机构和金融业务)实施的监督管理。广义的金融监管在上述含义之外，还包括金融机构的内部控制和稽核、同业自律性组织的监管、社会中介组织的监管等内容。

9. 所谓“供给侧改革”，就是在适度扩大总需求的同时，着力加强供给侧结构性改革，着力提高供给体系质量和效率，增强经济持续增长活力。其实质就是改革政府公共政策的供给方式，更好地与市场导向相协调，充分发挥市场在配置资源中的决定性作用。

五、简答题

1. 答案要点：

金融体系是由金融机构和监管协调机构，通过法律、经济习惯等在一定经济体制中形成的。金融体系产生于经济体系，又相对独立发展，它能影响经济体系的发展及其结构。一国的金融体系包含金融机构体系、金融监管体系、信用体系和法律体系等多个层次。对于一个经济系统而言，金融体系必须是一个能自我平衡的体系，否则将会引发金融危机、经济危机乃至政治危机。

按照不同的标准，金融体系可以有不同的分类：

(1)按照国内和国际范围，分为国内金融体系、区域金融体系和国际金融体系。

(2)按照供求关系，分为供求均衡性金融体系和供求非均衡性金融体系。

(3)按照金融体制的不同，分为市场经济体制下的金融体系和计划经济体制下的金融体系。

2. 答案要点：

金融体系的主要功能是为了在一个不确定的环境中帮助不同地区或国家在不同的时间

配置和使用经济资源。具体地说,可以将金融体系的功能分为以下六种:

(1)清算和支付结算的功能。金融体系能提供完成商品、服务和资产交易的清算和支付结算的方法。

(2)聚集和分配资源的功能。金融体系能为企业或家庭聚集或筹集资金,也能为企业或家庭重新有效分配资源。

(3)在不同时间和不同空间之间转移资源的功能。

(4)管理风险的功能。金融体系既可以提供管理和配置风险的方法,又是管理和配置风险的核心。

(5)提供信息的功能。必要的信息是协调各个经济部门分散决策的重要条件,金融体系本身就是一个重要的信息来源。

(6)改善激励的功能。激励问题实际上是股份制公司的委托代理问题,通过金融创新可以有效地改善激励问题。

金融体系的这六种功能并不是彼此独立的,实际上,金融体系中任何一家金融机构所从事的金融业务都是在行使这些功能。

3. 答案要点:

金融监管主要是指国家金融主管机关对各类金融机构的业务活动制定基本规则并监督实施中形成的关系。金融监管有狭义和广义之分。

狭义的金融监管是指中央银行或其他金融监管当局依据国家法律规定对整个金融业(包括金融机构和金融业务)实施的监督管理。广义的金融监管在上述含义之外,还包括金融机构的内部控制和稽核、同业自律性组织的监管、社会中介组织的监管等内容。由于金融行业高风险特性,为避免风险和分散风险,保护存款人利益,保障金融机构稳健经营,维护金融业的稳定,促进一国经济的持续协调发展,各国政府都高度重视金融监管工作,一般通过国家立法来保障金融监管当局行使职权。

金融监管的目的主要有以下几个方面:(1)维护金融体系的安全与稳定。(2)保证金融机构竞争的公平与有效。(3)维护存款人和投资者的利益。(4)保证中央银行货币政策的顺利实施。从金融监管的主要内容或范围看,可分为市场准入监管、市场运作监管和市场退出监管三个方面。

4. 答案要点:

所谓"供给侧改革",就是在适度扩大总需求的同时,着力加强供给侧结构性改革,着力提高供给体系质量和效率,增强经济持续增长活力。其实质就是改革政府公共政策的供给方式,更好地与市场导向相协调,充分发挥市场在配置资源中的决定性作用。根本目的在于提高社会生产力水平,建设现代化经济体系,把发展经济的着力点放在实体经济上,把提高供给体系质量作为主攻方向,真正落实好以人民为中心的发展思想,显著增强我国经济质量优势。

我国的供给侧结构性改革分为三个阶段:阶段一是实体经济领域落后产能的供给侧结构性改革,阶段二为实体经济+金融业去杠杆,接下来金融业供给侧改革才是第三阶段。持续深化金融供给侧结构性改革,核心在于紧紧围绕金融服务实体经济、防控金融风险、深化金融改革三项任务,不断改善金融管理和服务,为促进经济高质量发展创造良好的货币金融环境。

5. 答案要点：

2003 年，十六届三中全会首次提出“建立多层次资本市场体系，完善资本市场结构”，多层次资本市场的建设之路由此启程。从 2005 年开始，困扰我国资本市场多年的“股权分置”问题开始逐步解决，一级市场也实施了新股发行询价制度；2004 年，深圳证券交易所推出中小企业板块，“三板”市场和各地产权交易市场也初步确立了其市场地位。

以沪、深证券交易所为代表的主板市场不断完善，中小板、创业板、新三板、区域性股权交易市场、科创板、北京证券交易所相继设立，多层次的资本市场结构初步形成。

证券市场双向开放有序扩大。资本市场互联互通渠道确立并不断扩大。沪港通、深港通、债券通、沪伦通、中日 ETF 等先后开通。A 股先后被纳入富时罗素、标普、道琼斯等多个重要国际指数，纳入明晟(MSCI)指数股比例从 5%提升至 20%。以人民币计价的中国国债被纳入彭博巴克莱全球综合指数(BBGA)、摩根大通全球新兴市场多元化指数(GBI－EM)和富时世界国债指数(WGBI)，推动万亿规模的增量资金流入在岸市场。

货币市场各子市场不断完善。就银行间市场而言，商业银行之间的本外币拆借、债券即期和远期交易、外汇即期和远期交易、黄金交易等子市场不断完善，影响力巨大。

资本市场市场化和法制化改革迈上新台阶。《证券法》修订并生效，新增投资者保护制度专章、强化信息披露要求、全面推行注册制、大幅提高违法成本。注册制改革加速推进，公司债、企业债发行由核准制改为注册制。设立科创板并试点注册制，开展上市企业包容性、交易制度、信息披露等一系列制度创新。银行间与交易所债券市场基础设施启动互联互通，市场间协调明显增强，破除债券市场分割迈出关键一步。

6. 答案要点：

20 世纪 80 年代，我国金融改革的主要内容以引进市场经济金融体系的基本结构为主。90 年代上半期和中期，以建立符合市场经济需要的金融机构和金融市场基本框架为主。2002—2008 年，进入以健康化、规范化和专业化为特征的金融改革与发展新时期。我国金融改革进入市场化、国际化和多元化的阶段。

2004 年 10 月，我国实现了“贷款利率管下限、存款利率管上限”的阶段性改革目标。之后人民银行着力引导金融机构加强定价机制建设，2007 年 1 月人民银行开始建立并大力培育银行间同业拆借利率(SHIBOR)，不断改善利率市场化的基础条件。随着银行理财、信托和互联网金融等金融创新和金融脱媒的迅猛发展，顺应市场发展的内在要求，2012 年后人民银行进一步推进存贷款利率市场改革，2013 年 7 月起人民银行全面放开金融机构贷款利率限制，2015 年 10 月 24 日放开银行存款利率，仅对活期存款和一年期以内(含一年)定期存款利率保留基准利率 1.5 倍的上限管理，至此，利率管制基本取消。2015 年 10 月央行取消了对商业银行和农村合作金融机构等的存款利率浮动上限。存款利率上限放开，建立市场利率定价自律机制。

在逐步放开利率管制的同时，持续健全市场利率形成机制。2019 年改革完善贷款市场报价利率(LPR)形成机制，LPR 取代贷款基准利率，存量浮动利率贷款定价基准已转向 LPR，LPR 嵌入商业银行内部转移定价(FTP)，有效打破贷款利率隐性下限。持续培育以债券回购利率(DR)为代表的金融市场基准利率体系。完整的国债收益率曲线形成，定价基准作用得到更好发挥。

六、论述题

1. 答案要点:

我国金融体系在经历了1948—1979年的“大一统”金融时期后,1979年随着改革开放的不断深入,进入从单一银行体系发展到建立以中央银行为领导、专业银行为主体的体系,再发展到开放金融市场、银行商业化改革、各种金融机构并立的多元金融体系。

第一阶段:金融改革的起步阶段:1979—1993年。

(1)实行了金融机构的多元化,建立了二级银行体系的框架。初步形成了以中国人民银行为领导,四大国有专业银行为主体,其他银行和非银行金融机构并存和分工协作的多形式、多功能、多层次而又颇具中国特色的金融机构体系。

(2)逐步开放、搞活金融市场。①货币市场。我国各地相继成立有形的同业拆借资金市场,票据贴现市场开始建立并全面启动。②证券市场。1980年后,我国恢复国债发行,并于1988年4月允许国库券可上市。上海、深圳两家证券交易所成立以及证券登记公司等中介服务公司的建立,使较规范的二级市场在20世纪90年代初最终形成。③外汇市场。1980年,我国开始办理外汇调剂业务。1988年后,各省市都设立了外汇调剂中心,进一步扩大了外汇调剂范围。

(3)建立宏观金融调控体系。1986年1月,国务院颁布了《中华人民共和国银行管理暂行条例》,确定中国人民银行是国务院领导和管理全国金融事业的国家机关。

第二阶段:金融改革的调整与充实阶段:1993—1999年。

1993年12月,国务院发布了《关于金融体制改革的决定》,拉开了新一轮金融改革的帷幕。这一轮改革的主要内容有:

(1)中央银行职能的转变。1993年,国务院颁布了《关于金融体制改革的决定》,确定我国货币政策的最终目标为:“保持货币稳定,并以此促进经济增长。”同时,中央银行货币政策的中介目标由控制信贷规模转向控制货币供应量和社会信用总量。1995年通过的《中国人民银行法》,用法律形式确定的货币政策工具主要是存款准备金、中央银行基准利率、再贴现、中央银行贷款、公开市场业务5种。

(2)国有银行的商业化改革和政策性银行建立。

(3)外汇体制改革。

第三阶段:1993—1999年金融改革调整与充实阶段。

1992年邓小平南方讲话后,同年10月,中国共产党“十四大”确定把建立社会主义市场经济作为我国经济体制改革的目标。1993年12月,国务院发布了《关于金融体制改革的决定》,拉开了新一轮金融改革的帷幕。这一轮改革的主要内容有:

(1)中央银行职能的转变。

《关于金融体制改革的决定》确定我国货币政策的最终目标为“保持货币稳定,并以此促进经济增长”,这是对中国人民银行多年来实行的“稳定货币,发展经济”的双重政策目标的重大战略性突破。同时,中央银行货币政策的中介目标由控制信贷规模转向控制货币供应量和社会信用总量。

(2)国有银行的商业化改革。

以现代商业银行作为国有独资银行的改革方向,是新一轮银行改革的主要内容。1994

年，国家开发银行、中国进出口银行、中国农业发展银行三大政策性银行先后建立。1995 年《商业银行法》颁布，在此前后，《担保法》《票据法》《贷款通则》《支付结算办法》等一系列法规条例的颁布实施，为国有银行的商业化改革提供了日趋完善的法律环境。

(3)外汇体制改革。

从 1994 年 4 月 1 日起，我国外汇管理体制进行了重大改革，取消外汇留成制、外汇上缴制和用汇计划审批，实行外汇指定银行对国内企业的强制结售汇制。2005 年 7 月 21 日，中央银行公布人民币汇率体制改革方案，其核心是人民币从过去的钉住单一美元而改为选择若干种主要货币，赋予相应的权重，组成一个货币篮子，以市场供求为基础，参考一篮子货币计算人民币多边汇率指数的变化，对人民币汇率进行管理和调节，维护人民币汇率在合理均衡水平上的基本稳定。

(4)全国银行间同业拆借市场建立。

1996 年 1 月，全国银行同业拆借交易系统在上海正式联网，并按“自主自愿、平等互利、恪守信用、短期融通”的原则运行；拆借会员不断增多，除各商业银行总行、城市商业银行总行外，还包括四大国有银行的分行、试行人民币业务的外资银行等，1999 年允许证券公司等非银行金融机构进入全国一级拆借网络进行头寸拆借。

(5)《证券法》颁布。

1999 年《证券法》的施行，为所有市场参与者创造了一个可靠的法律基础，并使投资者的利益得到有效保护，有利于证券市场健康、规范发展。

(6)建立地方性商业银行。

为了适应中小企业、民营经济在整个国民经济中比重迅速上升的趋势，1995 年 7 月国务院颁布《关于组建城市合作银行的通知》，1998 年城市合作银行更名为地方性的商业银行。

(7)推动利率市场化改革。

自 1996 年我国利率市场化进程正式启动以来，经过 7 年的发展，利率市场化改革稳步推进，1996 年至 1999 年，我国银行间市场基本实现了利率市场化。

第四阶段：2001—2015 年，金融改革加速阶段。

2001 年 12 月 11 日，中国正式加入世界贸易组织，成为其第 143 个成员。随着国际金融服务贸易协定的全面实行，我国扩大金融领域对外开放，国际金融自由化、一体化程度日益加深，其影响主要表现为：

(1)中国的金融体系进一步对外开放，金融法律体系逐步与国际接轨。

2002 年 12 月，中国实行合格境外机构投资者制度，迈出了资本市场融入全球化的第一步。2003 年，开放外资银行在中国的人民币业务，并加快推动国有银行产权改革。中国四大国有商业银行从 2001 年的资不抵债，实现了到 2009 年的全面上市。

(2)利率市场化基本实现，人民币国际化稳步推进。

2012 年后人民银行进一步推进存贷款利率市场改革，2013 年 7 月起人民银行全面放开金融机构贷款利率限制，2015 年 10 月 24 日放开银行存款利率，仅对活期存款和一年期以内(含一年)定期存款利率保留基准利率 1.5 倍的上限管理，至此，利率管制基本取消。需要强调的是，利率市场化是一项复杂的系统工程，存贷款利率放开并不意味着利率市场化改革的最终完成。

自 2005 年 7 月 21 日起，中国开始实行以市场供求为基础、参考一篮子货币进行调节、有管理的浮动汇率制度。2011 年 6 月底,中国外汇储备达 3.2 万亿美元,位居世界第一。

(3)金融体制改革的步伐加快,促进金融市场的发展。

2003 年 3 月 10 日中国银监会成立,标志着"一行三会"金融监管格局的最终形成。

2006 年 9 月 8 日中国金融期货交易所(以下简称"中金所")在上海正式挂牌成立,对于深化金融市场改革,完善金融市场体系,发挥金融市场功能,适应经济新常态,具有重要的战略意义。目前中金所已开发股指期货、国债期货、股指期权三类,沪深 300 指数期货、中证 500 指数期货、上证 30 股指期货、沪深 300 指数期权、2 年期国债期货、5 年期国债期货、10 年期国债期货七个品种。

2002 年 10 月,上海黄金交易所(以下简称"上金所")正式运行,实现了中国黄金生产、消费、流通体制的市场化,是中国黄金市场开放的重要标志。2014 年 9 月上金所启动国际板,成为中国黄金市场对外开放的重要窗口。

2015 年 2 月国务院发布《存款保险条例》,建立和规范存款保险制度,依法保护存款人的合法权益,及时防范和化解金融风险,维护金融秩序稳定。

第五阶段:2015 年至今,深化金融供给侧结构性改革的新阶段。

2015 年 11 月,习近平总书记主持召开中央财经领导小组第十一次会议,研究经济结构性改革和城市工作;2016 年 1 月 26 日,在中央财经领导小组第十二次会议上,习近平强调供给侧结构性改革的根本目的是提高社会生产力水平,落实好以人民为中心的发展思想。至此,我国开启供给侧结构性改革的新阶段。

(1)防范金融风险,维护金融安全。

2018 年监管体制做了调整,中国银行保险监督管理委员会组建。在新的架构下,以中央银行为核心的宏观审慎管理理念和框架逐步确立,系统性风险防范机制进一步强化。同时,审慎管理的基本制度逐步改进,2018 年中国人民银行、中国银行保险监督管理委员会、中国证券监督管理委员会、国家外汇管理局联合颁布《关于规范金融机构资产管理业务的指导意见》,正式拉开了资产管理业务乱象整治的帷幕。2018 年还发布系统重要性金融机构监管相关指引文件。

2021 年 10 月,中国人民银行会同中国银行保险监督管理委员会正式发布《系统重要性银行附加监管规定(试行)》,借鉴了国际金融监管的实践经验,充分考虑我国银行业实际情况,补齐系统重要性银行监管制度短板,健全我国宏观审慎政策框架,维护金融体系稳定。

(2)推进普惠金融,服务实体经济。

在 2019 年召开的全国金融工作会议上,习近平总书记就做好金融工作提出三项任务,"服务实体经济"被摆在第一位,道破金融的出发点和归宿。值得肯定的是,金融为实体经济"输血""造血"的功能不断凸显,尤其是银行发挥着社会和企业融资的主渠道作用。

党的十八届三中全会明确提出发展普惠金融。2015 年《政府工作报告》提出,要大力发展普惠金融,让所有市场主体都能分享金融服务的雨露甘霖。

(3)扩大金融业对外开放,提高国际市场参与度和话语权。

供给侧改革新阶段以来,我国不仅释放出了金融业开放的强烈信号,金融业正以更开放的姿态拥抱世界。2016 年 10 月 1 日 IMF 终于批准人民币进入 SDR(特别提款权)。SDR 货币篮子的币种和权重相应进行了调整,正式扩大至美元、欧元、人民币、日元、英镑 5 种货币。

2016 年 4 月发布全球首个以人民币计价的黄金基准价格“上海金”，有效提升了我国黄金市场的定价影响力。

人民币原油期货(INE)于 2018 年 3 月 26 日上市。人民币原油期货自上市以来便引起了全球投资者的广泛关注。

2021 年 10 月 29 日，富时罗素世界政府债券指数(WGBI)正式纳入中国国债，将推动万亿规模的增量资金流入在岸市场。迄今为止，全球三大主流固收基准指数和主要股指均已纳入中国证券，并逐步提高中国权重。

2. 答案要点：

中国现行金融体系的问题主要存在以下几个方面：

(1)金融机构体系结构不平衡。从金融资产的分布结构看，我国绝大部分金融资产为银行所有，其中又以国有独资银行为主，使金融机构体系呈现商业银行垄断的格局。从金融机构体系的业务范围来看，它们的业务范围和业务运行方式都局限于传统金融领域，真正体现现代金融水平的金融机构十分短缺。

(2)现行市场结构不平衡。①市场结构不平衡；②融资结构不平衡。

(3)金融创新不足，市场客体缺乏造成市场流动性不足，投资品种匮乏，严重抑制了金融市场在金融资源配置中的效率。

(4)金融风险分布出现新变化。首先，原来是工商企业等其他领域的风险向银行等金融行业集中，现在则是从金融行业向中央和地方分散。其次，金融风险从隐性风险向显性风险转化。再次，金融风险向中央集中的趋势已经可以比较明显地看出来了。

(5)金融监管效率不高。

(6)社会诚信体系建设落后。

(7)金融法律体系不完善。

2021 年 3 月 13 日，《中华人民共和国国民经济和社会发展第十四个五年规划和 2035 年远景目标纲要》(简称《纲要》)正式公布，对中国未来 5 年经济社会发展作出全面部署，并对 2035 年远景目标进行展望。其中在第六篇从我国社会主义制度特点出发，从我国经济金融体制的特殊性出发，坚持党的领导，着眼于解决实际问题，从金融体系结构、现代中央银行制度、数字货币、利率市场化、资本市场改革、金融监管与风险防范体系等方面部署了未来金融工作的具体任务。

(1)深化金融改革，优化金融体系结构。

深入推进金融机构改革，优化金融供给，健全具有高度适应性、竞争力、普惠性的现代金融体系。深化国有商业银行改革，坚持以强化公司治理为核心，深化大型商业银行改革，建立中国特色现代金融企业制度。通过改革促进各类主体公平竞争，构建多层次、广覆盖、有差异的银行体系。

(2)建立现代中央银行制度，完善现代化国家治理体系。

现代中央银行制度是现代货币政策制度、金融基础设施服务体系、系统性金融风险防控体系和国际金融协调合作治理机制的总和。我国要建设的现代中央银行制度，是具有中国特色的社会主义中央银行制度，一方面要坚持现代中央银行的精髓和基本原则，另一方面要符合中国实际、体现中国特色。完善货币供应调控机制，是建设现代中央银行制度的重要举措。完善货币供应调控机制，就是要以币值稳定为首要目标，更加重视就业目标，完善相关长效机制,保持货币供应量和社会融资规模增速与反映潜在产出的名义GDP增速基本匹配。

(3)稳妥推进数字货币研发,为数字货币工作定向定调。

《纲要》为数字人民币工作定向定调,明确未来央行"稳妥推进数字货币研发"目标任务。这是推进国家治理体系和治理能力现代化的重大任务。作为央行发行的数字形态的法定货币,数字货币由指定的运营机构参与运营并向公众兑换,与纸钞和硬币等价,能够自由兑换,可视为现金的数字化形态,具有价值特征和法偿性,未来将逐步取代纸钞和硬币。

(4)健全市场化利率形成和传导机制,完善央行政策利率体系。

完善以公开市场操作利率为短期政策利率、以中期借贷便利(MLF)利率为中期政策利率的中央银行政策利率体系,健全利率走廊机制,促使市场利率围绕作为中枢的中央银行政策利率波动,深化贷款市场报价利率(LPR)改革,带动存款利率逐步走向市场化,使央行政策利率向贷款利率和存款利率顺畅传导,并发挥调节金融资源配置的重要作用。

(5)推进资本市场改革发展,提高直接融资比重。

完善资本市场基础制度,健全多层次资本市场体系,大力发展机构投资者,提高直接融资特别是股权融资比重。全面实行股票发行注册制,建立常态化退市机制,提高上市公司质量。深化新三板改革。完善市场化债券发行机制,稳步扩大债券市场规模,丰富债券品种,发行长期国债和基础设施长期债券。完善投资者保护制度和存款保险制度。全面实行股票发行注册制是拓宽市场入口,建立常态化退市机制是畅通市场出口,从入口和出口两端发力,能够有效畅通直接融资渠道,强化资本市场功能,更好服务实体经济发展。

(6)发挥绿色金融"加速器"作用,推动实现碳达峰、碳中和目标。

研究应对气候变化对金融稳定的影响,探索在对金融机构的压力测试中系统性地考虑气候变化因素,并逐步将气候变化相关风险纳入宏观审慎政策框架,鼓励金融机构评估和管理其环境和气候风险。加强与国际组织和相关经济体在绿色金融方面的国际合作,为全球环境治理贡献力量。

(7)完善现代金融监管体系,构建防范化解金融风险长效机制。

坚持底线思维,加强金融风险全方位扫描预警。全力做好存量风险化解工作,坚决遏制各类风险反弹回潮。进一步明确和压实各方责任,形成风险处置合力。完善现代金融监管和风险防范体系建立,对保障金融稳定和国家安全、推进国家治理体系和治理能力现代化、实现经济社会高质量发展具有十分重要的意义。

第二篇　金融机构

第五章　商业银行

一、填空题

1. 英格兰银行
2. 中国通商银行
3. 从旧式高利贷银行转变过来　以股份制公司形式组建而成

4. 信用中介
5. 信用中介　支付中介
6. 负债业务　资产业务　中间业务与表外业务
7. 银行资本　银行负债
8. 库存现金　存放中央银行的款项　库存现金
9. 现金资产　贷款　证券投资
10. 结算业务　租赁业务　信托业务　代理业务　信用卡业务
11. 担保业务　承诺业务　贷款出售及资产证券化　证券的发行、承销
12. 流动性　安全性　盈利性
13. 资产管理　负债管理　资产负债综合管理　资产负债表内表外统一管理
14. 资产证券化　过手证券
15.《巴塞尔协议》
16. 商业性贷款理论　资产可转换理论　预期收入理论
17. 资本充足率及风险评级　外部监管　信息披露
18. 一级资本或核心资本　二级资本或从属性资本
19. 4%　6%　2%　4.5%　8%　10.5%
20. 2017
21. 流动性覆盖率
22. 市场风险　操作风险

二、选择题

(一)单项选择题

1.C　2.A　3.C　4.A　5.D　6.A　7.B　8.A　9.D　10.B
11.D　12.C　13.C　14.B　15.A　16.B　17.B　18.A　19.B　20.D
21.C　22.A　23.B　24.C　25.C　26.A

(二)多项选择题

1.ABCE　2.AB　3.AB　4.ABCE　5.ABC　6.BD
7.ACD　8.ADE　9.ABC　10.BD　11.ABC　12.BCD
13.ABCD　14.ACD

三、判断题

1. 对　2. 错　3. 对　4. 错　5. 对　6. 错　7. 对　8. 错　9. 对　10. 对
11. 对　12. 错　13. 错　14. 对

四、名词解释

1. 商业银行:是以追求最大利润为目标,以多种金融负债筹集资金,以多种金融资产为其经营对象,能将部分负债作为货币流通,同时可进行信用创造,并向客户提供多功能、综合性服务的金融企业。

2. 负债业务:是商业银行在经营活动中尚未偿还的经济业务,该业务是商业银行借以形成资金来源的业务。

3. 资产业务:是商业银行将通过负债所聚集的货币资金加以运用的业务,是其取得收益的主要途径。

4. 中间业务:是银行接受客户委托,为客户提供各种服务,收取佣金、手续费、管理费等费用的一种业务。

5. 表外业务:是指所有不在银行资产负债表内直接反映的业务。

6. 支票存款:是银行流动性最高的一项负债,其所有者可以随时要求提取账户中的余额,也可以向第三者开出支票,由第三者凭支票到开户银行要求付款。

7. NOW 账户:是以支付命令书取代了支票,实际上是一种不使用支票的支票账户。开立 NOW 账户的存户,可以随时开出支付命令书,或直接提现,或直接向第三者支付,对其存款余额可取的利息收入。该账户推出的目的是为了避开不能对活期存款支付利息的限制。

8. 储蓄:广义的储蓄是指政府、企业和居民个人的所有货币收入扣除各项生产性和消费性支出后的剩余部分。狭义的储蓄指储蓄存款。

9. 储蓄存款:在中国专指居民个人在银行的存款,是银行负债的一个重要组成部分。

10. 大额可转让定期存单(CDs):20 世纪 60 年代初由美国纽约花旗银行创办,它是按某一固定期限和一定利率存入银行的资金可在市场上买卖的票证。

11. 欧洲美元定期存单:是指美国境外银行发行的美元存单。

12. 扬基定期存单:是指外国银行在美国分行发行的存单。

13. 应收款项:又称托收中现金,是指在支票清算过程中,已记入商业银行的负债,但实际上商业银行还未收到的那部分资金。

14. 资产担保证券(asset-backed securities):是商业银行将某些传统的非流动性贷款经过技术性处理后重新组合为同质量并可分割的标准贷款组合,以此为本金与利息的现金收入保证来发行证券,即资产证券化(securitization)。最常见的证券化的资产是住宅抵押贷款、汽车贷款以及信用卡应收款等。

15. 结算业务:是银行代客户清偿债权债务、收付款项的一种传统业务(清算是指银行之间的货币收付)。企事业单位之间的货币收付,除少量以现金方式进行外,大部分是通过其在银行开立的支票存款账户上的资金划拨来完成的。

16. 租赁业务:是以收取现金为条件出让财产使用权的经济行为。它是由财产所有者(出租人)按契约规定,将财产租给承租人使用,承租人按期缴纳一定租金给出租人,在租赁期内,出租人对财产保有所有权,承租人享有使用权。

17. 经营性租赁:又称操作性租赁或服务租赁,适用于租期相对较短,通用性较强的财产、设备,如汽车、电脑、建筑机械等。经营性租赁又被称为未完全付清的租赁,租赁期满,不发生所有权转移,可以续租、退租,不能以象征性价格购入。

18. 融资性租赁:又称资本性租赁。它是一种国际通行的长期租赁形式,指由出租方融通资金,为承租人提供所需设备,承租方定期偿还租金并获得设备资产的使用权。

19. 信托:即信任委托,是指委托人依照契约的规定为自己或第三者(即受益人)的利益,将财产转给受托人,由受托人依据谨慎的原则,代委托人管理、运用和处理所托管的财产,并为受益人谋利的活动。

20. 代理业务:是指商业银行接受政府、企业单位、其他银行或金融机构以及居民个人的委托,以代理人的身份代表委托人办理一些经双方议定的经济事务的业务。

21. 代理收付款业务:是商业银行利用自身结算便捷的优势,接受客户委托,代为办理指定款项的收付事宜。

22. 代融通业务:又称代收应收账款或保付代理业务,是指商业银行接受客户委托,以代理人身份代委托者收取应收账款,为委托者提供资金融通及其他服务,并承担保理额度内的倒账风险。

23. 代理行业务:是指商业银行接受其他银行的委托,为其办理指定业务的活动。代理行业务分为国内银行间代理和国际银行间代理两种类型。

24. 现金管理业务:是指商业银行协助企业科学地分析现金流量,使企业能科学、合理地管理现金(包括活期存款)余额,将多余的现金用于短期投资,增加收益。

25. 代保管业务:是指商业银行以自身所拥有的保管箱、保管库等设备条件,接受单位和个人的委托,代为保管各种贵重金属、契约文件、设计图纸、文物古玩、珠宝首饰,以及股票、债券等有价证券。代理保管的方式主要有出租保管箱、密封保管、露封保管等。

26. 备用信用证业务:是银行为其客户开立的保证书。这种业务涉及三方当事人,即开证银行、客户和受益人。通常,客户与受益人之间已达成某种协议,根据该协议,客户对受益人负有偿付或其他义务。银行应客户的申请向受益人开立备用信用证,保证在客户未能按协议进行偿付或履行其他义务时,代替其客户向受益人进行偿付,银行为此支付的款项变为银行对其客户的贷款。通过申请银行开立备用信用证,客户可以有效地提高自己的信誉,当然同时也要向银行支付手续费。

27. 承诺业务:是指银行向客户做出承诺,保证在未来一定时期内根据一定条件,随时应客户的要求提供贷款或融资支持的业务。承诺业务主要有信贷便利和票据发行便利(note-issuance facilities)两种形式。

28. 信贷额度:是一种非合同化的贷款限额。在这个额度内,商业银行将随时根据企业的贷款需要进行放款。但信贷额度一般都是银行与其老客户之间的非正式协议,银行虽然在大多数情况下都会满足客户的贷款需要,但并不具有提供贷款的法定义务,银行通常也不向客户收取承诺费,而只要求客户在本银行保留一定比例的支持性存款。

29. 贷款承诺:是一种正式的、合同化的协议,银行与客户签订贷款承诺协议后,要随时满足客户的贷款需要,在承诺期内,不论客户是否提出贷款申请,银行都要按承诺额的一定比率收取承诺费。贷款承诺主要有备用信贷承诺和循环信贷承诺两种形式。

30. 票据发行便利:是指银行承诺帮助筹资人(企业、政府或其他金融机构)通过发行短期票据或 CDs 筹资,如筹资人发行的票据或 CDs 不能如期售完,承诺该业务的银行将按事先约定的价格买下。

31. 贷款出售:是指银行将已发放的贷款出售给其他金融机构或投资者。贷款出售按是否提供售后服务,可分为卖断和非卖断两类。

32. 贷款证券化出售:是银行资产证券化浪潮中出现的金融创新方式,最早见于美国住宅抵押贷款。银行的贷款证券化出售,其主要内容是将某一类别的众多单笔贷款组合在一起,请信用担保机构提供担保;然后请专门的评级机构对贷款组合进行评级(如信用级别较低,还需要进行信用增级);然后再将评级后的贷款总额分成若干等份发行以贷款资产作为担保的证券,向投资者出售。

33. 或有负债:即在一定条件下(如银行履行贷款承诺时,或在衍生工具交易对手违约时),相应的表外业务会向表内业务转化,成为银行的现实负债。

五、简答题

1. 答案要点:

商业银行是以追求最大利润为目标,以多种金融负债筹集资金,以多种金融资产为其经营对象,能将部分负债作为货币流通,同时可进行信用创造,并向客户提供多功能、综合性服务的金融企业。

首先,商业银行具有一般企业的特征。

其次,商业银行又不是一般的企业,而是经营货币资金、提供金融服务的企业,是一种特殊的企业。

再次,商业银行也不同于其他金融机构:

(1)不同于中央银行。商业银行为工商企业、公众及政府提供金融服务;而中央银行只向政府和金融机构提供服务,创造基础货币,并承担制定货币政策、调控经济运行、监管金融机构的职责。

(2)不同于其他金融机构。商业银行能提供全面的金融服务并吸收活期存款;其他金融机构不能吸收活期存款,只能提供某一个方面或某几个方面的金融服务。

2. 答案要点:

商业银行的资金来源分为银行资本和银行负债两大类。由于各国金融体制的差异和金融市场发达程度不同,商业银行的负债结构也不尽相同,一般由存款和其他负债组成。美国商业银行的负债业务包括支票存款、非交易存款、其他负债。

支票存款可以直接起到交易媒介的作用,曾经是商业银行最重要的资金来源。非交易存款不能直接充当交易媒介,其流动性较低。

3. 答案要点:

商业银行的资产业务主要分为现金资产、贷款、证券投资、其他资产业务等。现金资产是商业银行维持正常经营所必需的,为了避免发生流动性危机,银行总资产中必须保持一定比例的现金资产,现金资产占总资产的比率不是越少越好。

4. 答案要点:

储蓄存款和储蓄是两个不同的概念。储蓄的原始意义指的是贮藏,而储蓄存款则是银行负债的一个重要组成部分。

在现代货币信用制度下,储蓄的概念有广义和狭义之分。广义的储蓄是指政府、企业和居民个人的所有货币收入扣除各项生产性和消费性支出后的剩余部分;狭义的储蓄指储蓄存款。

储蓄存款的概念在国内外存在明显差异。我国储蓄存款专指居民个人在银行的存款。

5. 答案要点:

中间业务是银行接受客户委托,为客户提供各种服务,收取佣金、手续费、管理费等费用的一种业务。表外业务是指所有不在银行资产负债表内直接反映的业务。

严格来说,表外业务与中间业务是有区别的:

（1）从会计处理角度而言，所有的表外业务都属于中间业务。从银行开展业务的角色而言，银行办理传统的中间业务时，一般充当中介人的角色；而银行在办理表外业务时，银行既可以是经纪人，又可以作为自营商。

（2）从与表内业务的关系和银行承担的风险角度而言，传统的中间业务一般不发生由表外业务向表内业务的转化，承担风险相对较小；而或有负债性质的表外业务，存在表外业务向表内业务转化的可能，承担风险就大。

国外商业银行通常将中间业务统称为表外业务。广义的表外业务是指所有的中间业务，狭义的表外业务是指构成银行或有负债的风险较高的表外业务。中国商业银行一般将广义的表外业务称为中间业务。

6. 答案要点：

商业银行经营的三原则：流动性、安全性和盈利性。

（1）商业银行的流动性原则是指银行具有随时以适当的价格取得可用资金，随时满足存款人提取存款和满足客户合理的贷款需求的能力。

（2）安全性原则是指银行具有控制风险、弥补损失、保证银行稳健经营的能力。安全性管理要求银行坚持稳健经营的理念，保持较高的资本充足比率，合理安排资产负债结构，提高资产质量，运用各种法律允许的策略和措施来分散和控制风险，提高银行抗风险的能力。

（3）盈利性原则是指商业银行在稳健经营的前提下，尽可能提高银行盈利能力，力求获得最大利润，以实现银行的价值最大化目标。

7. 答案要点：

流动性原则是指银行具有随时以适当的价格取得可用资金，随时满足存款人提取存款和满足客户合理的贷款需求的能力。

商业银行的资金主要来源于各种存款和其他负债。而其中存款又占商业银行资金来源的绝大部分。存款客户何时存款、何时取款、存取多少，商业银行都是不能预测和左右的，必须被动接受。若遇到政治经济局势的动荡和其他突发事件的影响，会出现大量客户集中要求提存和兑付，即出现“挤兑”现象。如果不能妥善应付，银行就会信誉扫地，并陷入破产清理的困境。因此，商业银行都非常重视流动性管理，其资金的流动性具有刚性特征。

商业银行流动性管理目标可以通过资产和负债两种途径实现。从资产方面来说，银行应持有一定比例的、可随时变现的流动性较高的资产；从负债方面来说，银行应保持较强的融资能力，拓展融资渠道，从中选择期限与成本较合理、符合本行流动性需求的资金来源。在实际运作中，商业银行将这两个方面结合起来，保持合理的资产负债结构。

8. 答案要点：

商业信用证是商业银行受客户委托开出的证明客户有支付能力并保证支付的信用凭证。客户申请开立信用证时，必须预先向开证银行缴纳一定的保证金。商业信用证可用于国内商业活动，也可用于国际贸易。

备用信用证是银行为其客户开立的保证书。这种业务涉及三方当事人，即开证银行、客户和受益人。通常，客户与受益人之间已达成某种协议，根据该协议，客户对受益人负有偿付或其他义务。银行应客户的申请向受益人开立备用信用证，保证在客户未能按协议进行偿付或履行其他义务时，代替其客户向受益人进行偿付，银行为此支付的款项变为银行对其客户的贷款。通过申请银行开立备用信用证，客户可以有效地提高自己的信誉，当然同时也要向银行支付手续费。

备用信用证和商业信用证的区别是:在商业信用证业务中,开证银行承担的是第一手的付款责任,只要收款人提供合格的单据,且单证一致、单单一致,银行就必须按合同履行支付义务;而在备用信用证业务中,银行承担的是连带责任,在正常情况下,银行与受益人并不发生支付关系,只有在客户未能履行其付款义务时,银行才代替客户履行付款责任。

9. 答题要点:

互联网金融给商业银行带来的机遇包括:(1)互联网金融发挥了信息中介的功能。(2)商业银行依托互联网,搭建支付中介平台,为客户提供方便快捷的支付服务,也减少了银行的人工成本和操作风险。(3)互联网金融更好地搭建了信用中介的平台,商业银行可以通过它进行资产管理服务与基金理财的电子渠道销售。(4)商业银行利用互联网金融更好地整合了金融服务,便于打造一体化大平台。

互联网金融给商业银行带来的挑战包括:(1)它弱化了银行作为"中介"的重要性。(2)互联网金融改变了银行传统的经营模式。(3)互联网金融压缩了银行利差收入的空间。(4)互联网金融的推广,动摇了银行的一些客户基础。

六、论述题

1. 答案要点:

商业银行在现代经济中发挥的主要功能和作用有:

(1)信用中介。信用中介是最基本也是最能反映其经营活动特征的职能。一方面,商业银行通过受信业务,把社会上的各种闲散资金集中起来,形成银行负债;另一方面,商业银行又通过授信业务,把资金投向社会经济的各个领域,成为银行资产。

通过信用中介职能,商业银行能在不增加社会货币资金总量的情况下,提高整个社会货币资金的增值能力;信用中介职能还能有效地发挥优化资源配置的作用;有利于调整产业结构,优化社会资源的配置,进而大大提高社会货币资金的使用效率。

(2)支付中介。商业银行作为货币经营机构,具有为客户保管、出纳和代理支付货币的职能。

商业银行支付中介职能的发挥是整个社会经济正常、稳定运行的必要条件:一方面大大减少了现金的使用量和流通量,从而节约了流通费用;另一方面又加速了结算过程和货币资金的周转,促进了社会再生产的扩大;并使商业银行能持续拥有比较稳定的廉价资本来源,有利于降低银行资金成本。

(3)信用创造。信用创造职能是建立在信用中介职能和支付中介职能的基础之上的。在整个银行体系中,商业银行运用所吸收的活期存款进行贷款或投资,通过支票流通和转账结算的过程,形成存款货币的成倍扩张或收缩。

商业银行信用创造的制约机制,又发挥着现代社会宏观经济调控的十分重要的杠杆作用。中央银行通过变化存款准备金率和商业银行的备付金比率,控制商业银行的存款派生能力,从而有效控制全国的货币供应量,进而影响整个社会经济的活动水平。

(4)金融服务。金融服务是商业银行利用其在国民经济活动中的特殊地位,在提供信用中介和支付中介过程中所获取的大量信息,凭借这些优势,运用电子计算机等先进手段和工具,为客户提供的其他服务。

通过提供这些服务，商业银行一方面扩大了社会联系面和市场份额，另一方面也为银行取得不少费用收入，同时也提高了信息技术的利用价值。

2. 答案要点：

西方商业银行的经营管理理论经历了资产管理、负债管理、资产负债综合管理以及资产负债表内表外统一管理四个阶段。

(1)资产管理(The Asset Management)

资产管理依其提出的顺序，又有以下三种理论：

第一，商业性贷款理论(The Commercial Loan Theory)。该理论从银行的主要资金来源是活期存款这一客观事实出发，认为银行只应发放短期的、以真实的商业票据作为贷款抵押的、与商品的生产周转相联系的工商企业贷款。该理论又被称为真实票据理论或自偿性贷款理论。

第二，资产可转换理论(The Shiftablity Theory)。该理论认为，流动性要求仍然是商业银行需要特别强调的，但银行在资金运用中可持有具有可转换性的资产。这类资产应具有信誉高、期限短、容易转让的特性，使银行在需要流动性时可随即转让，获取所需现金。在资产可转换理论的引导下，以及当时社会条件的变化，商业银行资产组合中票据贴现和短期国债的比重迅速增加。

第三，预期收入理论(The Anticipated Income Theory)。该理论认为，一笔高质量的贷款，其还本付息的日期表应以借款人未来收入或现金流量为依据。

(2)负债管理(The Liability Management)

银行负债管理思想源于利率管制下的金融创新。20 世纪 50 年代中后期起至整个 60 年代，西方各国为防止"脱媒"(Disintermediation)现象的发生，商业银行资产负债管理的重心由资产管理转向以负债管理为主。

负债管理的基本内容是：商业银行的资产负债管理和流动性管理通过在货币市场上主动性负债，即通过"购买"资金来实施。如果负债管理卓有成效，就不必储备过多的低收益的流动性资产，可将资金投入到其他更有利可图的资产上，提高银行的收益率。

(3)资产负债综合管理(Asset-Liability Management)

资产负债综合管理又称资金管理(Fund Management)，是 20 世纪 70 年代末、80 年代初伴随着金融自由化浪潮而产生的。

资产负债综合管理着重强调以下几方面内容：

第一，银行管理层应尽可能同时对资产和负债的数量、结构、收益及成本进行统一控制和管理，以便实现银行的长、短期目标。

第二，银行管理层对资产和负债两方面的管理与控制必须有效协调，使两者具有内部统一性，有助于使银行资产收益与负债成本之间的差额最大化。

第三，资产负债表两边的每一项都与收入和成本相关，所以，应分析所有项目、所有服务的成本与收益，并对其进行统一有效的管理，以实现银行的盈利目标。

(4)资产负债表内表外统一管理(In Balance-Sheet and Off Balance-Sheet Management)

资产负债表内表外统一管理产生于 20 世纪 80 年代末。为了对商业银行的经营风险进行控制和监管，同时也为了规范不同国家的银行之间同等运作的需要，1987 年 12 月，巴塞尔委员会通过了《统一资本计量与资本标准的国际协议》，即著名的《巴塞尔协议》(Basel Ⅰ)。

根据《巴塞尔协议》的要求，银行资产和表外业务按其信贷风险的大小被分成四类，并对各类资产分别规定权数。银行必须满足两种资本要求：它拥有的核心资本或第一级资本(由股权资本组成)，必须不低于经风险调整后资产总额的4%；它拥有的总资本(即一、二级资本总和，其中，二级资本由贷款损失准备金和次级债务构成)，不能低于经风险调整后资产总额的8%。

2004年6月，《巴塞尔协议Ⅱ》(Basel Ⅱ)正式颁布。《巴塞尔协议Ⅱ》的主要内容为资本充足率、外部监管、信息披露和市场约束三大支柱，对银行业管理信贷风险及满足不同的监管条例等制定了更为复杂的标准。

2010年底，《巴塞尔协议Ⅲ》正式出台。这是巴塞尔银行监管委员会(BCBS)在反思国际金融危机和《巴塞尔协议Ⅱ》的基础上，对银行业提出的新的监管要求，目的在于增强银行业吸收冲击和损失的能力，降低金融业对实体经济的溢出风险，确保银行经营稳健和整个金融体系的稳定。《巴塞尔协议Ⅲ》影响最大的地方在于大幅度提高了对银行一级资本充足率的要求。

第六章　投资银行

一、填空题

1.《格拉斯-斯蒂格尔法》

2. 分业模式　综合模式

3. 证券承销

4. 公募发行　私募发行

5. 资产证券化

6. 风险资本　创业资本

7. 证券承销　证券交易　证券私募　资产证券化
收购与兼并　基金管理　风险资本投资

8. 金融创新　拓展国际业务

9. 直接融资

10. 1933年《格拉斯-斯蒂格尔法》　1999年《格雷姆-里奇-比利雷法案》　2010年《多德-弗兰克法案》

11. 全球性投资银行　大型区域性投资银行　精品投资银行　零售经纪公司

二、选择题

(一)单项选择题

1. A　2. D　3. B　4. C　5. A　6. B　7. D　8. B

(二)多项选择题

1. ABCD　2. AC　3. AD　4. ABCDE

三、判断题

1. 对　2. 错　3. 错　4. 对　5. 错　6. 错　7. 对　8. 对　9. 错　10. 错
11. 对

四、名词解释

1. 投资银行：是指为资本市场的直接融资提供各种交易工具及配套服务的金融机构。

2. 商人银行：是指专门从事兼并、收购等某些融资活动的投资银行。

3. 证券承销：是指投资银行就证券发行的种类、时间、条件等对发行公司提出建议，并从发行人处购买新证券向公众分销。

4. 私募发行：又称私下发行，即证券发行者不把证券售给社会公众而是售给数量有限的机构投资者，如保险公司、共同基金、保险基金等。

5. 资产证券化：是指将缺乏流动性的资产转化为在金融市场上可以出售证券的行为。

6. 风险资本：又称创业资本，是指新兴公司在创业期和拓展期所融通的资金。

7. 证券包销：是指在证券承销中，当投资银行同意从发行人处以固定价格购买证券时，这种承销的安排被称为包销(Firm Commitment)。投资银行接受包销时的风险在于，他支付给发行人购买证券的价格可能会高于其向公众出售证券时的价格。

8. 承销辛迪加：是指由数家投资银行组成的共同进行包销的承销集团。

五、简答题

1. 答案要点：

投资银行是为资本市场的直接融资提供各种交易工具及配套服务的金融机构。

投资银行和商业银行的主要区别在于资金来源、主要业务、主要功能、利润的主要来源和监管机构等方面。

投资银行与商业银行的主要区别

银行 / 时期	投资银行		商业银行	
	过去	目前	过去	目前
资金来源	发行证券	发行证券为主	活期存款为主	各种存款及其他借入资金为主
主要业务	证券承销	证券承销、交易；衍生工具的创造、交易；收购兼并与相关服务及融资等	存贷款及结算代理等传统业务	存贷款、金融衍生产品及各类金融服务
主要功能	直接融资	直接融资	间接融资	间接融资
利润的主要来源	佣金	佣金、费用收入及融资收益	存贷利差	存贷利差及服务收益
监管机构	证券业监管部门	以证券业监管部门为主	中央银行	中央银行为主

2. 答案要点：

现代意义上的投资银行最初产生于欧洲，主要由 18、19 世纪众多销售政府债券和贴现企业票据的商号演变而来。

1929 年前是其产生及持续发展阶段,在早期发展中以下几个因素起了突出的作用:证券及证券交易,战争,股份公司,基础设施建设,企业兼并。1929—1933 年是其膨胀及动荡时期,在世界性经济大危机中,投资银行大量倒闭,证券业极度萎靡。

1933 年《格拉斯-斯蒂格尔法》的颁布,标志着现代商业银行与投资银行分野格局的形成,同时也标志着纯粹意义上的商业银行和投资银行的诞生。其后投资银行进入快速发展阶段。

20 世纪 60 年代以来投资银行的发展呈现的两个最主要特征是金融创新和拓展国际业务。

3. 答案要点:

分业模式是指在法律上确立投资银行与商业银行分业经营,以吸收存款为主要资金来源的商业银行除代理政府债券等部分证券业务之外,不能经营证券投资业务,投资银行也不能经营吸收存款等商业银行业务。

所谓"综合模式",是指在法律和银行业实际运作中对银行可经营的业务范围没有严格的界定、划分,各种银行都可全盘经营存贷款、证券买卖等商业银行与投资银行业务。

要发挥综合模式的优势,又能有效地控制其风险,首先要建立健全的银行内控制度和严格的监管制度,其次可借鉴分中有合、合中有分的控股集团式的混业经营模式。

4. 答案要点:

私募发行又称私下发行,即证券发行者不把证券售给社会公众而是售给数量有限的机构投资者,如保险公司、共同基金、保险基金等。

与公募发行相比,它具有发行要求低、节约发行时间及成本、承销费用低、收益高等优点,但其流动性较差、发行面窄,不利于进一步发行。

投资银行是私募证券的设计者,并为其寻找合适机构投资者或作为发行顾问提供咨询服务。

5. 答案要点:

资产证券化是指将缺乏流动性的资产转化为在金融市场上可以出售证券的行为。

资产证券化对发行者、投资者、借款者和投资银行各方都是一种有益的融资方式。

(1)发行者通过它可获得较低的筹资成本,更高效地运用资本,更好地进行资产负债管理,实现资金来源多样化。

(2)投资者则获得了信用风险较低、流动性较高的证券,为借款者创造了更有利的筹资环境。

(3)资产证券化还极大地加强了投资银行和工商企业的联系,促进了其证券业务的发展。

6. 答案要点:

投资银行是为资本市场的直接融资提供各种交易工具及配套服务的金融机构。它与基金业务关系密切。

首先,投资银行可作为基金的发起人,发起和建立基金。

其次,投资银行可作为管理基金者,管理自己发行的基金。

再次,还可作为基金承销人。

最后,投资银行可通过接受基金发起人的委托,管理基金,据此获得一定的佣金。

7. 答题要点：

我国银行业的综合经营采用了“集团管理、分业经营”的金融控股公司架构，持有商业银行、投资银行等全金融牌照。采用综合金融控股集团混业方式，可以有效地阻断不同机构间资金的滥用，隔离各子公司间的风险。

8. 答题要点：

资产担保证券使投资者面临借款者违约的信用风险。为了控制信用风险，在对资产担保证券进行评级之前，需要对其提供各种形式的担保，通过担保而提高证券化资产信用级别的工作被称为信用增级或信用提高。信用增级是为了对投资者负责，为投资者提供更大的保护，以防范损失的发生。所需要的信用提高总量取决于两个因素：一是贷款人历史上在类似贷款方面的损失经历，二是发行者所追求的信用等级。信用增级或信用提高可能以一种或多种形式出现：第三方担保、准备金或现金担保品、对发行者的追索权、超额担保和优先/附属结构。

六、论述题

1. 答案要点：

(1)金融危机中的投资银行

20 世纪 90 年代末，随着纳斯达克泡沫破灭，美国经济陷于衰退边缘，为防止经济“硬着陆”，美国采取低利率和低借贷标准，吸引了中低收入群体开始借贷买房，购房需求猛然扩大，房价不断攀升。中低收入群体的未来现金流可能不足以偿还贷款，因此，这些贷款被称为次级抵押贷款，2008 年金融危机也被称为“次贷”危机。投资银行在严重低估抵押贷款违约率情况下认为房地产市场有利可图，于是进军房地产市场，大量购买抵押贷款，发展住房抵押贷款证券化。

经过数年的房价飙升，美国房地产市场在 2006 年有所波动。在一些借款人违约后，银行开始提高借贷标准，导致房价开始下滑。房价的下跌导致了更多借款人的违约，而美国按揭的无追索条款规定借款人违约时只需要将抵押品返还即可，抵押贷款价值随着房价下跌也不断下降。因此，抵押贷款证券接二连三地贬值，而投资银行持有的抵押贷款证券数以亿计，本身的资产便随之大幅缩水。

2007 年，贝尔斯登的对冲基金损失惨重，资产大幅贬值，最终被摩根大通兼并。2008 年 9 月，雷曼兄弟公司和贝尔斯登一样由于抵押贷款证券遭遇了资产缩水，然而这一次美国政府不再提供资助。为了防止投资银行在政府的保护下继续经营可能造成系统性风险的业务，美国政府任由雷曼兄弟公司在“次贷”危机中宣告破产。

(2)金融危机给美国投资银行带来的影响

金融危机宣告了美国五大投资银行格局的结束。雷曼兄弟公司宣告破产，贝尔斯登被摩根大通收购，美林证券被美国银行收购，而摩根士丹利和高盛转型为银行控股公司，通过吸收存款以及获取美联储信贷支持来缓解巨额损失。

“次贷”危机后，整个投资银行业都致力于降低杠杆率，减少风险业务的经营，并新发行一系列权益资本来提高资本充足率。美国投资银行的业务发生了结构性变化，除了证券承销和代理交易等基本业务外，投资银行自营业务的比例显著降低，将业务重心转向风险相对较低的资产管理业务上。原因大致有两个：一是在金融危机后监管力度加大，2010 年通过

《多德-弗兰克法案》后成立了金融服务监督委员会,防范大型金融机构造成系统性风险;二是市场对资产管理业务的需求增大。

(3)投资银行严监管回归——2010年《多德-弗兰克法案》颁布实施

2008年由美国"次贷"危机引发的全球金融危机又一次引发全球金融界尤其是金融监管部门对投资银行和商业银行之间设立"防火墙"的重视。2010年,美国国会通过了《多德-弗兰克法案》,又被称为《华尔街改革和消费者保护法案》。该法案旨在防止2008年金融危机的重演,被称为"大萧条"之后最大规模的金融规则改革提案,全面改革了美国的金融体系和金融规则。该法案对投资银行的监管方式进行了许多改革,包括加强对信用评级机构和资产证券化的监管,对所有场外衍生品进行全面监管等。

2. 答案要点:

投资银行业监管的历史以三个重大金融法案的颁布作为转折点,分别是1933年《格拉斯-斯蒂格尔法》、1999年《格雷姆-里奇-比利雷法案》和2010年《多德-弗兰克法案》。这三大法案分别反映了投资银行在不同发展时期的监管力度变化:在金融机构业务范围过大而对经济体造成系统性风险时,监管力度加大,确保金融市场和实体经济的稳定发展;在市场对金融机构业务、体制创新有所需求时,监管部分放松,容许一些有助于金融市场健康发展的业务和体制的新形式。

(1)分业经营与1933年《格拉斯-斯蒂格尔法》

美国在经历了20世纪30年代的大危机之后,于1933年通过了《格拉斯-斯蒂格尔法》,最先在法律上确立了投资银行与商业银行的分业经营。

分业模式在美国、日本、英国三国实行了几十年后,于20世纪80年代中后期开始发生重大变化,过去严格、明确的分离体制明显弱化,投资银行和商业银行的业务界限日渐模糊,越来越多的全球和区域性金融集团纷纷组建。在金融集团内部,商业银行、投资银行、资产管理公司、保险公司等各类金融机构的业务相互交叉、融合的情况越来越频繁。

(2)混业经营与1999年《格雷姆-里奇-比利雷法案》

混业经营是指在法律上和银行业的实际运作中,对银行可经营的业务范围没有严格的界定,各种银行都可以全盘经营存贷款、证券买卖、租赁、担保等商业银行与投资银行业务。至于每一家银行具体选择经营何种业务,则由其根据自身优势、各种主客观条件及发展目标等自行考虑,国家对其不做过多干预。因此,这一模式被称为"全能银行制度"(Universal Banking System)。德国银行历来就有综合经营存贷款业务与证券业务的特点。除德国外,实行这一银行体制的还有瑞士、荷兰、比利时、卢森堡、奥地利等欧洲国家。

在经济大危机结束的几十年后,由于受《格拉斯-斯蒂格尔法》的约束,传统金融机构对客户的吸引力远低于提供多元化投资的共同基金。认识到这一变化后,1999年,美国国会通过了《格雷姆-里奇-比利雷法案》,又称《金融服务现代化法案》,废除了商业银行、保险公司和投资银行之间的限制。

(3)2010年《多德-弗兰克法案》——严监管回归

2008年由美国"次贷"危机引发的全球金融危机又一次引发全球金融界尤其是金融监管部门对投资银行和商业银行之间设立"防火墙"的重视。2010年,美国国会通过了《多德-弗兰克法案》,又被称为《华尔街改革和消费者保护法案》。

《多德-弗兰克法案》旨在防止2008年金融危机的重演,被称为"大萧条"之后最大规模的金融规则改革提案，全面改革了美国的金融体系和金融规则。该法案对投资银行的监管方式进行了许多改革，包括加强对信用评级机构和资产证券化的监管，对所有场外衍生品进行全面监管等。

第七章　其他金融机构

一、填空题

1. 商业银行　储蓄银行　信用社
2. 保险公司　养老金基金
3. 金融公司　共同基金　货币市场共同基金
4. 投资组合　分散风险　专家理财　规模经济
5. 公司型基金　契约型基金
6. 封闭式基金　开放式基金
7. 信达　华融　东方　长城
8. 国家开发银行　中国进出口银行　中国农业发展银行
9. 国家开发银行
10. 中国人民银行　中国银行保险业监督管理委员会(简称银保监会)　中国证券监督管理委员会(简称证监会)

二、选择题

(一)单项选择题

1. D　2. C　3. D　4. C　5. B　6. A

(二)多项选择题

1. ABD　2. CD　3. BD　4. ABCE　5. ABCD　6. BCD　7. BCD

三、判断题

1. 对　2. 错　3. 对　4. 错　5. 对　6. 错　7. 对　8. 错　9. 错　10. 错　11. 对　12. 错

四、名词解释

1. 储蓄银行：是指办理居民储蓄并以吸收储蓄存款为主要资金来源的银行。

2. 信用合作社：是指西方国家中普遍存在的一种互助合作性金融组织，有农村农民的信用合作社，有城市手工业者或某一行业等特定范围会员的信用合作社。这类金融机构一般规模不大，它们的资金来源于合作社成员缴纳的股金和吸收的存款，社员存款被称为股份(Shares)，支付给社员的收益一般不以利息而以股利的方式支付。

3. 养老基金：是指一种向参加养老金计划者以年金形式提供退休收入的金融机构，其资金主要来自劳资双方的资金积聚和运用积聚资金的收益。

4. 金融公司:是指通过出售商业票据、发行股票或债券以及向商业银行借款等方式筹措资金,并用于向购买大型耐用消费品的消费者或小型企业发放贷款的金融机构。

5. 共同基金:又称投资基金,是一种通过向投资者发行股份或受益凭证募集社会闲散资金,再以适度分散的组合方式投资于各种金融资产,从而为投资者谋取最高利益的间接金融投资机构或工具。

6. 公司型基金:是指基金本身为一家股份有限公司,发行自身的股份,投资者通过购买基金的股份成为基金的股东,并凭股份领取股息或红利。

7. 契约型基金:是指由委托者、受托者和受益者三方订立信托投资契约而组织起来的基金,由委托者根据契约运用信托财产进行投资,由受托者负责保管信托财产,并提供会计核算及其他服务,而投资成果由受益者享有。

8. 封闭式基金:是指基金发行的股份相对固定,一般不向投资者增发新股或赎回旧股,但投资者可以将基金股份在二级市场按市场价格买卖的投资基金。

9. 开放式基金:是指基金发行的股份总额不固定,投资者可随时从基金购买更多股份或要求基金将自己手中的股份赎回变现,购买和变现价格取决于基金的净资产价值的投资基金。

10. 契约型储蓄机构:包括各种保险公司(Insurance Companies)和养老基金(Pension Funds)。它们的共同特征是以合约方式定期、定量地从持约人手中收取资金(保险费或养老金预付款),然后,按合约规定向持约人提供保险服务或养老金。由于它们能通过概率计算出每年需要支付的赔偿额和退休金,所以,就可以把其余的资金投资于较长期的证券,如公司债券、股票以及长期国债等。

11. 货币市场共同基金:像大多数互助基金一样,它们也通过出售股份筹集资金,但是,其投资对象仅限于安全性高、流动性大的货币市场金融工具,如短期国债、银行存款证等。这些资产的利息收入支付给股份持有者。这是一种相对较新的金融机构,它们既有共同基金的特征,但在一定程度上又发挥着存款机构的功能,因为它们提供了一种存款型的账户。

12. 对冲基金:是一种特殊的共同基金,其资金来源于投资者的集资,并为他们的利益进行投资。对冲基金的投资范围非常广泛,包括世界各地的证券市场交易和对各国货币的投资。对冲基金与传统的共同基金的区别在于对冲基金有最低的投资金额要求。对冲基金与传统共同基金的另一个区别是它通常要求投资者投资较长一段时间。

13. 羊群效应:是指市场上存在那些没有形成自己的预期或没有获得一手信息的投资者,他们将根据其他投资者的行为来改变自己的行为。理论上,羊群效应会加剧市场波动,并成为领头羊行为能否成功的关键。

14. 信托公司:是指以受托人的身份,代理委托人管理委托资产的金融企业,一般以代人理财为主要内容。信托公司的资金主要来源于委托人的委托资产,其主要业务包括货币信托和非货币信托两大类。

15. 政策性银行:政策性银行是由政府投资设立的,根据政府的决策和意向专门从事政策性金融业务的银行。它们的活动不以营利为目的,并且根据具体分工的不同,服务于特定的领域,所以,也有“政策性专业银行”之称。

五、简答题

1. 答案要点：

存款型金融机构是从个人和机构接受存款并发放贷款的金融中介机构，主要包括商业银行、储蓄银行、信用社。契约型金融机构是以合约方式定期、定量地从持约人手中收取资金，然后按合约规定向持约人提供保险服务或养老金的金融中介机构。它包括各种保险公司和养老基金。

两者的主要区别在于前者可以创造存款，主要负债为存款，主要资产为各种贷款以及债券；而后者的主要负债为收取的保费和雇员及雇主的缴款，主要资产为债券、股票及抵押贷款。

2. 答案要点：

投资者把资金投入基金，购买基金股份，再通过其以适度分散的组合方式投资于各种金融资产，所以，购买共同基金是一种间接投资。其机制特点是投资组合、专家理财、规模经济。

3. 答案要点：

政策性银行是由政府投资设立的、根据政府的决策和意向专门从事政策性金融业务的银行。与商业银行以营利为目的相比，政策性银行的活动不以营利为目的，并根据具体分工的不同服务于特定的领域。

4. 答案要点：

我国资产管理公司的经营宗旨是：

(1)通过向银行系统注入资金，收购、剥离国有商业银行的部分不良资产，增强公众对银行体系的信心。

(2)运用有效的资产管理及变现战略，从中尽可能收回资产价值；在尽量少运用政府资金的前提下使金融行业实现资产重组，化解金融体系存在的系统风险。

(3)考虑到政治、经济和社会等因素，尽量减轻银行债务重组对社会整体的震荡及负面影响，促进国民经济结构的战略性调整和重组。

5. 答案要点：

2015 年 4 月，国务院正式批复国家开发银行、中国进出口银行、中国农业发展银行三家政策性银行的改革方案，其中国务院明确将国家开发银行定位为开发性金融机构，而中国进出口银行、中国农业发展银行进一步明确了政策性银行的定位，所以，严格来说，中国有一家开发性银行、两家政策性银行。

2017 年 4 月，国家开发银行的组织形式变更为有限责任公司。开发性金融是政策性金融的深化和发展，以服务国家发展战略为宗旨，以国家信用为依托，以市场运作为基本模式，以保本微利为经营原则，以中长期投融资为载体，在实现政府发展目标、弥补市场失灵、提供公共产品、提高社会资源配置效率、熨平经济周期性波动等方面具有独特优势和作用，是经济金融体系中不可替代的重要组成部分。

三家(开发性)政策性银行在从事业务活动中，均贯彻不与商业性金融机构竞争、自主经营与保本微利的基本原则。贷款拨付等业务的具体经办，国家开发银行、中国进出口银行主要委托国有商业银行为其办理，一般不再设经营性分支机构。中国农业发展银行的业务经办则是以自营为主、代理为辅,在农业政策性金融业务量大的县、市设立支行。

六、论述题

答案要点:

经过二十多年的发展,我国已经形成了以中国人民银行、中国银行保险业监督管理委员会(简称银保监会)和中国证券监督管理委员会(简称证监会)为领导,国家控股商业银行为主体,多种金融机构并存的金融机构体系格局。

中国人民银行作为中央银行,在国务院的领导下制定和实施货币政策,对金融业实施监督管理,具体职能包括发行人民币、依法制定与执行货币政策、对金融机构与金融市场进行监管、经理国库、管理外汇储备等。

三家政策性银行,其中,国家开发银行为开发性金融机构,中国进出口银行、中国农业发展银行为政策性银行,主要从事开发性、政策性金融业务。国家开发银行以服务国家发展战略为宗旨,以国家信用为依托,以市场运作为基本模式,以保本微利为经营原则,以中长期投融资为载体,在实现政府发展目标、弥补市场失灵、提供公共产品、提高社会资源配置效率、熨平经济周期性波动等方面具有独特优势和作用;中国进出口银行主要为扩大机电产品与成套设备等资本性货物出口提供政策性业务支持;中国农业发展银行承担国家规定的农业政策性金融业务。

在我国金融机构体系中处于主体地位的是六家国有控股商业银行:中国工商银行、中国建设银行、中国农业银行、中国银行、交通银行和中国邮政储蓄银行,主要从事存款、贷款结算等具体金融业务。

此外,还有其他商业银行、农村信用合作社、其他非银行金融机构和在华外资金融机构。

第八章　中央银行与金融监管体系

一、填空题

1. 中央银行
2. 主体　对象
3. 发行的银行　银行的银行　国家的银行
4. 宏观调控职能　金融管理职能　金融服务职能
5. 瑞典银行
6. 最后贷款人

二、选择题

(一)单项选择题

1.C　2.D　3.B　4.A　5.B　6.C　7.B　8.C

(二)多项选择题

1.BC　2.ABCDE　3.CD　4.ABCD　5.ABD

三、判断题

1. 错　2. 对　3. 错　4. 对　5. 对　6. 错　7. 错　8. 对

四、名词解释

1. 发行的银行:在纸币本位制下,中央银行是唯一由国家授权发行货币的银行。所谓“发行的银行”,主要具有两方面的含义:一是指中央银行占有本国货币发行的独享垄断权,二是指中央银行必须以维护本国货币的正常流通与币值稳定为宗旨。

2. 银行的银行:所谓“银行的银行”,一是指中央银行从事“存、放、汇”银行业务的对象是商业银行和其他金融机构;二是指中央银行通过“存、放、汇”业务对商业银行和其他金融机构的业务经营活动施加有效影响,以充分发挥金融管理职能。

3. 国家的银行:是指中央银行代表国家制定并执行有关金融法规,代表国家监督管理和干预各项有关经济和金融活动,为国家提供多种金融服务。主要内容包括:代理国库,代理发行政府债券,给国家以信贷支持,保管外汇和黄金储备,代表政府从事国际金融服务并提供决策咨询等。

五、简答题

1. 答案要点:

对于中央银行的基本职能,一般表述为发行的银行、银行的银行和国家的银行三大职能。其中,作为银行的银行是最能体现中央银行这一特殊金融机构性质的职能之一。说中央银行是“银行的银行”:一是指中央银行从事“存、放、汇”银行业务的对象是商业银行和其他金融机构;二是指中央银行通过“存、放、汇”业务对商业银行和其他金融机构的业务经营活动施加有效影响,以充分发挥金融管理职能。具体体现在:集中存款准备金,最终的贷款人,组织全国清算。

2. 答案要点:

第二次世界大战后,各国为发展经济,普遍信奉凯恩斯的宏观经济理论,以货币政策、财政政策来管理经济。考虑到中央银行在货币政策制定和执行中的重要地位,各国加强了中央银行制度的建设。中央银行制度的强化主要体现在:

(1)中央银行的国有化。

(2)国家对中央银行控制的加强。

(3)强化了央行货币政策的宏观调控功能。

(4)中央银行国际间合作的加强。

(5)跨国中央银行的出现。

3. 答案要点:

中央银行的职能是中央银行性质的具体体现。其职能可概括为以下三类:

(1)宏观调控职能。

宏观调控职能是指中央银行运用自身特有的金融手段对货币和信用进行调节和控制,进而影响和干预国家宏观经济,以实现预期的货币政策目标。

(2)金融管理职能。

金融管理职能是指中央银行作为一国的金融管理机关,为了维护金融体系的安全和稳定,具有对各银行和金融机构以及相关金融市场的运行等进行检查监督、管理控制的职能。

(3)金融服务职能。

金融服务职能是指中央银行具有向政府、银行及非银行金融机构提供资金融通、划拨清算、代理业务等方面的服务职能。

4. 答案要点:

(1)1844 年,英国国会通过《银行特许权条例》,在英格兰和威尔士范围内,英格兰银行最终获得了银行券发行的垄断权,该条例巩固了英格兰银行的特权地位,确立了作为中央银行的地位。

(2)1928 年,英国议会通过《通货和钞票法案》,英格兰银行进一步垄断了全国的货币发行权,尽管苏格兰的三家银行和北爱尔兰的四家银行也可以发行货币,但其他银行的货币发行需要在英格兰银行存入英格兰英镑,并按照 1∶1 的配额发行货币。另外在外汇兑换中,其他银行发行的英镑需要先兑换成英格兰银行发行的英镑,再与其他外汇兑换。

六、论述题

1. 答案要点:

中央银行的作用是指通过职能的发挥对社会经济所产生的能动力和影响力。通过对中央银行在现代经济中作用的研究,能够进一步明确中央银行在现代经济中的核心地位,及其对社会经济发展的巨大能动力和不可替代的影响力。中央银行的作用体现在以下几个方面:

(1)现代经济发展的推动机。

现代化的社会经济本质上是一种货币信用经济,货币资金是社会经济增长的第一推动力和持续推动力。中央银行作为唯一的发行银行,独享一国的货币发行垄断权。

(2)国家调节宏观经济的工具。

中央银行作为一国金融体系的中心环节和全国货币金融活动的最高权力机构,可根据本国经济和金融的发展情况和国家的金融政策意图,运用多种金融手段控制货币发行,调节信贷的投量和投向,以维持本国经济的可持续发展。

(3)社会经济和金融运行的稳定器。

中央银行作为管理全国金融事业的国家机关,对各银行和金融机构加强监督管理,使之能合规经营和稳健经营,发挥着社会经济和金融运行的稳定器的作用。

(4)提高经济、金融运转效率的推进器。

中央银行金融服务职能的发挥,对提高社会经济和金融的运转效率有着巨大的推进作用。

2. 答案要点:

中央银行的独立性问题,探讨的是中央银行与政府的关系。一般有三种类型:德国和美国的独立型中央银行,英国和日本等国家的准独立型中央银行,意大利等国家的附属型中央银行。

美国联邦储备中央银行作为美国的中央银行独立于政府之外,直接对国会负责,可以独立制定货币政策,政府不能直接对其发布命令指示,也不得干预货币政策的实施,发生矛盾时只能协商解决,因而被称为独立型中央银行。但它不能完全独立于政府之外,其业务活动不能脱离国家社会经济发展总目标的要求,政府会采取不同形式对中央银行加以控制,其所谓的独立性只是相对的。

中央银行的货币政策主要目标只能是稳定货币和维护全国经济、金融的正常秩序，而任何一国的政府的目标都是多重的，除稳定通货外，还必须实现经济发展，完善社会保障，维持企业生存，增加居民收入和税收等。中央银行的单一目标和政府多重目标处于经常性的矛盾状态，政府的多重目标往往会取代中央银行的单一目标，为了使货币政策的贯彻执行更有效，提高央行的相对独立性，必须通过加强中央银行相对独立性的法律地位来解决。

为了使货币政策的贯彻执行更有成效，近几年来，不少国家均做出了一些必要的规定，以致力于提高中央银行的相对独立性。中国人民银行是附属型中央银行，自 20 世纪 90 年代以来，其独立性也有所加强。例如，1995 年颁布的《中国人民银行法》明确规定：中国人民银行在国务院的领导下依法独立执行货币政策，履行职责，开展业务，不受地方政府、各级政府部门、社会团体和个人的干涉。由于受各方面主、客观条件的制约，近期内中国人民银行还难以成为类似发达国家的独立型或准独立型中央银行。

第九章　金融监管体系

一、填空题

1. 分业监管　综合监管
2. 集中监管　合作监管
3. 中国人民银行　中国证监会　中国保监会　中国银监会
4.《金融服务现代化法案》
5. 中央银行
6. 系统重要性银行监管

二、选择题

(一)单项选择题

1. B　2. A　3. B　4. D　5. B　6. C　7. D　8. A

(二)多项选择题

1. ABCD　2. ACDE　3. CD　4. BC　5. ABC　6. ABC

三、判断题

1. 对　2. 错　3. 对　4. 错　5. 对

四、名词解释

1. 金融监管：是指一国或地区金融管理当局对金融机构、金融市场、金融业务进行审慎监督管理的制度、政策和措施的总和。

2. 金融监管制度：是指要求参与金融活动的成员特别是金融机构要遵守的办事规则和行为准则。这些规则和准则表现为有关的金融法律、金融规章和金融政策。

3. 金融约束理论：是指政府运用包括对存、贷款利率加以控制，对金融市场进入以及资本市场竞争加以限制等政策，给予金融机构必要的利益保护，以此约束它们不再为自己的利益而做损害社会整体利益的事,从而提高金融市场效率。

4. 监管动态理论:是从监管者与被监管者及消费者之间存在的互动关系分析来阐述变动金融监管法规的规律,变动金融监管法规的重要原因是保护消费者的利益,并且有利于平衡上述三方当事者的利益。当被监管者的利益因监管而受到损失时,被监管者就会采取金融创新等行动来规避监管,此时,若被监管者与消费者利益一致,监管者将会陷入被动状态。而当被监管者与消费者发生利益冲突时,监管者就有了选择的主动权。

5. 监管契约理论:是将金融监管制度看作监管者与被监管者之间的契约,该理论认为,金融监管制度既要规范被监管者的行动,又要保护其利益,并能激励被监管者合规经营,如果不能保护被监管者的利益,不能激励被监管者合规经营,就会导致市场扭曲。

6. 分业监管:是指国家按不同的金融行业分别制定相关管理办法,并按行业分别设立监管机构,实施行业监管。

7. 综合监管:是指国家对金融领域各行业监管由一个机构来执行,或者通过制度规定形成各监管机构在实施监管中相互配合与合作的有效机制。

五、简答题

1. 答案要点:

金融监管的含义:金融监管是"金融监督与管理"的简称,概括起来,金融监管就是一国或地区金融管理当局对金融机构、金融市场、金融业务进行审慎监督管理的制度、政策和措施的总和。通常由一个国家或地区的金融管理部门来实行,它包括两个方面的内容:一是金融管理部门依照国家法律和行政法规的规定,对金融机构及其经营活动实行外部监督、稽核、检查和对其违法、违规行为进行处罚;二是金融管理部门根据经济、金融形势的变化,制定必要的政策,采取相应的措施,对金融市场中的金融产品和金融服务的供给与需求进行调节,对金融资源的配置进行直接或间接的干预,以达到稳定货币、维持金融活动正常秩序、维护国家金融安全等目的。

金融监管对一国的经济、金融运行具有重要意义,主要表现在以下几个方面:

(1)实施严格有效的金融监管,是维持正常金融秩序、保持良好金融环境、维护国家金融安全的重要保证。

(2)实施严格有效的金融监管,有利于增强宏观调控的效果,促进经济和金融的协调发展。

(3)实施严格有效的金融监管,有助于推动一国金融国际化。

2. 答案要点:

现代市场经济必须实施金融监管,从经济学角度看,这样做有以下三个理由:

(1)信息不对称和金融机构脆弱性使金融体系的负外部性效应容易被放大,酿成系统性风险,导致金融与经济不稳定。

(2)未来的不确定性和人们对客观世界认识的有限性使金融风险发生的随机性增大,风险的可测性和可控性被削弱,容易积累巨大的金融风险。

(3)金融体系的公共产品特性,决定了金融特别需要监管。

六、论述题

1. 答案要点:

20 世纪 30 年代以来，伴随着金融和经济的发展，金融监管理论经历了逐步演进和发展的历程。

(1)从 20 世纪 30 年代起至 70 年代，这一时期以美国为代表的西方资本主义国家在金融监管方面注重的是维护金融安全。人们以凯恩斯经济学为主导，在理论上取得的共识是必须加强对金融业的监管，才能保证金融与经济的稳定和安全。所以，这一时期金融监管理论研究的主题是强调“安全优先，严格监管”。

(2)从 20 世纪 70 年代至 80 年代中期，随着自由主义经济思想的兴起，在金融深化理论的推动下，金融监管理论也出现了新的内容。人们依据金融深化理论的分析，认为以往实行全面而严厉的金融监管使金融体系的整体效率下降，导致金融抑制现象出现，不利于经济与金融的发展。大多数经济学家认为，要提高经济与金融的运行效率，政府就应当放松对经济与金融的管制，鼓励金融创新。值得注意的是，这一时期的经济学家虽然推崇金融自由化和金融创新，但他们并不反对金融监管，而是要求放松监管，实行适度监管。这一时期的金融监管理论强调的是“效率优先，放松监管”。

(3)20 世纪 80 年代后期至今，随着金融自由化、金融国际化的推进，出现了一些影响银行体系稳定的问题，尤其是进入 90 年代以后，金融危机频频发生，大银行破产事件接连出现。面对这些重大的金融事件一再发生的状况，各国都在认真反思金融自由化的利弊得失，都在加快金融监管制度的建设步伐。经过自由竞争到强调安全优先、严格金融监管，再到注重效率优先、要求放松监管这三个不同时期的实践，人们已经认识到，在金融业从分业经营向混业经营转变、金融创新已经蔚然成风的时代，金融监管更加重要，要促进金融与经济的可持续增长，就必须既要注重提高金融效率，又要保证金融安全。

在金融监管理论研究方面，人们大量运用博弈论、信息经济学、计量经济学、实验经济学乃至心理学、生态学等方法与手段，注重探讨金融风险发生的深层次原因，期望找出适当的模式，制定完善的金融监管制度，对金融活动进行有效的监管。赫尔曼、斯蒂格利茨等人提出了金融约束理论、监管动态理论、监管契约理论等许多新的观点。

从金融监管理论的发展而言，当前各种观点的共同之处是提倡谨慎监管的政策，认为政府在实行金融监管时应当坚持效率与安全并重，注重加强金融监管的科学性和合理性，实现既保障金融稳定、又促进金融发展的目标。

2. 答案要点：

(1)按照党中央和国务院的要求，提高我国金融监管水平是为了进一步促进我国金融稳定发展，要做好以下几方面工作：

①要促使金融回归本源，服从服务于经济社会发展。金融要把为实体经济服务作为出发点和落脚点，全面提升服务效率和水平，把更多金融资源配置到经济社会发展的重点领域和薄弱环节，更好满足人民群众和实体经济多样化的金融需求。

②要优化金融结构，完善金融市场、金融机构、金融产品体系。引导金融业发展同经济社会发展相协调，促进融资便利化，降低实体经济成本，提高资源配置效率，保障风险可控。

③要强化金融监管，提高防范化解金融风险能力。要以防范系统性金融风险为底线，加快相关法律法规建设，完善金融机构法人治理结构，加强宏观审慎管理制度建设，加强功能监管，更加重视行为监管。

④要坚持市场导向，发挥市场在金融资源配置中的决定性作用。坚持社会主义市场经

济改革方向,处理好政府和市场的关系,完善市场约束机制,提高金融资源配置效率。加强和改善政府宏观调控,健全市场规则,强化纪律性。

(2)要正确处理监管、竞争与发展的关系

①正确处理金融监管和金融竞争的关系。竞争是市场经济的基本规律,金融竞争是金融创新发展的主要动力,也是实现优胜劣汰的市场有效机制。金融监管的目标绝非是扼杀竞争,而是要创造出一个公平、高效、适度、有序竞争的环境。

②正确处理金融监管和金融发展的关系。金融监管的出发点和最终归宿是为了促进一国金融业的持续稳定和健康发展。

③正确处理宏观金融和微观金融的关系。我国中央银行的金融监管应以努力缩小宏观金融目标和微观金融实施的差距为原则。

第三篇　金融市场

第十章　金融市场与金融工具

一、填空题

1. 融通资金　价格发现　提供流动性　减少搜寻成本和信息成本
   实现储蓄-投资转化　资源配置　宏观调控
2. 货币市场　资本市场
3. 综合指数　成分指数
4. 收益性　流动性　风险性
5. 公司制　会员制
6. 普通股　优先股
7. 拉斯贝尔指数　派许指数　费雪指数
8. 外汇结售汇市场　银行间外汇市场　居民个人实盘外汇买卖
9. 汇票　本票　支票
10. 银行间同业拆借市场　商业票据市场　大额可转让定期存单市场　短期债券市场
    债券回购市场
11. 股票市场　中长期债券市场　中长期银行信贷市场
12. 贴现　转贴现　再贴现

二、选择题

(一)单项选择题

1.C　2.A　3.D　4.C　5.C　6.C　7.D　8.C　9.D　10.B
11.C　12.A　13.D　14.A　15.B　16.D　17.D　18.C　19.C　20.C
21.C

(二)多项选择题

1. ABD　2. BCD　3. ABD　4. ACD　5. ABCDEF　6. BCD
7. ABD　8. ABC

三、判断题

1. 对　2. 错　3. 对　4. 对　5. 错　6. 对　7. 错　8. 错　9. 错　10. 对
11. 对　12. 错　13. 对　14. 对　15. 对　16. 错　17. 错　18. 对

四、名词解释

1. 金融市场:是指实现金融资产交易和服务交易的市场。

2. 货币市场:又称短期资金市场,是指交易资产期限在1年以内的金融市场,主要功能是满足短期流动性需求。

3. 资本市场:又称长期资金市场,是指交易资产在1年以上或没有到期期限的金融市场。

4. 第三市场:是指那些已经在证券交易所上市交易的证券却在证券交易所以外进行交易而形成的市场。它实际上是上市证券的场外交易市场,是场外市场的一部分。

5. 第四市场:是指不通过经纪商中介而是通过电子计算机网络直接进行大宗证券交易的场外市场。

6. 一级市场:是指新发行的证券从发行者手中出售到投资者手中的市场,即证券发行市场。

7. 二级市场:即证券流通市场,是指对已发行证券进行交易的市场。

8. 现货市场:是指证券买卖成交后,按成交价格及时进行交割的市场。

9. 期货市场:是指买卖双方约定在将来某个日期按成交时双方商定的条件交易一定数量某种商品的市场。

10. 银行间同业拆借市场:是银行与银行之间或银行与其他金融机构之间进行的临时性短期资金拆出、拆入的市场。

11. 可转让定期存单:是银行发给存款人按一定期限和约定利率计算,到期前可以在二级市场上流通转让的证券化存款凭证。

12. 金融债券:是金融类企业发行的债券。

13. 公司债券:是非金融类企业发行的债务工具。

14. 票据贴现:是指持票人为了资金融通的需要而在票据到期前以贴付一定利息的方式向银行出售票据。

15. 转贴现:是银行以贴现购得的没有到期的票据向其他商业银行所做的票据转让。

16. 再贴现:是指贴现银行持未到期的已贴现汇票向中国人民银行进行贴现,通过转让汇票取得中国人民银行再贷款的行为。

17. 股票价格指数:是以计算期样本股市价总值除以基期市价总值再乘上基期指数而得到的。

18. 短期融资券:是指我国为解决货币市场工具短缺问题而推出的一种在银行间债券

市场发行和交易,约定在一定期限内还本付息的短期债券。

19. 久期:是指用金融资产各期现金流现值加权以后计算的收回投资的平均期限。

20. 债券回购交易(Repos):是指债券买卖双方在成交的同时就约定于未来某一时间以约定价格再进行反向交易。债券回购交易实质上是一种以有价证券作为抵押品拆借资金的信用行为。

21. 中央银行票据:即中国人民银行发行的短期债券。中央银行在理论上具有创造自身负债(法偿货币)的无限能力,不存在为筹资而发行债券的需要。事实上,中国人民银行发行央行票据是在中国公开市场操作工具短缺情况下的一种创新,通过央行票据的发行可以回笼基础货币,央行票据到期则体现为投放基础货币。

22. 证券交易所:是指证券买卖双方公开交易的场所,是有组织的集中交易市场。根据组织形式划分,证券交易所可以实行公司制,也可以实行会员制。

23. 股票:是指股份有限公司签发的证明股东权利的所有权凭证。

24. 场外交易市场:是指在证券交易所以外的证券交易市场的总称。在证券市场发展初期,许多有价证券的买卖都是在柜台上进行的,因此,称为柜台市场或店头市场(OTC)。

25. 结构化产品(Structuralized Products):通常由两种或两种以上金融工具复合而成,可以提供非标准的现金流动性。

五、简答题

1. 答案要点:

货币市场是指交易资产到期期限在1年以内的金融市场,主要功能是满足短期流动性需求。

一般而言,货币市场主要包括银行间同业拆借市场、票据市场、定期存款单市场、短期债券市场、证券回购市场、中央银行票据市场等部分。在某些情况下,我们也把商业银行的短期流动资金借款算作货币市场行为。

货币市场的重要性在于,它是整个金融体系调剂流动性的重要渠道,为中央银行实施公开市场操作提供了场所;另外,货币市场利率在整个利率体系中也具有重要地位。

2. 答案要点:

第一市场即证券交易所市场,即在证券交易所进行证券交易的市场,所交易的是一些大公司的股票和债券。第二市场即非上市股票或债券的在场外交易的市场。第三市场是已上市股票或债券的场外交易市场。第四市场则是指不通过经纪人中介而是通过电子计算机网络直接进行大宗证券交易的场外市场。

3. 答案要点:

银行间同业拆借市场是指银行与银行之间或银行与其他金融机构之间进行的临时性短期资金拆出、拆入的市场。

银行间同业拆借市场的特点有:

(1)只允许经批准的金融机构进入。

(2)融资期限较短。

(3)交易金额较大,且不需要担保或抵押。

(4)交易手续简便,一般通过电话洽谈,由全国性资金清算网络完成交割;利率由双方协商决定，随行就市。

4. 答案要点：

大额可转让存单与普通定期存单的不同之处如下：

第一，它有规定的面额，面额一般很大；而普通定期存款数额由存款人决定。

第二，它可以在二级市场上转让，具有较高流动性；而普通定期存款只能在到期后提款，提前支取要支付一定的罚息。

第三，大额可转让定期存单的利率通常高于同期限的定期存款利率，并且有的大额可转让存单按照浮动利率计息。

第四，通常只有规模较大的货币中心银行才能发行大额可转让定期存单。

5. 答案要点：

债券回购交易是指债券买卖双方在成交的同时就约定于未来某一时间以约定价格再进行反向交易。回购交易分为质押式回购和买断式回购。

质押式回购是指正回购方（资金融入方）在将债券出质给逆回购方（资金融出方）的同时，双方约定在将来某一日期由正回购方按约定回购利率计算的资金额向逆回购方返还资金，逆回购解除出质债券上质权的融资行为。回购业务中的债券属于保证券性质，并不过户给逆回购方，所以，后者不能对抵押债券进行处置。

买断式回购是指正回购方将债券卖给逆回购方的同时，交易双方约定在未来某一日期，正回购方再以约定价格从逆回购方买回相等数量同种债券的交易行为。标的债券的所有权发生了转移，逆回购方在回购期内可以对标的债券进行处置。

回购报价一般用拆借资金的年利息率表示。购回价格为每百元标准券的购回价：

购回价格＝100＋回购报价×（回购期限/全年天数）×100

6. 答案要点：

根据所选取成分股的不同，目前各国股票价格指数分为综合指数和成分指数两种。综合指数包括全部上市股票，我国的上海证券综合指数和深圳证券综合指数均属于综合指数。成分指数则是从上市股票中选择一些具有代表性的上市公司编制，如我国的上证 30 指数、深圳成分指数，国际上的道·琼斯工业平均指数、日经 225 指数等。

六、论述题

1. 答案要点：

金融市场的主要功能有：

(1)微观层面功能。

①价格发现。在金融市场上，买卖双方的互动决定了交易性金融资产的价格。由于企业的融资成本相当大程度上取决于投资者要求的回报率，因此，金融市场通过其价格发现机制也就对社会资金在各种不同金融资产上的配置提供了信号。

②提供流动性。金融市场的存在使金融资产具有了可交易性，为投资者提供了一种可以卖出资产的机制，使金融资产在各种形式之间可以容易地相互转换。

③减少搜寻成本和信息成本。金融市场的重要功能是减少了交易成本，主要包括搜寻成本和信息成本。从理论上说，一个有效的金融市场，价格会反映与金融资产相关的重要信息，投资者可以节省一部分信息成本。

(2)宏观层面功能。

①实现储蓄投资转化。金融市场的第一个重要功能是实现货币资金在盈余部门和赤字部门之间的转移。这个功能的实现有两种途径:一是金融机构发行间接证券,获取资金后提供给符合要求的资金需求者;二是资金短缺者直接在金融市场上发行直接证券,获取所需资金。

②资源配置。金融市场的资源配置功能与前面提到的三种微观作用分不开。首先,金融市场的价格(收益率)发现功能决定了什么样的资金需求者可以得到所需要的资金;其次,金融市场所提供的流动性在调整资本结构的同时保证了生产的延续性;最后,金融市场的信息披露功能减少了调整的成本,提高了资源配置的效率。

③宏观调控。由于金融市场在联系储蓄—投资以及在调整资源配置方面所具有的重要作用,以及金融市场主体对市场变化的敏感性,金融市场逐渐成为政府调控经济的一个主要渠道。

2. 答案要点:

收益性、流动性和风险性是金融工具最重要的三个特征。

(1)收益性。

金融资产的总收益由资本利得和资本增益两部分组成,前者是持有金融资产期间获得的利息收入,后者为金融资产取得价格与卖出价格(或赎回价格)的差额。金融资产之间在收益上存在差异,其主要决定因素包括产品性质(债券、股权)、收益计算方式、发行人情况、产品期限以及金融市场状况。

(2)流动性。

流动性是指金融资产的变现能力,通常可以从两种途径实现资产的变现,即市场转让和赎回(到期赎回、未到期提前赎回)。金融资产之间在流动性方面的差异也非常大,因此,衡量金融资产流动性不但要注意变现是否方便,还要看是否会带来资本损益。

(3)风险性。

风险性是指金融资产所产生的现金流以及资产价格本身发生变动而给投资者造成损失的可能性。可以粗略地把金融资产所蕴含的风险区分为资本风险、收益风险和市场风险。资本风险是指本金无法收回或无法全部收回的可能性,收益风险是指无法得到利息或无法按期足额地得到利息的可能性,市场风险则主要是由于金融资产市场价格波动导致资产按现价计算的账面价值变化的可能性。

(4)"三性"之间的相互关系。

金融资产收益性、流动性与风险性在形成原因、具体表现以及衡量方式上都各不相同。但是,它们之间又的确是相互关联的,形成这种关联的本质原因在于人们出于最大化动机而产生的资产选择行为。一般而言,金融资产的收益性与风险性呈正向关系,也就是人们所说的"高风险、高收益",风险作为一种负效用进入人们的效用函数。

流动性与前两者之间的关系比较复杂,对于通过到期赎回方式获得的流动性而言,金融资产到期期限越短,流动性就越强,在其他因素不变的情况下,金融资产收益发生变动的可能性也越小,因此,流动性与风险性和收益性之间存在反向关系;但是,对于主要通过市场转让途径获取的流动性,它与收益性和风险性之间的关系就比较复杂。

第十一章　金融创新与金融改革

一、填空题

1. 技术进步论　管制的辩证过程论　风险规避论　竞争趋同论
2. 金融产品和服务创新　金融机构创新　金融制度创新　金融市场创新
3. 看涨期权　看跌期权
4. 多头方(买方)
5. 多头方(买方)　空头方(卖出方)
6. 多头方(买方)　空头方(卖出方)
7. 欧式期权
8. 美式期权
9. 金融监管当局适应形势变化,在一定程度上放松金融管制
   根据金融结构的变化,改进金融管制的手段和方法
10. 扩展市场型工具　风险管理型工具　市场套利型工具
11. 货币互换　利率互换　交叉互换

二、选择题

(一)单项选择题

1. D　2. C　3. A　4. B　5. A　6. C　7. B　8. B　9. A　10. C
11. A　12. D　13. D

(二)多项选择题

1. BCD　2. BC　3. ABD　4. AD　5. ABC　6. AB
7. ABDE　8. BCD

三、判断题

1. 错　2. 错　3. 错　4. 错　5. 错　6. 对　7. 对　8. 错　9. 错

四、名词解释

1. 金融创新:泛指金融领域内出现的,有别于既往的新业务、新技术、新工具、新机构、新市场与新制度安排的总称。从经济学意义上说,金融创新是指通过引进新的金融要素或者将已有的金融要素进行重新组合,在最大化原则基础上构造新的金融生产函数。

2. 金融远期合约:是指交易双方约定在未来特定日期按既定的价格购买或者出售某项资产的书面协议。

3. 金融期货合约:是指买卖双方约定在将来某个日期按成交时双方既定的条件交易某种商品的书面协议,是一种标准化的远期合约。其所交易的基础资产、合约规模、合约期限、合约交割安排等因素均采用固定的标准。

4. 金融期权合约:是指一种能够在合约到期日之前(或在到期日当天)买入或卖出一定

数量的基础金融产品的权利。

5. 看涨期权:是指期权的买方在约定的期限内有按协议价格买入某种金融资产的权利。

6. 看跌期权:是指期权的买方在约定的期限内有按协议价格卖出某种金融资产的权利。

7. 货币互换:是指交易双方协议把一种货币表示的现金流与对方的以另一种货币表示的现金流相交换。

8. 利率互换:是指交易双方以一定的名义本金为基础,将该本金产生的以一种利率计算的利息收入(支出)流与对方的以另一种利率计算的利息收入(支出)流相交换。

9. 交叉互换:是货币互换和利率互换的综合,交易双方所交换的现金流所采用的标价货币和利率都不相同。

10. 结构化产品:是指以金融工程学知识为基础,利用基础金融工具和金融衍生工具进行不同的组合得到的一类金融创新产品。

11. 指数化货币期权票据:是指一种使持有者在到期日收到的金额随某一外汇汇率变化而变化的债券。

12. 对冲基金:是指一种投资于多种证券的私营有限合伙制企业。

13. 金融互换交易:主要通过场外交易市场进行,交易双方签订互换协议,在未来一定时期内交换具有不同内容或不同性质的现金流。

14. 风险投资公司:是专门管理风险基金(或风险资本),把所掌管的资金有效地投入富有盈利潜力的高科技企业,并通过后者的上市或被并购而获取资本报酬的企业。

五、简答题

1. 答案要点:

金融创新可分为四大类型:金融产品和服务创新,金融机构创新,金融制度创新,金融市场创新。

金融产品和服务创新是金融创新中最引人注目的一类。20 世纪 70 年代以来,金融衍生产品尤其是所谓“结构化产品”的出现,使金融产品的数量以几何级数的速度增长。

金融机构创新是指建立新型的金融机构,或者在原有金融机构的基础上加以重组或改造。机构创新的原因多种多样,金融放松管制与金融国际化产生了一大批新式的金融机构等。

金融制度和金融市场创新主要是指作为金融运行基础结构的交易清算系统变革以及金融管制法规、手段等的变化。

2. 答案要点:

金融期货合约是指买卖双方约定在将来某个日期按成交时双方既定的条件交易某种商品的书面协议,是一种标准化的远期合约。其所交易的基础资产、合约规模、合约期限、合约交割安排等因素均采用固定的标准。

金融期货有五种主要类型:货币期货,利率期货,股票指数期货,单个股票期货,贵金属期货。

金融期货的主要功能有套期保值、改变企业的资产负债结构、套利、投机、进行结构化产品设计等。

3. 答案要点：

金融期权合约是一种能够在合约到期日之前(或在到期日当天)买入或卖出一定数量的基础金融产品的权利。

金融期权合约可以分为货币期权、货币期货期权、利率期权、利率期货期权、股票期权、股价指数期货期权。

金融期权主要用于套期保值、防范风险、套利、投机以及构造新的结构化金融工具。

4. 答案要点：

对冲基金是一种投资于多种证券的私营有限合伙制企业。

对冲基金与共同基金的区别有：

(1)共同基金由专门的投资公司运作，受证券监管机构监管；对冲基金不属于金融机构，不受有关金融机构的制度管束。

(2)共同基金的资金通过公开募集方式获得，很少投入自由资本；对冲基金的资金通过私募方式征集，通常一般合伙人也投入一部分资金。

(3)共同基金的投资者按投资份额平等分享投资损益，而对冲基金的一般合伙人有权收取奖金和管理费。

(4)共同基金的投资选择面比对冲基金窄，一般仅投资于传统的资本市场或货币市场，较少涉足衍生产品投资和真实领域投资；而对冲基金均涉足。

5. 答案要点：

金融远期合约是指交易双方约定在未来特定日期按既定的价格购买或出售某项金融资产。

比较常见的金融远期合约包括远期利率协议、远期外汇交易、远期黄金交易等。远期利率协议(Forward Rate Agreement，FRA)是指交易双方约定在未来某一日期，交换一定名义本金基础上分别以合同利率和参考利率计算的利息。远期外汇合约(Forward Exchange Agreement，FXA)是指外汇买卖双方在成交时先就将来交易的货币种类、数额、汇率及交割的期限等达成协议，并用合约的形式确定下来，在规定的交割日，双方再履行合约，办理实际的收付结算。远期黄金交易是指买卖双方根据商定的价格，在未来的某一日期里买卖一定数量的黄金。

六、论述题

1. 答案要点：

关于金融创新的理论解释主要有：技术进步论，管制辩证过程论，风险规避论，竞争趋同论。

(1)技术进步论。

相当多的人认为，新技术尤其是计算机、网络和通信技术的发展及其在金融业的应用，是促成金融创新的主要原因。金融业成为信息技术发展的一个展示窗口。新技术首先影响的是交易和清算系统，目前流行的各种电子货币、网络货币、电子清算系统就是例子；其次，新技术的应用也对传统金融业务和金融工具产生了影响，从交易时间、合约规模等方面均与原先的合约有所区别，受到了市场参与者的欢迎；再次，计算机和网络技术还直接促成很多新的金融交易技术的诞生。

(2)管制辩证过程论。

美国经济学家凯恩(E. J Kane)把金融创新视为金融业逃避严厉管制的一种手段,认为在管制和创新之间存在一个"管制—创新—再管制—再创新……"的循环往复的斗争过程,并将其称为"管制的辩证过程"(Dialectic Process of Regulation)。的确,金融领域内的很多新变化是直接由管制引发的。例如,美国历史上关于利率上限的Q条例导致了银行业NOWs、SNOWs等账户的开设;关于跨州银行业务和银行证券分业管理的法令导致金融控股公司的兴起;在我国,关于股票上市的管制规定导致了所谓"一级半"市场的出现,外汇管制和税收管制诱发离岸金融业务;另外,很多结构化金融产品也是直接针对税收等法律限制而设立的。

(3)风险规避论。

该理论认为,当代国际金融市场上一些基本条件的变化导致金融市场风险增大,为了避免或分散风险,出现了大量金融创新。事实上,利率、汇率、通货膨胀率、国际资本流动与国家风险的存在的确引发了大量金融业务和金融工具的创新。例如,为了防范利率风险和汇率风险,推出了利率(外汇)期货与期权、利率(货币)互换、利率上限、利率下限、利率环等工具;为了防范通货膨胀风险,产生了浮动利率金融工具;为了防范资本市场风险,出现了对冲基金、指数化基金以及指数联结产品;等等。

(4)竞争趋同论。

这种理论认为,金融企业之间在本质上都属于中介机构,它们的产品和服务很容易相互模仿,最后导致产品和服务的趋同,对于原先的产品和服务,也就相当于一种创新。以目前的情况看,一些保险产品已经和商业银行储蓄产品具有了一定的替代性,商业银行的某些货币市场产品与共同基金份额之间也非常接近。

2. 答案要点:

金融创新泛指金融领域内出现的,有别于既往的新业务、新技术、新工具、新机构、新市场与新制度安排的总称。从经济学意义上说,金融创新是指通过引进新的金融要素或者将已有的金融要素进行重新组合,在最大化原则基础上构造新的金融生产函数。

金融创新的社会经济效应主要有:

(1)金融创新与金融效率。

总体而言,金融创新提高了金融部门效率。无论是新技术在支付清算系统中的应用、金融衍生产品在金融管理中的应用,还是金融机构自身的变革、金融监管手段的变化,均有效地降低了金融交易的交易费用,提高了资金运动的效率。

(2)金融创新更好地满足了社会对金融业的多种需求。

金融创新为社会提供了更多的可选择的金融产品和服务,更好满足了后现代社会多变的个性化的金融需求。即以金融产品的"三性"而言,传统上有限的金融产品只是以"三性"为坐标轴构建的三维空间中的一些离散的点的集合,而金融新产品的出现把这些点联结起来,形成一条连续的线(平面)甚至可能充满这个三维空间的一部分区间,这样一来,金融产品的消费者就具有了更广阔的选择余地,提高了金融业对社会福利水平的贡献。

(3)金融创新进一步促进了真实经济的发展。

金融创新加强了金融部门与传统真实经济部门之间的纽带关系。新的支付方式和支付手段(如电子货币或网络货币)的出现,使真实领域内的交换关系更易于实现;灵活的信贷方式(信用卡透支、备用信贷便利),使消费和生产模式更富于效率;风险投资、融资租赁等方式更是直接对实质部门的竞争力和可持续发展能力的提高起到了促进作用;养老基金、退休基金以及各类保险计划的出现,改善了社会保障制度,使经济发展免除了后顾之忧。

(4)金融创新对全球金融风险的影响。

关于金融创新与金融风险的关系,到目前为止还是一个值得争论的问题。一方面,金融创新过程中出现的大量衍生产品为防范和分散金融风险提供了有效的技术手段;但从另一方面看,金融创新并不能消除导致金融风险的最根本原因——实质经济运行状况的不可预测性。因此,金融创新不但不能减少全社会风险总量,而且因为在原来的金融体系中加入了新的变数,还会增加一部分风险;另外,以金融衍生工具为代表的金融创新产品本身所具有的高杠杆、高风险特性,对具体企业的运作也带来了巨大风险。

(5)金融创新对货币控制和金融控制带来了挑战。

金融创新的一个显著后果是在一定程度上造成了金融产品和金融机构的同质化。许多非货币金融资产具有了货币的部分特性,使货币层次划分、货币统计、货币量的经济含义等发生了变化,并使货币总量控制的难度增大,中央银行货币政策的有效性受到挑战。

另外,从金融监管角度看,金融产品和金融机构的同质化还给原有的监管体系带来了麻烦,很容易造成一部分机构受到多重监管,而另一部分机构却处于监管盲区的情况。

3. 答案要点:

美国的“次贷”危机及 2015 年的股市动荡使得我国对监管制度进行了重新审视,加强宏观金融调控与强化金融监管体制应做好以下几方面工作:

(1)建立健全宏观金融稳定机制。

成熟的市场经济体通常建立了较为完备的“金融安全网”,通过存款保险制度、投资者保护机制等制度安排防范系统性金融风险。

(2)完善货币政策机制。

随着全球金融自由化、利率市场化等的推进,我国的人民币汇率制度、资本项目管理制度改革也面临压力,并进而要求中国货币政策在政策工具、操作理念和操作程序上进行相应改革。

(3)金融监管由合规监管转向以市场和法规为导向的风险监管。

中国金融监管将进一步加强法制建设,完善法规,在强调规范性和稳定性的基础上,根据新的金融市场环境变化及风险状况及时调整金融监管政策。

(4)加强监管协调机制

通过建立新的监管框架并强调各机构之间的协调与合作,预防监管冲突和监管盲区,在条件成熟以后,可以逐步实行集中统一的混业监管。

第十二章　金融市场理论的发展

一、填空题

1. 证券投资组合理论　证券市场微观结构理论　行为金融理论
2. 法玛(Fama)
3. 弱有效市场　半强有效市场　强有效市场
4. 有效市场假说　股票价格　期望收益率

5. 混沌理论　分形市场假说
6. 马科维茨(Markowitz)
7. 市场证券组合
8. 存货模型　信息模型
9. 预期理论
10. 信息交易者　噪音交易者
11. 折价交易

二、选择题

(一)单项选择题

1. B　2. C　3. A　4. B　5. B　6. C　7. D　8. B　9. D　10. A
11. B

(二)多项选择题

1. ABCE　2. ACD　3. ABC　4. ACD　5. BCD　6. ACE
7. ABC

三、判断题

1. 对　2. 错　3. 错　4. 错　5. 对　6. 对　7. 对　8. 错　9. 对

四、名词解释

1. 有效市场假说:根据法玛(Fama)的定义,有效市场假说是指证券价格充分反映了全部可以提供的信息。也就是说,有效的市场是一个价格可以迅速对影响价格的因素变化做出反应的市场。资产的价格只与未来有关而与历史无关,价格只有在收到新的信息时才发生变动。

2. 弱有效市场:是指股价已经反映全部能从市场交易数据中得到的信息。在弱有效市场中,市场的技术分析是徒劳的,因为如果过去的信息可以传达未来业绩的可靠信息,那么,所有投资者都会运用这些信号,随着这些历史信息被充分披露,它们的价值最终会消失。

3. 半强有效市场:是指股价中反映了与公司前景有关的全部公开信息。在一个完全竞争的市场中,如果每个投资者都同时掌握和使用有关的公开信息进行投资决策,那么,他们都不能通过使用适合的方法来分析这些公开信息以获得超额收益,这也就意味着在这样的市场上,基本面分析是没有用的。

4. 强有效市场:是指股价已经包括全部与公司有关的信息,甚至包括内幕信息。这表明股票的所有信息都不能使投资者获得超额收益。由于证券法禁止公司管理层和内幕人士利用他们所知道的有关信息进行股票交易盈利活动,因此,从理论上说,一个机制完善、监管严格的市场是不存在利用内幕信息进行交易的。从这个意义上说,强有效市场假定就没有意义了。但在实际中,内幕交易在法律上很难界定。同时,市场监管也难以做到没有违规交易发生。不过,要求一个市场的股价能反映包括内幕信息在内的全部公司有关信息,在现实中是不存在的,它也只是从理论上确定了理想市场的标准。

5. 混沌理论：是指以系统中出现的内在随机现象为研究对象，分析随机现象形成的过程和内在机制。研究表明，一些以前被认为是随机游走的现象，其实是具有内在确定性规律的混沌运动。混沌理论被认为是20世纪最伟大的三项理论之一，是继相对论、量子力学之后，又一次震撼科学界的观念革命。它是社会科学与自然科学最完美结合的理论。它研究如何把复杂的非稳定事件控制到稳定状态的方法，研究世界如何在不稳定的环境中稳定发展的问题。

6. 分形市场假说：分形是对普遍存在的几何形态的科学概括，用来描述不规则破碎的几何特征。彼德斯(Peters)首次提出了分形市场假说，此假说用非线性的范式把市场看成复杂交互作用和适应性的系统，强调信息和投资水平对投资行为的影响，认为所有稳定的市场都存在分形结构。运用重标级差分析法研究资本市场的价格和收益率时间序列，建立资本市场收益曲线的"自相似性"，论证了资本市场的分形结构与非周期性循环特征。

7. 套利：是指利用一种实物资产或证券的不同价格来赚取无风险利润的行为。

8. 期权(Options)：是指一种选择权，期权的买方向卖方支付一定数额的权利金后，就获得这种权利，即拥有在一定时间内以一定的价格(执行价格)出售或购买一定数量的标的物(实物商品、证券或期货合约)的权利。

9. 欧式期权：是指只有在合约到期日才被允许执行的期权，它在大部分场外交易中被采用。

10. 美式期权：是指可以在成立后有效期内任何一天被执行的期权，多为场内交易所采用。

11. 行为金融学：将心理学尤其是行为科学理论融入金融学之中，从投资者个体行为以及产生这种行为的心理、社会等因素来研究资本市场的现象和问题，并尝试解释传统金融学无法解释的异常情形。

12. 行为资本资产定价理论：针对资本资产定价模型，1994年，舍夫林(Shefrin)和斯岱德曼(Stateman)提出了行为资本资产定价理论(BAPM)。该理论描述的是在理性交易者和非理性交易者相互作用的情况下资产定价的方式。

13. 行为资产组合理论(BPT)：认为投资者将通过综合考虑期望财富、投资的安全性与增值潜力以及这些指标达到相应期望值的概率等几个因素来构建符合投资者个人意愿的金字塔式的最有效资产组合。

五、简答题

1. 答案要点：

20世纪50年代以前的投资组合理论已经提出了在考虑不确定条件下，追求风险最小化和收益最大化的基本思想，认识到风险分散化的作用，以及区分有效、无效组合，并将组合的收益风险作为一个整体来考虑，这其实也是现代投资组合理论的精髓。但不足的是这些理论大多停留于纯文字论述或表达上，缺乏一个计量模型和一个完整的体系来做进一步精确的论证。

现代资产组合理论主要由哈里·马科维茨(Harry M. Markowitz)的资产组合理论、威廉·夏普(William F. Sharpe)的资本资产定价理论和斯蒂芬·罗斯(Stephen A. Ross)的套利定价理论组成。马科维茨认为，资本市场上的投资者应该从自身的偏好出发，结合衡量收益和风险的期望收益率与标准差所组成的有效集,对证券组合的最优资产结构进行选择。夏普的资本资产定价理论用资本市场线和证券市场线回答了组合中单个资产的风险如何测定、价格由什么决定以及如何决定,解释了证券的风险和收益的关系,使证券理论由规范经济学进入到实证经济学的范畴。罗斯开创了套利定价模型,绕过了资本资产定价理论的一系列严格假设,从一个更为广泛的角度来说明均衡市场上的风险资产定价问题。

2. 答案要点:

CAPM 中的 β 系数是个别资产风险相对于市场证券组合风险的测度,是表示某个证券协方差的另一种方式,测度了单个证券的市场风险。证券的风险可以分为系统风险和非系统风险。β 是衡量系统风险的指标。

APT 即套利定价模型建立在因素模型的基础之上。因素模型分为单因素模型和多因素模型。单因素模型与多因素模型的区别是将所有的系统风险都归结为单一因素的敏感性系数还是多种因素的敏感性系数,但都是在系统风险发挥作用的前提下。

所以,CAPM 中的 β 系数和 APT 的因素敏感性系数都是针对系统性风险的衡量指标。

3. 答案要点:

根据法玛(Fama)的定义,有效市场假说是指证券价格充分反映了全部可以提供的信息。也就是说,有效的市场是一个价格可以迅速对影响价格的因素变化做出反应的市场。资产的价格只与未来有关而与历史无关,价格只有在收到新的信息时才发生变动。

有效市场假说是以股票市场价格与信息利用之间的关系为研究核心,不同的信息对价格的影响程度不同。法玛根据信息的公开程度将信息分为三类:历史信息、公开信息和内幕信息,并以此界定了三种不同程度的有效市场。

(1)弱有效市场。该市场的股价已经反映全部能从市场交易数据中得到的信息。在弱有效市场中,市场的技术分析是徒劳的,因为如果过去的信息可以传达未来业绩的可靠信息,那么,所有投资者都会运用这些信号,随着这些历史信息被充分披露,它们的价值最终会消失。

(2)半强有效市场。该市场的股价中反映了与公司前景有关的全部公开信息。在一个完全竞争的市场中,如果每个投资者都同时掌握和使用有关的公开信息进行投资决策,那么,他们都不能通过使用适合的方法来分析这些公开信息以获得超额收益,这也就意味着在这样的市场上,基本面分析是没有用的。

(3)强有效市场。该市场的股价已经包括全部与公司有关的信息,甚至包括内幕信息。这表明股票的所有信息都不能使投资者获得超额收益。但在实际中,内幕交易在法律上很难界定。其次,市场监管也难以做到没有违规交易发生。它也只是从理论上确定了理想市场的标准。

4. 答案要点:

对资产定价的一系列模型进行比较后发现,传统的资产定价理论对于证券价格形成的微观基础其实是空白的。对于金融资产的供求是怎样的,或者说需求者(供给者)的期望价格或报价(offer)的影响因素是什么,价格是如何形成的,以及在做市商(Market Maker)市场的制度下,在 0 到 t 时段的任何一个持有该金融资产的时间点上,都存在由做市商报出的买入价和卖出价,两个价格又是如何确定的并不明确,没有解释。

20 世纪 60 年代末兴起的金融市场微观结构理论(Financial Market Microstructure

Theory)首创地回答了这些问题，其理论的核心就是要说明在既定的市场微观结构下，金融资产是如何定价的。因此可以说，金融市场微观结构理论在首创地回答这些问题的同时，也为金融市场的一般理论提供了必要的微观基础，这也是该理论的重要性所在。

5. 答案要点：

存货模型(Stock Based Model)的基本思想是做市商在避免破产(股票和现金的存货头寸减少至零)的前提下，以最大化单位时间内预期收益为目标来设定买卖差价，导致买卖差价的原因是包括存货成本在内的交易成本。按照存货模型的时间发展顺序，可以将其分为三类，它们表现出纵向深化和横向扩展的关系：

第一类以伽曼(Garman)为代表，着重分析指令流的性质在证券交易价格决定中的作用。在伽曼之后，又有许多研究者分析了存货对价格的影响。例如，1980 年，阿米胡德和孟代尔松(Amihud-Mendelson)采用了一种更为实用的分析方法，他们更明确地分析了做市商的价格是如何随存货头寸的变化而变化的，并得出最优买入价和最优卖出价是存货头寸的单调递减函数、两者之间存在正的价差及做市商往往偏爱并维持某一预先设定的头寸这三个重要结论。

第二类以候(Ho)、斯托尔(Stoll)等人为代表的经济学家通过更细致的价差决定模型，进一步着重分析了做市商的决策最优化问题，考察了包括存货成本在内的交易成本是如何影响证券价格行为的。

存货模型的第三类着重分析了多名做市商对价格的影响。以候—斯托尔(HO-Stoll)和库恩(Cohen)、麦尔(Maier)、斯瓦茨(Schwartz)及怀特科姆(Whitcomb)为代表，经济学家对存货模型中单一做市商的情况进行了拓展。他们的研究结果表明，不仅对存货的预期会影响做市商的决策，对其他做市商的决策的预期也会影响报价价差，并且做市商之间的竞争会使价差缩小。

6. 答案要点：

DSSW 模型，即噪音交易者的基本模型，是 1990 年由德隆(De Long)、施莱佛(Shleifer)、萨默斯(Summers)、沃德曼(Waldmann)四位学者提出的。DSSW 模型是一个假设有风险厌恶特征的投资者，两期生存的交叠世代模型(Overlapping Generation)，主要用于解释市场中的噪音交易行为。

所谓“噪音交易”，是指非理性的交易者在占有不完全的市场信息甚至是虚假信息时，对市场做出的错误判断，它会导致市场波动，从而引起噪音交易风险。行为金融学认为，当理性交易者进行套利时，不仅要面对金融资产价格变动的市场风险，还要面对“噪音交易者”非理性预期变动的风险。

在 DSSW 模型中存在两类交易者：非理性的噪音交易者和理性交易者。DSSW 模型的一个实际运用是解释封闭基金的折价交易之谜。所谓“折价交易之谜”，是指封闭式基金交易价格长期偏离净值的折价现象。DSSW 模型认为，基金折价率的随机波动源于噪音交易者的情绪波动，而基金折价交易就是对这种噪音交易者的情绪波动风险的补偿。

六、论述题

1. 答案要点：

马科维茨的资产组合理论建立在有效市场以及投资者风险厌恶等假设之上，说明投资者如何利用均值—方差工具在证券市场所有可行组合中选择出有效证券组合,并根据自身的风险收益偏好选择最优证券组合,从而通过多样化在适当的风险水平下获得最大的预期回报。

(1)单个证券及证券组合收益风险的度量。

单个证券的收益和风险一般以预期收益率和收益率的方差来度量,证券组合的预期收益率是组合中各证券收益率的加权平均。证券组合的风险不仅与组合中单项资产的风险有关,还与组合中各证券的相关程度有关。在度量了证券组合的收益和风险之后,马科维茨认为投资者应比较这些资产的收益风险,从市场证券组合可行集中选择出有效组合。

(2)有效边界理论(Efficient Frontier/Set)。

可行集(机会集)(Feasible Set/Opportunity Set)假设市场上有 N 种证券,由其中几项资产以所有可能的权重形成投资组合,这样就存在由单独一个资产构成的投资组合,由两项、三项直到 N 项资产构成的投资组合。所有的这些组合构成了可行集。一般来说,可行集具有类似伞的外形,如图 12—1 所示,纵轴度量的是预期收益,横轴度量风险。

实际上,投资者并不需要评价可行集中所有的投资组合,而只需要分析有效组合边界上的证券组合。所谓"有效组合",是指在一定的风险条件下提供最大的收益或者在一定的收益条件下具有最小风险的组合。满足以上两个条件的有效组合集,被称为有效边界(集)。

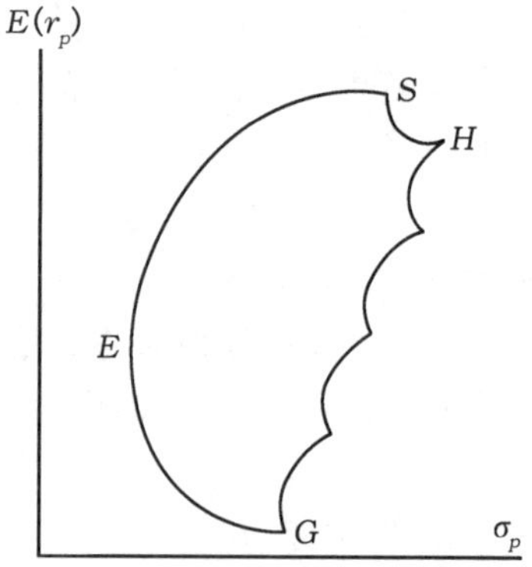

图 12—1　马科维茨可行集

运用以上定义,在图 12—1 可行集中,可以找出有效边界。在图中,E 点具有最小的风险,H 点具有最大的风险;同样可以发现,S 点拥有最高收益率,相对应 G 点具有最小的收益率。只有同时符合这两个条件的组合,才是有效组合。从图中可以发现,只有在 E 点和 S 点之间位于东北方向的点所代表的组合符合以上条件。那么,所有这些组合就形成了有效边界。确定了证券组合的有效边界后,投资者就可以根据自己对风险的态度从这个有效边界上选出更适合自己的最优证券组合。

(3)最优证券组合的选择。

最优证券组合的选择是指投资者选择一个有效并给他带来最大效用的证券组合。

每个投资者都有一个代表着他对风险和收益的偏好的无差异曲线,这条曲线斜率为正,向右上方倾斜,且投资者对确定的一条无差异曲线上的点具有相同的偏好。同时,投资者更倾向于位于东北方向的无差异曲线,因为这些无差异曲线在相同的风险条件下具有更高的收益率。

有效边界是正斜率和凸的,也就意味着如果有一条通过有效边界上任意两点的直线,这条直线必定在有效边界的下方;同时,无差异曲线是负斜率和凹的,这就保证了有效边界和无差异曲线必定会有且只有一个交点。

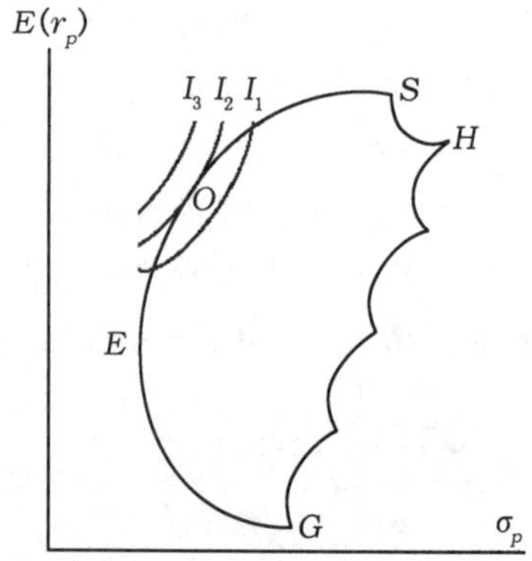

图 12—2　最优证券组合的选择

由此可以推断,最优证券组合应该并且可能在有效边界和具有最大可能效用的无差异曲线的切点上(如图 12—2 所示)。

2. 答案要点:

行为金融学将心理学尤其是行为科学理论融入金融学之中,从投资者个体行为以及产生这种行为的心理、社会等因素来研究资本市场的现象和问题,并尝试解释传统金融学无法解释的异常情形。

传统金融学在投资者心理与证券市场效率上所持的观点认为投资者是理性人,投资者的理性会保证市场的有效、价格的理性。然而,行为金融学则认为投资者是非理性人,情绪与认知偏差的存在使投资者无法做到理性预期和效用最大化,并且其非理性行为将导致市场的非有效,资产价格偏离其基本价值。其具体差异主要表现在以下几个方面:

首先,在针对"处理信息"这个问题时,传统金融学假定投资者能够正确、恰当地使用统计工具,而不依赖于经验法则。行为金融学却认为,交易者依赖启发式处理数据。但由于经验法则是不完善的,因此,基于它们所形成的预期带有各种偏差。

其次,在决策问题的形式是否会影响最终决策这个问题上,传统金融学认为投资者不会因形式的不同而干扰其决策,投资者作为理性人将洞察各种不同形式,认识事物本质所在,从而做出正确的决策。但行为金融学认为交易者对风险和收益的理解会受到决策问题构造形式的影响,其决策依赖于问题的形式。

最后,行为金融学认为启发式偏差和框定依赖将导致市场价格偏离其基本价值,市场不再有效。相对地,传统金融学则认为市场是有效的,即使市场中存在少数非理性人,每种证券的价格与基本价值也保持一致。

行为金融学的研究思想相对于传统经济学是一种逆向的逻辑。传统经济理论是首先创造理想,然后逐步走向现实,关注的中心是理想情况下应该发生什么;行为金融理论则是以经验的态度关注实际上发生了什么以及深层的原因是什么。这种逻辑是一种现实的逻辑、发现的逻辑。

第四篇 货币理论与货币政策

第十三章 货币需求

一、填空题

1. 持有货币的愿望 持有货币的能力
2. 盈利性 流动性 安全性 盈利性
3. 收入水平的高低 取得收入的时间间隔的长短
4. 人们持有货币的机会成本 人们对资产持有形式的选择
5. 规模变量 机会成本变量 其他变量
6. 一般物价水平
7. 欧文·费雪 $MV=pT$
8. 马歇尔 $M=kpY$
9. 以货币形式持有的收入与财富占总收入与总财富的比例

10. 交易动机　预防动机　投机动机
11. 交易　预防
12. 交易
13. 马可维茨　投机
14. 无收益的货币　有收益的其他金融资产
15. 预期效用
16. 人力财富　非人力财富
17. 恒常收入
18. 交易　利率

二、选择题

(一)单项选择题

1. C　2. A　3. B　4. B　5. B　6. B　7. C　8. B　9. A　10. D
11. A　12. C　13. D　14. A　15. C　16. B　17. A　18. C　19. A　20. B
21. C

(二)多项选择题

1. AB　2. BC　3. ABC　4. BCD　5. ABD　6. BCD
7. ABC　8. BC

三、判断题

1. 错　2. 对　3. 错　4. 错　5. 错　6. 错　7. 错　8. 错　9. 错　10. 错
11. 错　12. 对

四、名词解释

1. 货币需求:是指公众在综合权衡各种资产的收益和成本之后,所愿意持有的货币数量。

2. 名义货币需求:是指公众货币需求的名义值,它以货币单位来衡量,与物价水平正相关,随物价的上升而上升。

3. 实际货币需求:是指公众货币需求的实际值,是以实物衡量的货币需求量。实际余额需求等于名义货币需求除以物价水平。

4. 货币需求函数:是指将决定或影响货币需求的各种因素作为自变量,而将货币需求本身作为因变量而建立起来的函数关系式。

5. 货币需求的交易动机:是指人们通过持有流动性较高的货币资产,以满足日常的交易活动,在该活动中,货币行使了支付手段和流通手段的职能。

6. 货币需求的预防动机:是指个体为应付未来可能遇到的意外支出或收入波动等不确定性而持有货币。预防动机的货币需求来自经济中的不确定性。

7. 货币需求的投机动机:是指个体将货币当作一种资产,用于投资活动。该动机涉及货币的财富储藏功能。

8. 规模变量：是指在货币需求函数中决定和制约货币需求总规模的变量，主要有财富和收入两种。

9. 持有货币的机会成本：是指人们因持有货币而不得不放弃的、持有其他资产所能取得的收益。

10. 货币数量说：是指以货币的数量来解释货币的价值或一般物价水平的一种理论。根据这种理论，在其他情况不变的条件下，货币数量的变动必将引起一般物价水平做同方向且等比例的变动。

11. 流动性偏好：是指人们宁可持有没有收益但周转灵活的货币的心理倾向，实质上就是人们对货币的需求。

12. 流动性陷阱：当利率低到一定程度时，整个经济中所有的人都预期利率将上升，从而所有的人都希望持有货币而不愿持有债券，投机动机的货币需求将趋于无穷大，若中央银行继续增加货币供给，将如数被人们无穷大的投机动机的货币需求所吸收，从而利率不再下降，这种极端情况即所谓的"流动性陷阱"。

13. 恒常收入：是指过去、现在乃至将来一个较长时期中的平均收入水平。

五、简答题

1. 答案要点：

货币需求是指人们通过对各种资产的安全性、流动性和盈利性的综合衡量后所确定的最优资产组合中所愿意且能够持有的货币量，它必须同时包括两个基本要素：一是必须有持有货币的愿望，二是必须有持有货币的能力。

货币需求之所以有限，是因为人们持有货币的能力受到人们拥有财富总量的限制。

2. 答案要点：

收入状况：收入水平的高低与货币需求成正比。

(1)收入的高低制约着货币需求的数量且通常决定着支出的数量。

(2)人们取得收入的时间间隔与货币需求也成正比。

市场利率：在正常情况下，市场利率与货币需求成反比。

(1)市场利率决定人们持有货币的机会成本。

(2)市场利率影响人们对资产持有形式的选择。

3. 答案要点：

货币机会成本变量主要包括：债券的预期收益率、股票的预期收益率、实物资产的预期收益率(即预期物价变动率)以及货币本身的收益率。

其中，债券、股票、实物资产的预期收益率与货币需求成反比，货币本身的收益率与货币需求成正比。

4. 答案要点：

在货币需求理论中，货币本身的收益率是一种机会成本变量。因为它在一定程度上能抵消持有货币的机会成本，在其他资产收益率一定时，货币本身的收益率越高，则持有货币的机会成本越低；反之则反是。

5. 答案要点：

与鲍莫尔模型相比，托宾模型的不同之处在于：

(1)托宾假定个体可以持有货币和债券。个体将收入部分地以货币形式持有,部分地以债券形式持有,个体可以通过支付一定的成本将债券变现。

(2)托宾假定债券变现所需支付的成本服从一个线性函数,部分成本与交易量无关,部分正比于债券的交易量。

个体持有货币的机会成本是名义利率,个体必须选择最优的决策来使总成本最小化。在这个更一般的模型中,托宾得到了类似于上面结论的复杂结果。

六、论述题

1. 答案要点:

凯恩斯认为,人们持有货币的动机主要有交易动机、预防动机、投机动机,交易动机和预防动机的货币需求是收入的增函数;通过对人们持有闲置货币是为了在利率变动中进行债券的投机以获取利润的前提下进行的分析,得出投机动机的货币需求是市场利率的减函数,从而得到货币需求函数:$M=M_1+M_2=L_1(Y)+L_2(r)$。

根据凯恩斯的分析,每个人心中都有一个正常利率。人们通过对比心中的正常利率,预期市场利率的升降。一般情况下,市场利率与债券价格呈反向变动。当市场利率较低,人们预期利率将上升时,则抛出债券而持有货币;反之,则抛出货币而持有债券。当利率低到一定程度时,整个经济中所有的人都预期利率将上升,从而所有的人持有货币而不愿持有债券,投机动机的货币需求将趋于无穷大,若央行继续增加货币供给,将如数被人们无穷大的投机动机的货币需求所吸收,从而利率不再下降。这种极端情况,即所谓的"流动性陷阱"。

2. 答案要点:

凯恩斯的流动性偏好理论认为交易动机的货币需求只是收入的函数;鲍莫尔的存货模型通过分析发现交易动机的货币需求同样是利率的函数,而且是递减函数。

鲍莫尔认为,人们持有现金与企业持有存货一样,既不能过多,也不能过少。在不影响正常交易的情况下,应力求保持现金余额的成本降至最低。持有现金余额的总成本包括两项:一是持有现金余额的机会成本,二是因变现而支付的佣金。基于上述基本分析,鲍莫尔推导出著名的平方根公式:

$$M=\frac{1}{2}\sqrt{\frac{2bT}{r}}$$

鲍莫尔模型不仅有重要的理论意义,而且有着重要的现实意义。

(1)从理论上说,鲍莫尔模型是对凯恩斯的交易动机货币需求理论的重大发展。

(2)从政策意义上说,鲍莫尔的存货模型对凯恩斯学派以利率作为中介的货币政策主张提供了进一步的理论上的支持。

3. 答案要点:

弗里德曼的现代货币数量论的特点是:一方面,采纳了凯恩斯将货币作为一种资产的核心思想,利用它把传统的货币数量论改写为货币需求函数;另一方面,又基本肯定了货币数量论的主要结论,即货币量的变动反映于物价变动上,货币数量在长期中只影响宏观经济中的名义变量,不影响真实变量。

弗里德曼的现代货币数量论以货币需求函数的形式加以表述。在这一货币需求函数中,弗里德曼以恒常收入作为总财富的代表,以债券的预期收益率、股票的预期收益率、实物资产的预期收益率(即预期物价变动率)作为机会成本变量,同时,还以人力财富与非人力财富之比以及其他综合变量作为影响货币需求的其他因素。其货币需求函数为:

$$\frac{M^d}{p}=f(Y_p,r_b,r_e,\frac{1}{P}\frac{dP}{dt},w,u)$$

弗里德曼提出的货币需求函数采用了传统货币数量说的常见形式,但他对货币流通速度、决定货币需求的收入做了重新表述,而且认为货币数量的变动直接引起名义收入的变动(在短期内实际产出也变动);弗里德曼的现代货币数量论深受凯恩斯流动性偏好理论的启发,借鉴了其分析方法,将货币替代品由只有债券一种发展为多种,在货币需求的利率弹性和货币需求的稳定性上均有新的认识。所以,我们说弗里德曼的现代货币数量论的实质,是以凯恩斯的流动性偏好理论对传统货币数量说进行了重新表述,既是对传统货币数量说的继承和发展,又是对凯恩斯流动性偏好理论的继承和发展。

第十四章　货币供给

一、填空题

1. 活期存款　通货　定期存款　储蓄存款　非银行金融中介机构发行的负债
   各种流动性较高的非金融机构发行的负债
2. 准货币(近似货币)
3. 货币供给　货币当局　货币政策的有效性
4. 存款总额　原始存款
5. 存款准备金　存款人提取存款　中央银行向商业银行出售有价证券
6. 商业银行和其他存款机构的准备金　公众所持通货
7. 活期存款法定准备金比率　定期存款法定准备金比率
   定期存款比率　通货比率　超额准备金比率
8. 社会公众
9. 中央银行　商业银行　社会公众
10. 活期存款
11. 直接发行通货　变动黄金、外汇储备　实行货币政策
12. 货币供给量　基础货币
13. 货币当局的负债　社会公众持有的通货
    银行的负债　银行存款(包括活期存款、定期存款、储蓄存款)
14. 基础货币　货币乘数
15. 货币存量　货币流通速度
16. 社会公众所持有的通货　商业银行及其他金融机构持有的现金(为库存现金)
    商业银行及其他金融机构在中央银行的存款

二、选择题

(一)单项选择题

1.B　2.D　3.D　4.B　5.D　6.A　7.D　8.B　9.B　10.A

11. C　12. C　13. B　14. D　15. B　16. A　17. C　18. B　19. D　20. D
21. C　22. A　23. B　24. C　25. D　26. C　27. C　28. B　29. B　30. D

(二)多项选择题

1. BCD　2. ABC　3. BCD　4. ABCE　5. ABDE　6. ACD
7. ABDE　8. ACD　9. ABCD　10. AC　11. BC　12. BCD
13. ABCE　14. BCD

三、判断题

1. 错　2. 错　3. 错　4. 对　5. 错　6. 对　7. 对　8. 对　9. 错　10. 错
11. 错　12. 对　13. 错　14. 对　15. 错　16. 错　17. 错　18. 对　19. 对　20. 对
21. 对　22. 错　23. 对　24. 对　25. 对　26. 对　27. 对

四、名词解释

1. 货币供给的内生性:是指货币供给将决定于客观经济运行过程本身,而不是决定于货币当局的主观意志。

2. 货币供给的外生性:是指货币供给将完全由货币当局的行为特别是货币政策决定,而与经济运行过程及经济内部的各种因素无关。

3. 货币的存量:是指一个国家在某一时点上实际存在于整个经济中的货币总量。

4. 货币的流量:是指一个国家在一定时期中货币流通的总量,它实际上是货币存量与货币流通速度的乘积。

5. 存款乘数:是指存款总额(即原始存款与派生存款之和)与原始存款的倍数。

6. 原始存款:是指银行的客户以现金形式存入银行的直接存款。

7. 派生存款:是指由银行的贷款、贴现和投资等行为而引起的存款。

8. 存款准备金:是指商业银行在吸收存款后,以库存现金或在中央银行存款的形式保留的、用于应付存款人随时提现的流动资产储备。

9. 存款准备金率:是指存款准备金占银行吸收存款总量的比例。

10. 基础货币:是指由货币当局投放并为货币当局所能直接控制的那部分货币,由商业银行的存款准备金和流通于银行体系之外而为社会大众所持有的现金(通货)构成。

11. 通货:是指流通于银行体系之外而为社会大众所持有的现金。

12. 超额准备金:是指商业银行实际保有的准备金总额减去法定准备金所得的余额。

13. 货币乘数:又称为货币扩张系数,是用于说明货币供给总量与基础货币的倍数关系的一种系数。

14. 通货比率:是指社会公众持有的现金对商业银行活期存款的比率。

五、简答题

1. 答案要点:

商业银行体系的存款,可分为原始存款和派生存款两种。所谓"原始存款",是指银行的客户直接以现金形式存入银行的存款;所谓"派生存款",则是指由银行的贷款和投资等行为引起的存款。

原始存款的发生只是改变了货币的存在形式而并不改变货币的总量。但是,派生存款则不同,它的发生意味着货币总量的增加。所谓“存款货币的多倍扩张或多倍紧缩”,实际上就是指派生存款的多倍创造或多倍消失。

2. 答案要点:

商业银行存款货币的创造过程实际上就是商业银行通过贷款、贴现和投资等行为引起成倍的派生存款的过程。一家银行获得原始存款后发放贷款将使另一家银行获得存款,而另一家银行也因此可以发放贷款,从而使第三家银行也获得存款,通过整个银行体系的连锁反应,一笔原始存款将创造出成倍的派生存款。原始存款和存款准备金比率影响着派生规模,分别与其成正比和反比。

3. 答案要点:

在现代货币供给理论中,社会公众持有现金这一现象被称为“现金漏损”,它意味着商业银行体系准备金的流失。

现金漏损对货币供给的影响主要表现在以下两个方面:第一,原始存款的所有人提取现金将使商业银行准备金减少,从而使整个银行体系的存款总额成倍地缩减,其过程恰与原始存款存入银行而使存款货币成倍扩张的过程相反。第二,取得贷款或货币收入的客户如果持有现金,则下级银行就不能得到存款,或只能得到较少的存款。这部分现金也就流出了银行体系,从而不再作为创造存款的基础。可见,在分析货币供给的决定和变动时,我们不能不考虑现金漏损这一客观存在的因素。

4. 答案要点:

基础货币指由货币当局投放并为货币当局所能直接控制的那部分货币,由商业银行的准备金和流通于银行体系之外而为社会大众所持有的现金(通货)构成。

基础货币一般由三部分组成:(1)社会公众所持有的通货;(2)商业银行及其他金融机构持有的现金,又称为库存现金;(3)商业银行及其他金融机构在中央银行的存款。(1)和(2)两部分是货币当局发行的,可以是货币当局的负债,第(3)部分更是直接地体现为货币当局的负债,因此,从来源来看,基础货币表现为货币当局的负债。从这个角度,我们甚至可以定义基础货币为商业银行和非银行社会公众所持有的政府(货币当局)的净货币负债。明确了这一点,就能注意到,中央银行的业务活动,如果改变了其资产负债表的结构,就有可能对基础货币的数量产生影响。

5. 答案要点:

基础货币是指由货币当局投放并为货币当局所能直接控制的那部分货币,由商业银行的准备金和流通于银行体系之外而为社会大众所持有的现金(通货)构成。

基础货币有以下四个基本特征:(1)它是货币当局的净货币负债;(2)它是商业银行及其他存款机构的负债产生的基础和货币供给的主要制约力量;(3)它的运用能创造出多倍于其自身的存款货币;(4)它能被货币当局通过其业务操作所直接控制。

由于货币当局及其负债在金融体系中的核心地位,基础货币是货币当局强制性地提供给经济社会的一种资产,不管供应多少,都必然为社会所接受。从这个意义上来说,基础货币的供给决定着其需求。

6. 答案要点:

货币乘数也称货币扩张系数,是用于说明货币供给总量与基础货币的倍数关系的一种系数。

(1)简单存款乘数

存款乘数 m_d 即新增一笔准备金之后,新增存款总额等于该准备金与一个乘数(在这里是$\frac{1}{r_d}$)之积,这种乘数称为简单存款乘数。在超额准备金、漏损率、定期存款都为零的假设之下,活期存款乘数(m_{dd})是活期存款法定准备比率(r_d)的倒数。也就是说,法定准备比率越小,存款的乘数效应越大。

简单存款乘数的三个假设与现实有很大的距离,就整个银行体系而言,存款乘数效应也没有简单存款乘数公式所显示的那么大。

(2)复杂的存款乘数

在超额准备金、漏损率、定期存款都不为零的假设之下,即 $\Delta ER\neq0$、$\Delta C\neq0$、$\Delta D_t\neq0$,复杂的存款乘数为:

$$m_d=\frac{1}{r_d+e+k+t\cdot r_t}$$

7. 答案要点:

货币乘数也称货币扩张系数,是用于说明货币供给总量与基础货币的倍数关系的一种系数。乔顿货币乘数模型是货币供给决定的一般模型。货币乘数是货币供给的重要因素,在基础货币一定的条件下,货币乘数与货币供给成正比,即 $M=B\times m$,而货币乘数为:

$$m_t=\frac{1+k}{r_d+e+k+t\cdot r_t}$$

货币乘数的决定因素共有五个,它们分别是法定存款准备金比率、超额存款准备金比率、通货比率和定期存款比率。

8. 答案要点:

货币乘数也称货币扩张系数,是用于说明货币供给总量与基础货币的倍数关系的一种系数。在基础货币一定的条件下,货币乘数决定了货币供给总量。货币乘数越大,则货币供给量越多;反之,货币乘数越小,则货币供给量就越少。所以,货币乘数是决定货币供给量的又一个重要的甚至是更关键的因素。

(1)存款准备金比率(r_d 和 r_t)。

法定的准备金比例(r_d 和 r_t)完全受中央银行控制,因而它是一个外生变量,决定于货币当局的政策行为。超额准备金比率直接取决于商业银行的决策,同时商业银行的超额存款准备金率(e)受市场利率(i)和中央银行的再贴现率(i_d)的影响较大。

(2)通货比率(k)

公众手持现金(通货)对活期存款的比例(k),直接地是由公众的意愿所决定,间接地受多方面经济条件的影响,这主要有:(1)收入或财富的变化;(2)市场利率;(3)银行业的安危;(4)季节因素;(5)非法活动;(6)经济发达程度。

(3)定期存款比率(t)

定期存款与活期存款的比例(t),是社会公众资产选择的结果,从而不可避免地受收入(财富)、利率结构、市场风险等的影响。

六、计算题

1. 答案要点：

(1)超额准备金＝500－2 000×10％＝300(亿元)

(2)派生存款$=2\ 000\times\frac{1}{10\%}-2\ 000=18\ 000$(亿元)

2. 答案要点：

(1)$r=\frac{10\ 000}{50\ 000}=20\%$

存款货币扩张倍数，即：存款乘数$=\frac{1}{r}=\frac{1}{20\%}=5$

存款总量＝50 000×5＝250 000(元)

(2)没有变化。

存款乘数$=\frac{1}{r+e}=\frac{1}{10\%+10\%}=5$

存款总额$=$原始存款$\times\frac{1}{\text{法定准备金率}+\text{提现率}}=A\times\frac{1}{r+k}$

$D=A\times\frac{1}{r+e}=50\ 000\times\frac{1}{10\%+10\%}=250\ 000$(元)

(3)存款货币会成倍增加，存款乘数会提高。

$D=A\times\frac{1}{r}=50\ 000\times\frac{1}{10\%}=500\ 000$(元)

存款乘数$=\frac{1}{10\%}=10$

(4)存款乘数不变，存款货币会减少。

$\Delta D=\Delta A\times\frac{1}{r}=(-20\ 000)\times\frac{1}{10\%}=-200\ 000$(元)

3. 答案要点：

$D=A\times\frac{1}{r+e+k}=5\ 000\times\frac{1}{6\%+4\%+10\%}=25\ 000$(万元)

4. 答案要点：

存款总额$=$原始存款$\times\frac{1}{\text{法定准备金率}+\text{提现率}}=A\times\frac{1}{r+k}$

$k=\frac{500}{2\ 500}-15\%=5\%$

5. 答案要点：

$m=\frac{C+D}{C+R}=\frac{600+5\ 000}{600+800}=4$

6. 答案要点：

$\Delta D=\Delta A\times\frac{1}{r+e+k}=200\times\frac{1}{6\%+4\%+15\%}=800$(万元)

派生存款=800－200=600(万元)

7. 答案要点:

(1)$m=\frac{1+k}{r_d+r_t\times t+e+k}=\frac{1+20\%}{10\%+5\%\times 40\%+18\%+20\%}=2.4$

(2)$C/D=20\%$,$D=2\,500$ 亿元,

$M1=C+D=500+2\,500=3\,000$(亿元)

8. 答案要点:

(1)$m_1=\frac{1+k}{r_d+r_t\times t+e+k}=\frac{1+20\%}{5\%+4\%\times 50\%+3\%+20\%}=4$

(2)$\begin{cases} M1=C+D=120\,000 \qquad C=20\,000(\text{亿元}) \qquad D=100\,000(\text{亿元}) \\ k=\frac{C}{D}=20\% \end{cases}$

解题一:$t=\frac{T}{D} \qquad T=D\times t$

$R=D\times r_d+T\times r_t+D\times e$

$=100\,000\times 5\%+100\,000\times 50\%\times 4\%+10\,000\times 3\%$

$=10\,000$(亿元)

解题二:$M1=B\times m_1 \qquad B=\frac{M1}{m_1}=\frac{120\,000}{4}=30\,000$(亿元)

$B=C+R \qquad R=B-C=30\,000-20\,000=10\,000$(亿元)

9. 答案要点:

(1)货币乘数 $m_1=\frac{M1}{B}=\frac{M1}{R+C}=\frac{60}{7+5}=5$

(2)$D=M1-C=60-5=55$(万亿元)

提现率 $k=\frac{C}{D}=\frac{5}{55}\approx 9\%$

10. 答案要点:

(1)$k=\frac{C}{D}=\frac{800}{5\,000}=16\%$

超额准备金率:$e=\frac{ER}{D}=\frac{200}{5\,000}=4\%$

(2)货币乘数:$m=\frac{1+k}{r+e+k}=\frac{1+16\%}{10\%+4\%+16\%}\approx 3.87$

11. 答案要点:

(1)$m=\frac{1+k}{r+e+k} \quad 4=\frac{1+k}{6\%+4\%+k} \quad k=20\%$

(2)当 $k=40\%$ 时,$m=\frac{1+40\%}{6\%+4\%+40\%}=2.8$

12. 答案要点:

(1)存款乘数$=\frac{1}{r+e+k}=\frac{1}{12\%+8\%+20\%}=2.5$

(2)银行最终创造的存款货币$=50\ 000\times\dfrac{1}{12\%+8\%+20\%}=125\ 000$(元)

(3)新增流通中现金$=\Delta D\times k=125\ 000\times 20\%=25\ 000$(元)

(4)货币乘数:$m=\dfrac{1+k}{r+e+k}=\dfrac{1+20\%}{12\%+8\%+20\%}=3$

(5)新增加货币供应总量$=\Delta D\times m=50\ 000\times 3=150\ 000$(元)

或:新增加货币供应总量$=B\times m=50\ 000\times 3=150\ 000$(元)

七、论述题

1. 答案要点:

存款货币的多倍扩张过程是商业银行通过贷款、贴现和投资等行为引起成倍的派生存款的过程。

(1)假设商业银行只有活期存款,没有定期存款,且不保留超额准备金,存款货币多倍扩张如下:

商业银行接受这 10 000 元现金原始存款后提取其中的 10%即 1 000 元作为法定存款准备金,剩余的 9 000 元发放贷款,由于不考虑现金漏损,贷款客户必将全部贷款用于支付,而收款人又将把这笔款存入另一家银行,这将使另一家银行获得存款 9 000 元,另一家银行在提取 10%准备金后将剩余的 8 100 元作为贷款发放,这又将使第三家银行获得存款 8 100 元……通过整个银行体系的连锁反应,一笔原始存款将形成存款货币的多倍扩张,一直到全部原始存款都已成为整个银行体系的存款准备金为止(如表 14-3 所示)。

表 14-3 单位:元

银行体系的反应			
银行	活期存款(ΔD_d)	法定储备(ΔRR)	贷款(ΔL)
	①	②=①×20%	③=①-②
第一银行	10 000	1 000	9 000
第二银行	9 000	900	8 100
第三银行	8 100	810	7 290
第四银行	7 290	729	6 510
	6 561	656	5 905
……	……	……	……
合计	100 000	10 000	90 000

把表中存款增加额相加,整个银行体系的存款增加额 ΔD_d 为:

$$\begin{aligned}\Delta D_d &=10\ 000+10\ 000\times(1-10\%)+10\ 000\times(1-10\%)^2+10\ 000\times(1-10\%)^3+\cdots\\ &\approx 10\ 000\times\frac{1}{1-(1-10\%)}\\ &=10\ 000\times\frac{1}{10\%}\\ &=100\ 000(\text{元})\end{aligned}$$

如果以 ΔD_d 表示存款增加额,ΔR 表示原始存款,r 表示法定存款准备金率,则存款货币的多倍扩张可用 $\Delta D_d=\Delta R\times\frac{1}{r}$ 表示,而 $\frac{1}{r}=\frac{\Delta D_d}{\Delta R}$ 就是我们通常所说的存款乘数,即法定存款准备金率的倒数。全部银行存款货币 $\Delta D_d=10\ 000\times\frac{1}{10\%}$,故 ΔD_d 最终为 100 000 元,存款乘数为 10 倍。

(2) 修正:如果考虑“漏损”、定期存款比率和超额准备率,则存款乘数 $m_d=\frac{1}{r_d+r_t t+e+k}$。其中,$k$ 为通货比率,r_d 为法定活期存款准备金率,r_t 为法定定期存款准备金率,t 为定期存款比率,e 为超额准备金率。

(3)存款货币多倍收缩过程与多倍扩张过程正好相反,在银行没有剩余准备金时,如某存款人以现金形式提取其存款 10 000 元,将使该银行的准备金减少 10 000 元,但由于 10%的法定存款准备金率,它只能减少 1 000 元准备金,此时它就发生准备金短缺 1 000 元,必须通过收回贷款 9 000 元予以弥补,这样将使其他银行因此而减少存款 9 000 元进而准备金短缺 900 元,并同样通过收回贷款予以弥补。在部分准备金制度下,如此将引发一系列连锁反应,存款总额将成倍减少。减少的倍数与存款扩张的倍数是一致的。

2. 答案要点:

(1)乔顿模型是对简单乘数模型进行修正的结果。

(2)它采用的货币定义是狭义的货币定义 $M1=C+D$,根据货币乘数的定义,可得:$m_1=\frac{1+k}{r_d+r_t t+e+k}$,其中 m_1 为货币乘数。

由此可知,货币乘数的决定因素共有五个:k 为通货比率,r_d 为活期存款法定准备金比率,r_t 为定期存款法定准备金比率,t 为定期存款比率,e 为超额准备金比率。

(3)货币供给量: $M=B\times m_1=B\times\frac{1+k}{r_d+r_t t+e+k}$

其中,B 为基础货币。

因此,货币供给量是由 $\begin{cases}\text{中央银行——}B、r_d、r_t\\ \text{商业银行——}e\\ \text{社会公众——}k、t\end{cases}$ 这三个经济主体的行为共同决定的。

(4)由乔顿货币供给模型可知,货币供给量决定于基础货币与货币乘数这两个因素。一般认为,基础货币在相当大程度上能为中央银行所直接控制,在货币乘数一定时,基础货币的规模决定了整个货币供给量的规模,它的变动将引起整个货币供给量的同方向的成倍变动。在基础货币一定的条件下,货币乘数与货币供给成正比。

3. 答案要点:

(1)通货比率是指社会公众持有的现金对商业银行活期存款的比率。这一比率的变动主要决定于社会公众的资产选择行为。影响人们的资产选择行为进而影响通货比率的因素主要有五个:

①社会公众的流动性偏好程度。通货是一种流动性最高的金融资产,人们持有通货的主要目的就在于满足自己的流动性偏好。因此,在其他情况不变时,若人们的流动性偏好增强,则 k 上升;反之则反是。

②其他金融资产的收益率。人们持有通货就会失去持有其他各种金融资产的收益，这是人们持有通货的机会成本。所以，其他金融资产的收益率上升，人们将减少通货的持有量而相应地增加其他金融资产的持有量，这就使 k 下降；反之则反是。

③银行体系活期存款的增减变化。通货比率是通货对活期存款的比率。因此，在社会公众持有的通货不变时，若银行体系的活期存款增加，则 k 下降；若银行体系的活期存款减少，则 k 上升。于是，凡是影响银行体系活期存款的因素，皆对 k 产生一定的影响。

④收入或财富的变动。这一因素对 k 的影响比较复杂，它可能有这样两种不同的情况：一是对 k 产生正的影响，二是对 k 产生负的影响。负的影响可能是主要的，而正的影响通常会被负的影响所抵消。这种特点将随着一国经济的发展和金融制度的完善而显得越来越明显。

⑤其他因素，如信用的发达程度、人们的心理预期、各种突发事件以及季节性因素等。这些因素都是通过人们的资产选择和调整行为而对 k 产生影响的。

(2)k 的变动对货币乘数从而对货币供给量的影响比较复杂。

根据乔顿的货币乘数模型，k 同时出现于货币乘数公式的分子和分母中。因此，我们不能直观地根据这一公式来判断 k 的变动对货币乘数从而对货币供给量的影响方向。但是，我们可通过以下两种方法来对这种影响的方向作出比较准确的判断：一是根据基本原理进行分析，二是通过数学方法加以推导。

从基本原理来看，人们持有的通货是一种潜在的准备金。如果将这种潜在的准备金转化为现实的准备金，即把持有的现金存入商业银行，从而使 k 下降，则在部分准备金制度下，这部分现金即可通过商业银行的贷款、贴现或投资行为而创造出成倍的派生存款，从而使货币乘数增大，并使货币供给量增加。而如果人们持有更多的通货，从而使 k 上升，则这部分通货因流出商业银行体系，从而不再成为创造存款货币的基础，这就使货币乘数缩小，从而使货币供给量减少。可见，从基本原理而言，k 的变动将对货币乘数从而对货币供给量产生负的影响。

另外，通过简单的数学推导，我们也可同样得出 k 的变动对货币乘数产生负的影响的结论。

因此，通货比率的变动将对货币供给量产生负的影响。

4. 答案要点：

(1)货币供给外生论和货币供给内生论。

货币供给外生论者认为，货币供给将完全由货币当局的行为特别是货币政策所决定，而与经济运行过程及经济内部的各种因素无关，也与货币当局之外的其他经济主体的决策行为无关。货币供给外生论有着悠久的历史。其结论是：货币供给是政策的产物，货币数量可以完全由政府来控制，从而货币政策是一国宏观调控的强有力的工具。

货币供给内生论者则认为，在现实的经济条件下，经济运行中的各种因素，如收入、储蓄、投资、消费、利率等，都将决定或影响人们的经济行为和决策，从而决定或影响货币的供给，而这些因素都不是货币当局所能完全控制的。也就是说，货币供给并不是一个决定于货币当局的外生变量，而是内在地取决于客观的经济运行过程本身，取决于私人经济部门的活动，因而不受货币当局的控制。这种观点虽然与外生论有着同样悠久的历史，但是，它真正发挥影响，却始于 1959 年英国财政部的《拉德克里夫报告》。

(2)对货币供给外生论和内生论的评价。

①货币供给外生论的缺陷。货币供给外生论将基础货币与货币乘数截然分开的做法，是不合乎经济现实的。中央银行的公开市场购入，固然增加了基础货币，但同时也必然会提高有价证券的价格，从而压低市场利率，而市场利率的变化，与货币乘数中的许多系数如超额储备比率 e、通货比率 k 以及定期存款比率 t 的变化，有着密不可分的联系。

反过来看，货币乘数方面的变动也会很快波及基础货币。比方说，k 的增大使银行存款减少，这就会威胁到银行的准备金比例，从而迫使它们向中央银行借款，即增加基础货币。在这里，人们可以看到 B 和 m 的相互作用。

关于货币乘数内各系数的稳定性问题，由分析也可知道，这些系数取决于收入(财富)、利率、经济与金融制度、心理预期等，随经济条件的变化而变化，因而也不可能是一个稳定不变的常数。

从实践上来看，1982—1983 年间美国“货币主义实验”的失败，以及近几年各国中央银行的货币量目标屡屡失准，足以证明中央银行在控制货币供应量方面的能力是有限的。

②货币供给内生论的不足。货币供给内生论在指出货币需求影响货币供给这一点上无疑是正确的，但把这种看法推向极致，认为社会对货币的需求决定了货币的供给，却又是过犹不及。货币供给内生论者为了论证非银行金融机构的活动也对货币供给有着很大的影响，否定了商业银行与非银行金融机构在经济中的不同地位，否定了商业银行的负债(尤其是活期存款)与非银行金融机构的负债对经济的不同影响，也未免失之偏颇。

货币供给的外生性与内生性之争实际上是人们对货币供给与货币当局之间的关系有着不同的认识。这种不同的认识将在一定程度上决定他们对货币政策有效性的不同认识。如果认为货币供给为外生变量，就说明货币当局能够有效地控制货币供给从而实现对宏观经济运行的控制和调节。而如果认为货币供给为内生变量，就说明货币供给将被动地决定于客观的经济运行过程及其规律，货币供给的变动将受制于各种经济因素的变动及微观经济主体的决策行为，货币当局无法通过货币政策来决定货币供给，从而难以对宏观经济运行实施有效的控制和调节。

5. 答案要点：

(1)什么是货币供给的外生论和内生论。货币供给外生论者认为，货币供给将完全由货币当局的行为特别是货币政策所决定，而与经济运行过程及经济内部的各种因素无关，也与货币当局之外的其他经济主体的决策行为无关。货币供给内生论者则认为，在现实的经济条件下，经济运行中的各种因素，如收入、储蓄、投资、消费、利率等，都将决定或影响人们的经济行为和决策，从而决定或影响货币的供给，而这些因素都不是货币当局所能完全控制的。

(2)我国货币供给内生论分析。货币供给的内生性与外生性问题，是货币供给理论研究中一个既有理论意义，又有实践意义的重要问题。中央银行能否有效地控制货币供给，既受一国金融体制、金融发展程度的影响，又受经济体制和经济运行方式的影响。从我国的实际情况来看，货币供给具有明显的内生性特征，具体表现在以下几个方面：

首先，我国中央银行的独立性程度不高，导致货币供给的内生性。1993 年前，我国中央银行投放基础货币的主要渠道是对商业银行提供再贷款。这种再贷款的提供一般不是决定于中央银行的决策，而是决定于中央政府的宏观经济政策。1993 年后，虽然中央银行开始运用存款准备金政策、再贴现政策及公开市场操作等多种方式对货币供给实施调控，但这些方式的运用也在相当程度上受政府相关政策的影响。在这种情况下,我国的货币供给实际上决定于政府的政策,而不是决定于中央银行的调控。因此,在我国货币供给的决定与变动中,中央银行实际上处于被动地位。

其次,商业银行和社会公众的行为影响货币乘数。1995 年 3 月,我国颁布了《商业银行法》,在法律上明确了商业银行是自主经营、自担风险、自负盈亏、自我约束的经济实体。因此,中央银行实施的宏观调控政策能否取得预期成效,将一定程度上取决于商业银行对这种调控政策的反应程度。例如,商业银行是否留超额准备金、留多少超额准备金都由商业银行自主决定,而当商业银行持有较充裕的超额准备金时,中央银行通过上调法定准备金率而实行的紧缩性货币政策很可能收效甚微。此外,社会公众的资产选择行为将影响货币乘数,而对社会公众的这些行为,中央银行是无法控制的。

最后,外汇占款形成基础货币投放的内生性。自 1994 年起,我国对外汇管理体制和汇率体制进行了重大改革,尤其是实行了强制结售汇制,使中央银行通过收购外汇储备而被动地投放基础货币。随着我国对外开放程度的不断加深和经济的高速增长,经常项目和资本项目持续双顺差,我国的外汇储备大幅度增加。于是,中央银行通过这一渠道而投放的基础货币占基础货币投放总量的极大比例。尽管目前我国已将强制结售汇制改为意愿结售汇制,外汇在中央银行总资产中所占的比例有所降低,但比例依然很大。从中国人民银行 2020 年 12 月的资产负债表来看,外汇占其总资产的比例达到 54.51%。而在强制结售汇制下,该比例更是高达 80%以上。中央银行为收购外汇,必须相应地投放本币。为了防止由此而引发的通货膨胀,中央银行又不得不实行相应的冲销政策,但这种冲销政策不仅作用有限,而且有较大的副作用。

货币供给的内生性在一定程度上削弱了货币政策的有效性,尤其是影响了中央银行控制货币供给的能力。因此,在具体分析我国货币政策的作用时,必须充分考虑货币供给的内生性问题。

第十五章　通货膨胀与通货紧缩

一、填空题

1. 物价水平
2. 爬行的通货膨胀(温和通货膨胀)　中度的通货膨胀　奔腾式通货膨胀　恶性通货膨胀(极度通货膨胀)
3. 财政赤字型　信用膨胀型　国际收支型　体制型
4. 消费者物价指数　生产者物价指数　国内生产总值物价平减指数
5. 需求决定论　总需求
6. 成本推进　产品成本
7. 货币　货币数量过度增长
8. 生产领域　分配领域
9. 紧缩性货币政策　紧缩性财政政策　收入政策
10. 控制需求　改善供给　收入指数化政策
11. 价格水平普遍的、持续的下降

12. 价格水平的持续下降　货币供应的持续下降
13. 物价水平　货币供应量　经济增长率
14. 促进论　促退论　中性论
15. 制度性　结构性

二、选择题

(一)单项选择题

1. D　2. A　3. B　4. B　5. D　6. C　7. D　8. D　9. D　10. B
11. D　12. B　13. A　14. B　15. B　16. D　17. B

(二)多项选择题

1. ABD　2. ABD　3. ACD　4. AC　5. ABD　6. CD
7. BCD　8. ABC　9. ABD　10. AB　11. BD　12. ABD

三、判断题

1. 错　2. 错　3. 错　4. 错　5. 对　6. 对　7. 错　8. 错　9. 错　10. 对
11. 对　12. 错

四、名词解释

1. 通货膨胀:在纸币流通条件下,由于货币供应量过多,使有支付能力的货币购买力超过商品可供量,从而引起货币不断贬值和一般物价水平持续上涨的经济现象。

2. 消费者物价指数(Consumer Price Index,CPI):也称生活费用指数,它反映与居民生活有关的商品和劳务价格变动的幅度。该指数一般由各国政府或私人机构根据本国若干主要食品、衣着和其他消费品的零售价格以及水、电、住房、交通、医疗、文娱等费用加权平均而成,商品和劳务的价格常常通过抽样调查方式得到,而权数为该商品或劳务在消费者支出中所占的比重。由于该指数用于测量一定时期商品和劳务价格变动对消费者(居民)生活费用的影响程度,因此,常常成为劳资协议调整工资的尺度。

3. 生产者物价指数(Wholesale Price Index,WPI):该指数是最古老的价格指数,它是根据企业所购买的商品的价格变化状况编制的,反映了包括原材料、中间产品及最终产品在内的各种商品的批发价格的变动指数,可以衡量各种商品在不同生产阶段的价格变化情形。由于该指数涵盖很广泛且详细,故在商业领域广为使用。

4. 核心通货膨胀(Core Inflation):是指剔除暂时性因素影响的潜在通货膨胀(Underlying Inflation),用于反映价格变动的一般趋势。核心通货膨胀是大多数中央银行关注的重要指标,一般用整体通货膨胀指标扣除一些价格容易波动的项目来衡量,扣除项目通常包括食品、能源、间接税、住房抵押贷款成本(一般以住房抵押贷款利率表示)等,最常见的是食品和能源。

5. 国内生产总值物价平减指数(GDP Deflator):是指名义与实际的比率,即按当年价格计算的国内生产总值与按固定价格计算的国内生产总值的比率。其公式为:

$$\text{国内生产总值物价平减指数}=\frac{\text{按当年价格计算的国内生产总值}}{\text{按固定价格计算的国内生产总值}}\times 100$$

6. 需求拉上论:是西方经济学界出现最早的通货膨胀理论。该理论认为,通货膨胀是由于商品和劳务的总需求量超过了社会潜在产出水平从而导致一般物价水平上涨的现象。其根本原因在于总需求大于总供给时,形成了膨胀性缺口,牵动物价上涨,导致通货膨胀。所谓“膨胀性缺口”,也就是一国总需求超过商品和劳务总供给的部分。

7. 成本推进论:该理论的主要观点是,在总需求不变的情况下,由于生产要素价格(包括工资、租金及利率等)上涨,致使产品成本上升,从而导致一般物价水平持续上升的现象。

8. 结构性通货膨胀:认为通货膨胀是在总供给与总需求大体处于平衡状态下,由于经济结构方面的原因所引起的物价持续上涨。

9. 输入性通货膨胀:是指在开放经济条件下,由国际经济交往而导致的通货膨胀,包括小国开放模型和国际货币主义模型等。

10. 菲利普斯曲线:1958 年英国经济学家菲利普斯(A. W. Phillips)通过对英国近 100 年的统计资料的分析,发现在失业率与货币工资上升率之间存在一种比较稳定的此消彼长的替代关系,即失业率较低时,货币工资上升较快;而失业率较高时,货币工资上涨较慢。

11. 通货紧缩:一要素论:国内外学者较普遍地把通货紧缩定义为价格水平普遍的、持续的下降。双要素论:认为通货紧缩包括价格水平的持续下降和货币供应量的持续下降。三要素论:认为通货紧缩是物价水平、货币供应量和经济增长率三者同时持续下降的经济现象。物价水平下降是其最基本、最显著的特征。

五、简答题

1. 答案要点:

核心通货膨胀(Core Inflation)是指剔除暂时性因素影响的潜在通货膨胀(Underlying Inflation),用于反映价格变动的一般趋势。准确预测并有效控制一般物价水平的波动,是各国货币政策的一项重要目标。

传统的通货膨胀衡量指标存在很多弊端,例如:(1)传统指标受局部商品价格变化的影响很大,存在许多噪音,为准确识别一般物价水平的变动趋势带来困难。(2)传统指标无法准确预测未来通货膨胀的趋势,也就不能为货币政策的制定提供坚实可靠的基础。(3)由供给冲击引起的通货膨胀,并不属于应该由中央银行进行干预的范围。基于上述理由,为了货币政策的需要,各国中央银行都推出所谓的核心通货膨胀率指标,以衡量通货膨胀的基本态势,辅助其进行形势判断和政策选择。

大多数中央银行一般用整体通货膨胀指标扣除一些价格容易波动的项目来衡量,扣除项目通常包括食品、能源、间接税、住房抵押贷款成本(一般以住房抵押贷款利率表示)等,最常见的是食品和能源。有些国家在使用扣除法计算核心通货膨胀时,不是简单地将一些价格易波动的项目完全剔除,而是根据价格波动的程度确定项目权重,价格波动越大的项目,权重就越低。

2. 答案要点:

引起通货膨胀的一般原因主要有以下几个方面:

(1)需求拉上论。需求拉上论是西方经济学界出现最早的通货膨胀理论。该理论认为,通货膨胀是由于商品和劳务的总需求量超过了社会潜在产出水平从而导致一般物价水平上涨的现象。其根本原因在于总需求大于总供给时,形成了膨胀性缺口,牵动物价上涨,导致通货膨胀。所谓“膨胀性缺口”,也就是一国总需求超过商品和劳务总供给的部分。持有这一观点的学派包括凯恩斯和货币数量论,两者均认为通货膨胀的根源在于总需求方面,但在造成总需求过度的起因上,却有各自不同的观点。

(2)成本推进论。20世纪50年代后期,一些经济学家提出成本推进论。其主要观点是:在总需求不变的情况下,由于生产要素价格(包括工资、租金及利率等)上涨,致使产品成本上升,从而导致一般物价水平持续上升的现象。根据成本推进论的观点,导致生产成本提高的原因主要有:一是工资推进,二是利润推进,三是生产要素推进。

(3)结构性通货膨胀与输入性通货膨胀。结构性通货膨胀论者认为,通货膨胀是在总供给与总需求大体处于平衡状态下,由于经济结构方面的原因所引起的物价持续上涨。结构性通货膨胀又可分为需求移动型通货膨胀、小国开放型通货膨胀、部门差异型通货膨胀、瓶颈制约型通货膨胀等。输入性通货膨胀是指在开放经济条件下,由国际经济交往而导致的通货膨胀,包括小国开放模型和国际货币主义模型等。

3. 答案要点:

通货紧缩:一要素论:国内外学者较普遍把通货紧缩定义为价格水平普遍的、持续的下降。双要素论:认为通货紧缩包括价格水平的持续下降和货币供应量的持续下降。三要素论:认为通货紧缩是物价水平、货币供应量和经济增长率三者同时持续下降的经济现象。物价水平下降是其最基本、最显著的特征。

导致通货紧缩的原因主要有以下几个方面:

(1)通货紧缩与经济周期有关。通货紧缩现象往往和世界性经济周期发展密切相关。当一国经济处于繁荣、高涨阶段,也意味着衰退、萧条时期临近的可能,一旦经济由繁荣走向衰退,必然出现生产能力过剩,商品供过于求,从而一般物价水平持续下降,与经济衰退相伴随的通货紧缩便发生了。

(2)通货紧缩与货币政策有关。当通货膨胀问题得到解决后,如果中央银行继续采用紧缩的货币政策,就会使货币供应不足,市场上商品供求失衡,从而引起一般物价水平的持续下降,导致通货紧缩。

(3)通货紧缩与财政政策有关。政府为了预防通货膨胀或为了降低财政赤字,而采取了紧缩性的财政政策,大量削减公共开支,减少转移支付,从而减少了社会总需求,加剧商品和劳务的供求失衡,导致通货紧缩。

(4)通货紧缩与科技创新、生产力水平提高有关。科技进步与创新提高了劳动生产率,降低了生产成本,使生产能力过剩,如果这种过剩的生产能力不能及时消耗,那么物价下跌的趋势也会持续下去,通货紧缩就必然发生。

(5)通货紧缩与汇率制度有关。一国如采用钉住强势货币的汇率制度时,本币汇率高估,会导致出口下降,一方面增加国内市场商品供给,另一方面加剧国内企业经营困难,促使消费需求趋减,使物价水平持续下降,引发通货紧缩。

六、论述题

1. 答案要点:

(1)通货膨胀成因的理论观点:

①凯恩斯学派的通货膨胀理论为需求决定论,强调引发通货膨胀的是总需求,而不是货

币量。

②后凯恩斯学派用“成本推进”来解释通货膨胀，认为主要是由于工资增长率超过劳动生产率的增长速度，导致产品成本上升，物价上涨。

③货币主义学派认为通货膨胀完全是一种货币现象，货币数量的过度增长是通货膨胀的唯一原因。

④马克思主义认为通货膨胀表现在流通领域，根源在于生产领域和分配领域。只有深入到生产领域和分配领域，才能找到产生通货膨胀的根本原因。

(2)通货膨胀成因的实践解释：①银行信用膨胀；②财政赤字；③基本建设投资过度；④工资增长率超过劳动生产率的增长幅度；⑤国际收支长期大量顺差；⑥经济效益低下。

(3)通货膨胀的对策：

①控制需求。这一政策是针对需求拉上型通货膨胀的，包括紧缩性货币政策、紧缩性财政政策、紧缩性收入政策。

紧缩性货币政策，其实质是控制货币供应量的过快增长。具体方法如下：中央银行提高法定存款准备金率；中央银行提高再贴现率；中央银行在公开市场上出售有价证券，回笼基础货币，达到降低货币供应的目的。此外，中央银行还可以动用法律手段、行政手段实施紧缩。

紧缩性财政政策主要通过以下几种方式：增加税收，削减政府支出，减少政府转移支出。

总之，货币政策是通过影响信贷、影响投资，从而影响市场货币供应量，以压缩总需求，而财政政策则是直接影响政府、企业和个人的消费支出，压缩总需求。

②改善供给。治理需求拉上型通货膨胀，紧缩政策是希望从压缩总需求来实现总需求与总供给的平衡，而供应方面的经济政策则是既压缩总需求，又运用刺激生产增长的方式来改善供给，发展生产、增加有效供给是稳定币值、消除通货膨胀的根本出路。

③收入政策。针对成本推进型通货膨胀，经济学家提出了收入政策，即由政府拟定物价和工资标准，劳资双方共同遵守，这样既可以控制通货膨胀，又不至于造成大规模的失业。

收入政策具体有以下 3 种形式：强制性的工资—价格管制，自愿的工资—价格指导线，以税收为手段的收入政策。

④收入指数化政策。收入指数化是按物价变动状况自动调整收入的一种分配方案。如银行存款利息的支付、工资的调整、国债利息的确定等，都适用这种政策。该政策一般被当作一种适应性的反通货膨胀的措施。

2. 答案要点：

(1)通货紧缩对经济增长的威胁在于：

①物价水平的持续下降意味着货币购买力不断提高，消费推迟，抑制总需求，商业萎缩，进而影响就业增长，形成工资下降压力，进入通货紧缩螺旋，最终导致经济衰退或萧条。

②物价水平的持续下降意味着实际利率的上升，投资成本变得昂贵，投资项目的吸引力下降，投资减少必然导致经济增长的下降，可能形成经济衰退。

③通货紧缩可能引发银行业危机。物价水平的持续下降意味着实际利率的上升，债务人负担增加，使银行不良资产比率上升，银行惜贷，导致信贷供给和需求的萎缩，可能会引发银行业的危机。

(2)通货紧缩对经济的积极影响在于：伴随经济增长率上升的长期轻度通货紧缩对消费者有利，从而能使社会经济在安定的环境中以一个恰当的速度增长。

①如果通货紧缩的形成是由于合理的市场价格竞争、劳动生产率的提高,则有利于经济增长。

②如果科技进步是商品价格持续下降的原动力,此时的通货紧缩显然是经济健康发展的标志。

③由于国际市场低价商品的冲击而形成国内通货紧缩,从长期来看,有利于本国的经济进步,提升本国的国际竞争力。

(3)通货紧缩的对策。在通货紧缩情况下,一般物价水平低于其正常水平,因此,通货紧缩的治理,就是将物价恢复到合理的水平。在通货紧缩的治理问题上,各国经济学者观点不同,其政策主张迥异,但在以下两方面却达成共识:

①积极的财政政策。积极的财政政策不仅意味着扩大财政支出,以发挥财政支出在社会总支出中的作用,弥补个人消费需求不足造成的需求减缓,起到"稳定器"的作用。同时,还应优化财政支出的结构,以增大财政支出的"乘数效应",使财政支出能最大化地带动企业或私人部门的投资,以增加社会的总需求。

②积极的货币政策。积极的货币政策就是要中央银行及时做好宏观经济形式的预测和判断,密切关注金融机构的信贷活动,适时进行微调,增加货币供应量,降低利率,通过灵活的货币政策,增加有效的贷款投放,以扩大货币供给。

3. 答案要点:

1997 年以来中国通货紧缩现象的形成机制较为复杂,如经济运行的深层次原因、企业亏损造成有效需求不足、经济软着陆的滞后效应、改革造成的居民预期不确定限制了居民的消费、市场价格竞争、农业持续丰收造成农产品价格下降、出口下滑、国际市场低价商品的冲击等。

应对通货紧缩,应根据不同的形成机制,采取不同的对策:

(1)针对我国以制度性和结构性为主要特征的通货紧缩,必须采取深化改革的对策。

(2)针对市场竞争导致的价格下降,采取不干预政策,并通过法制建设以保护竞争性价格下降。

(3)针对因开放而引起的输入性通货紧缩,既扩大出口,积极引进外资,又适度保护国内市场。

(4)对于因技术进步、管理改善等导致的成本降低、价格下降,采取积极鼓励的对策。

(5)采取适当宽松的货币政策,适度刺激需求。

4. 答案要点:

问题的关键在于这种情况形成的机制如何。

(1)如果是伴随着经济增长率上升的物价下降,则能使社会经济在安定的环境中以一个恰当的速度增长。如果物价下降是由于良性的市场价格竞争、劳动生产率的提高和单位产品成本的下降、国际市场低价商品的冲击等因素造成的,则有利于经济的健康成长。

(2)如果是经济衰退型的物价下降,则对经济增长的威胁作用十分明显。其危害表现在:

①货币购买力提高,消费推迟,抑制总需求,商业萎缩,进而影响就业增长,形成工资下降压力,进入通货紧缩螺旋,最终导致经济衰退或萧条。

②实际利率上升,投资成本变得昂贵,投资减少必然导致经济增长的下降,可能形成衰退。

③债务人负担增加,使银行不良资产比率上升,银行惜贷,导致信贷供给和需求的萎缩,

可能会引发银行业的危机。

④通货紧缩还严重制约了货币政策的实施。

第十六章　货币经济学的新发展

一、填空题

1. 托宾效应
2. 托宾
3. 斯德劳斯基
4. 降低失业率
5. 高失业率　高通货膨胀率
6. 通货膨胀率预期
7. 非中性　中性
8. 自然率
9. 通货膨胀目标制　汇率目标制
10. 目标法则　工具法则

二、选择题

(一)单项选择题

1. C　2. A　3. D　4. B

(二)多项选择题

1. AB　2. BC　3. BCD　4. BC　5. AD　6. AC
7. ABD

三、判断题

1. 对　2. 错　3. 对　4. 对　5. 错

四、名词解释

1. 托宾效应:通常,我们将货币增长率的变化通过影响个体投资组合进而影响实际变量的长期值的现象,称为托宾效应。

2. 目标法则:包括通货膨胀目标制、汇率目标制和名义 GDP 目标制等。从广义上讲,它指定了要达到的目标,如给出了目标变量、目标值和需要最小化的损失函数;从狭义上讲,它指定了目标变量(或目标变量预测值)所要满足的条件,即货币政策操作的欧拉方程。

3. 工具法则:是指中央银行的政策工具(短期利率或基础货币)可以表示为中央银行可利用信息的函数,如泰勒(Taylor)法则和麦卡勒姆(McCallum)法则。

4. 泰勒法则:泰勒认为,政策规则不一定是政策工具的固定设定或一个机械的公式,规则型行为是系统地(而不是随机地)按照某一计划实施货币政策。泰勒用一个简单的政策规则来说明政策的制定,即一般的“泰勒规则”,其模型表达式为:$i_t=\overline{f}+f_\pi(\pi_t-\pi^*)+f_y(y_t$

$-\overline{y}_t$)。其中,π^* 为目标通货膨胀率。泰勒规则的政策含义,即联邦基金名义利率要顺应通货膨胀率的变化,以保持实际均衡利率的稳定性。如果产出的增长率超过潜在水平,或失业率低于自然失业率,以及预期通货膨胀率超过目标通货膨胀率,则使实际利率偏离实际均衡利率,货币当局就应运用政策工具调节名义利率,使实际利率恢复到实际均衡利率。

5. 相机抉择:是指政府在进行需求管理时,可以根据市场情况和各项调节措施的特点,机动地决定和选择当前究竟应采取哪一种或哪几种政策措施。

6. 固定规则:按照一个固定的规则自动调整其货币政策,政府只在开始时选择一个最优决策规则。

五、简答题

1. 答案要点:

研究货币与长期经济增长的关系,需要回答以下两个基本问题:货币供给对经济增长到底有什么影响?这种影响是永久性的还是临时性的?当代经济学家从理论和经验两个方面进行研究,既存在分歧,也有一定的共识。

其分歧表现在:

首先,货币与长期经济增长关系的理论分歧。经济学家对货币与长期经济增长的关系,分别得出了货币增长率(或通货膨胀率)与长期产出增长率正相关、负相关和不相关的结论。

其次,为研究货币与长期经济增长之间的关系,经济学家们在经验分析方面做了大量的工作,但相互之间得出的结果却存在较大的差异,既有正相关的结论,也有负相关和不相关的结论。

关于货币与长期经济增长关系的共识:

在货币与长期经济增长关系上,经济学家们的分歧并不代表他们之间就没有达成共识。目前经济学家们都相信,货币从长期看是中性的,或近似中性的,即使存在某种程度的正相关性或负相关性,这种相关性也比较弱。

2. 答案要点:

(1)在古典理论中,假定价格水平和名义工资具有完全弹性,可以迅速调整,从而对各种冲击作出响应。如图16—1所示,劳动力市场不存在非自愿失业,在均衡的实际工资水平下,所有想工作的人都可以得到工作。图16—2体现的是均衡的劳动投入独立于商品价格水平,因此,由劳动投入决定的商品供给也独立于价格,表现为一条竖直的直线。因此,总需求的变化仅影响物价水平,对均衡产出没有影响。

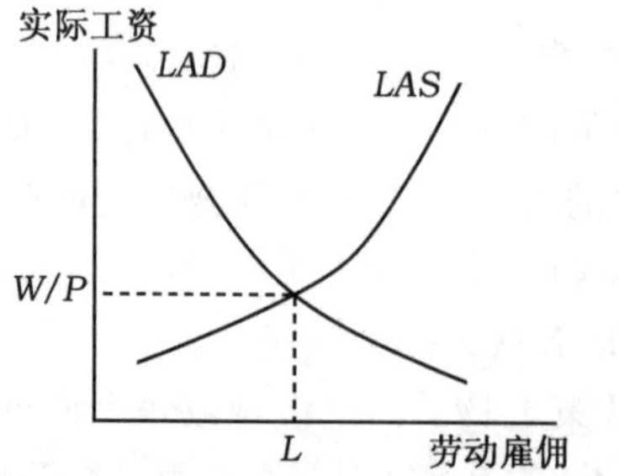

图16—1 劳动力市场均衡

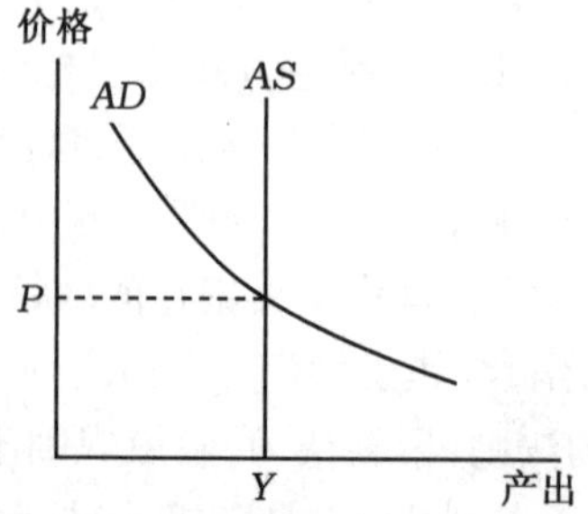

图16—2 产出市场均衡

(2)关于货币政策对产出的影响。古典经济理论认为，当经济中的货币供给增加时，在其他条件不变的假定下，资金的供给大于需求，使得利率下降，这表现为刻画货币供给等于流动性需求的 LM 曲线的右移(如图 16—3 所示)，导致给定价格下总需求量的上升。因此，图 16—4 中的总需求曲线右移，但由于总供给曲线是一条竖直的直线，总需求曲线的移动并没有带来产出的变化，仅仅导致了物价的上升。

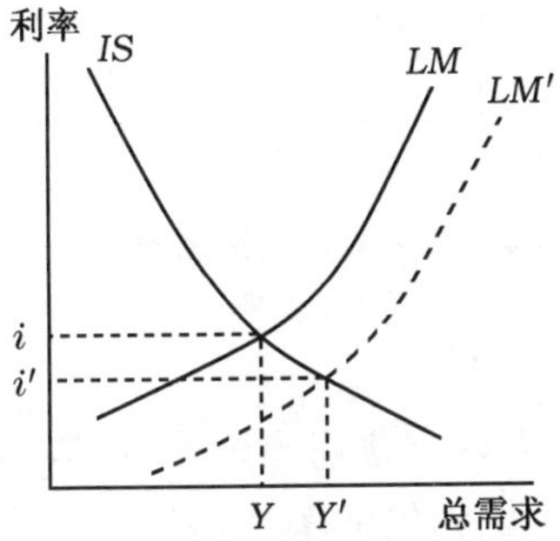

图 16—3　货币供给变化对总需求的影响

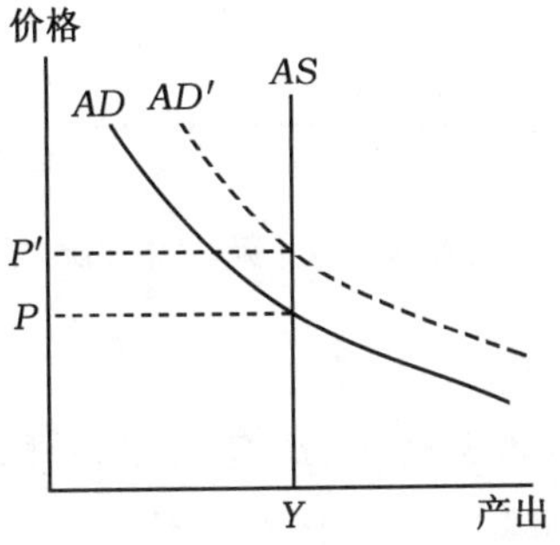

图 16—4　货币供给变化对产出与物价的影响

古典经济学家们相信名义价格和名义工资是完全弹性的，经济中不存在非自愿失业现象，货币供给仅能改变物价水平，对产出、就业等实际变量没有影响，因此，货币当局并不能利用货币政策来对经济进行干预，货币政策是无效的。同时，他们相信经济系统总是处于均衡状态，产出会自动、迅速地恢复到充分就业的水平上；经济中不会出现大的、持久性的衰退，衰退出现时也不需要政府对经济进行干预。

3. 答案要点：

(1)凯恩斯理论及名义刚性假定。

凯恩斯在 1936 年出版的《就业、利息和货币通论》中，提出了一套全新的宏观经济波动理论。与古典理论不同的是，凯恩斯认为，名义工资或价格不能迅速调整，具有刚性，因此，市场并不能自动地迅速出清，经济中存在非自愿失业现象，政府可以采用财政政策和货币政策来抹平经济波动。

在凯恩斯理论中，假定了名义工资的刚性，因此在给定价格下，实际工资是一个定值，劳动力的供给和需求一般来说并不能相等，存在非自愿的失业问题，如图 16—5 所示。通常来说，市场中的劳动投入等于厂商对劳动力的需求，在工资刚性假定下，商品价格越高，实际工资越低，厂商愿意雇用的劳动数量越大，产出也越高，因此，表现在图 16—6 中的总供给曲线是一条向上倾斜的曲线。

(2)凯恩斯工资刚性假定的缺陷。

凯恩斯理论中工资刚性的假定，蕴含着当经济受到一个负的总需求冲击时，总需求曲线左移，产出和物价同时下降，由于工资的刚性，实际工资上升，即在业工人的实际收入反而提高了。在《就业、利息和货币通论》出版后不久，人们便意识到了凯恩斯理论所蕴含的实际工资对总需求冲击的反周期性，人们随之做了大量的计量工作来检验其正确性。遗憾的是，大多数研究表明，实际工资对总需求冲击的响应近似地是非周期的(Acyclical)或温和地顺周期的(Procyclical)。诚如凯恩斯自己所说的，在他的理论中缺少一个方程，因此，凯恩斯理论中的总供给方程需要修正。

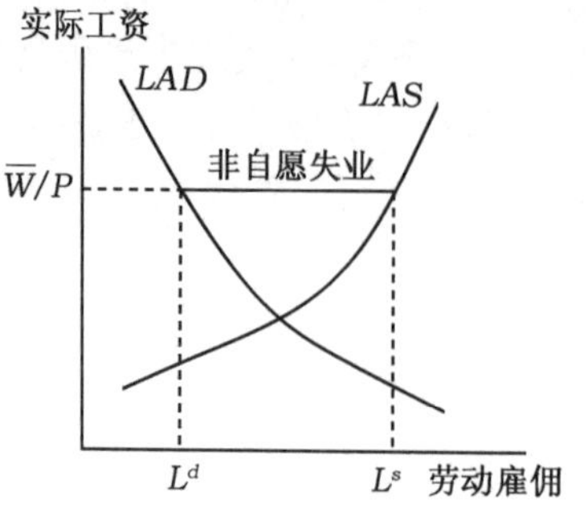

图 16—5 劳动力市场均衡

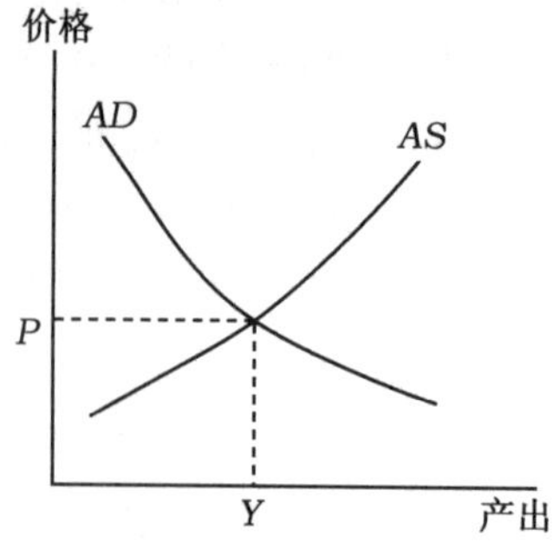

图 16—6 产出市场均衡

4. 答案要点:

20 世纪 60 年代末、70 年代初,美国和大多数西方国家普遍出现了"滞胀"现象,即高失业率和高通货膨胀率共存的现象,这使得人们渐渐认识到失业率与通货膨胀率之间的负相关性并不稳定。

1967 年,菲尔普斯首先把通货膨胀率预期的概念引入菲利普斯曲线。菲尔普斯认为:(1)失业率与产出独立于预期通货膨胀率;(2)当人们的通货膨胀率预期发生变化时,实际通货膨胀率也将相应地发生变化。因此,通过引入预期,菲利普斯曲线可以扩充为:

$$\pi_t=\alpha(\overline{U}-U_t)+E_{t-1}[\pi_t]$$

其中,$E_{t-1}[\pi_t]$为通货膨胀预期,$\overline{U}$ 为自然失业率。

弗里德曼进一步指出,早期简单菲利普斯曲线失效的原因是未能区分名义工资和实际工资。弗里德曼认为,失业率与实际工资增长率而不是名义工资增长率之间存在负相关性。

菲尔普斯和弗里德曼的研究表明,当预期通货膨胀率等于实际通货膨胀率时,失业率就处于自然率水平。通货膨胀率与失业率之间只存在短期关系,当中央银行采用扩张性的货币政策以提高通货膨胀率时,短期内在公众没有意识到通货膨胀率上升时,央行政策所导致的非预期通货膨胀率可以降低失业率,提高产出;随着时间的推移,公众会调整其预期,使得实际通货膨胀率等于预期通货膨胀率,失业率会回到自然率水平。这就是 20 世纪 60 年代末、70 年代初"滞胀"出现的原因。他们的理论也常被称为自然率假设。

5. 答案要点:

适应性预期(Adaptive Expectations),在经济学中是指人们对未来会发生的预期是基于过去(历史)的。例如,如果过去的通货膨胀是高的,人们就会预期它在将来仍然会高。在菲尔普斯和弗里德曼关于菲利普斯曲线的讨论中采用了适应性预期,即预期是缓慢调整的,个体可以从预期错误中吸取教训,并对未来预期进行调整。

适应性预期的预期形成机制是非常机械的,同个体理性行为不吻合。例如,如果上一期通货膨胀率为 7%,预期通货膨胀率为 6%,按照适应性预期理论,现期通货膨胀率预期应该高于 6%。如果社会上反通货膨胀的呼声很高,中央银行迫于压力,承诺将实施紧缩的货币政策,则公众在做预期时就应该考虑到该信息,从而通货膨胀预期应该低于 6%。

6. 答案要点:

通货膨胀的福利成本可以通过定性分析来讨论,主要包括两个方面:

(1)平稳通货膨胀的福利成本:①鞋底成本(Shoe-Leather Cost)。②菜单成本(Menu

Cost)。③基于税收系统的扭曲。④源于工资和价格的黏性。⑤源于记账困难。⑥最后一种成本可能并非源于任何实际效应，而是因为个体内心对通货膨胀的厌恶。

(2)通货膨胀波动的福利成本。经验中通货膨胀率越高，通货膨胀率波动也越大，越难预测。通货膨胀率的波动增加了个体收入的不确定性，降低了社会福利。非预期的通货膨胀使得财富发生了再分配；通货膨胀不确定性的增加减少了厂商和个体的投资热情，特别是长期投资热情；再者，当通货膨胀波动很大时，个体和厂商可能会认为这是政府运转状况糟糕的信号，这同样降低了他们的长期投资热情。

六、论述题

1. 答案要点：

中央银行的相机抉择行为将导致通货膨胀偏差的出现，即无产出收益的通货膨胀率的提高。如何减轻或消除因时间不一致性而导致的通货膨胀偏差，便成为货币经济学家需要面对的一个重要问题。考虑到中央银行的决策问题是一个最优化问题，最优时通货膨胀的边际收益等于边际成本，所以，通货膨胀偏差的消除可以通过设法提高通货膨胀的边际成本来实现。这些方法主要包括以下几种：

(1)引入中央银行的信誉。该方法最早由巴罗和戈登(1983)引入。在一个多期决策中，如果中央银行当前屈服于引诱而提高了通货膨胀率，则其长期低通货膨胀的信誉将会被摧毁，公众随之调高通货膨胀预期，使得中央银行想提高通货膨胀率的收益下降、成本上升。通过惩罚中央银行，信誉的引入提高了通货膨胀的边际成本，使得中央银行采用固定规则的货币政策，消除了通货膨胀偏差。

(2)允许中央银行的偏好不同于公众偏好。①任命一个具有较高通货膨胀权重的个体作为政策制定者，并给该个体行使政策的独立性；②将政策制定者看作一个行政官员，通过某种依赖于稳定物价的收入契约来提高他的通货膨胀边际成本；③如果通货膨胀偏差源于对中央银行的政治压力，则设计一种体制来减少政府对货币当局的干预不失为一种可行办法。

(3)对中央银行政策的灵活性强加某种限制。最普遍采用的限制方法是目标法则，该法则需要中央银行达到一个预先设定的目标，或者向中央银行强加一个对该目标偏离的机会成本。目标法则主要包括通货膨胀目标制和汇率目标制。前者为中央银行设定了一个通货膨胀率目标，要求中央银行将通货膨胀率稳定在目标附近，该制度已经在加拿大、瑞典、芬兰等许多国家被采用；后者要求中央银行钉住与某个低通货膨胀国家货币的汇率。

2. 答案要点：

(1)泰勒法则。泰勒在研究了 1987—1992 年美国联邦基金利率的变化后发现，美联储的货币政策可以用一个简单的利率反馈法则来表示：$i_t=0.04+1.5(\pi_t-0.02)+0.5(y_t-\overline{y}_t)$，其中，$i_t$ 为联邦基金利率，π_t 为通货膨胀率，y_t 为实际 GDP 的对数值，$\overline{y}_t$ 为潜在产出的对数值。上述利率反馈法则是一种简单工具法则，通常被称为泰勒法则，其一般形式可以表示为：$i_t=\overline{f}+f_\pi(\pi_t-\pi^*)+f_y(y_t-\overline{y}_t)$，其中，$\pi^*$ 为目标通货膨胀率。上式表明，美联储通过改变准备金供给，在货币市场上进行操作，使得联邦基金利率对当前通货膨胀率和产出缺口做出响应。当通货膨胀率高于目标通货膨胀率时，美联储提高利率；当产出缺口大于零时，美联储也提高利率。由于近年来美联储的货币政策操作相当成功，因此，泰勒法则受到了人们的高度重视。

近年来,对泰勒法则的理论研究主要从两个方面展开:一是描述性研究,二是指示性研究以及这些利率法则在各宏观经济模型中是如何执行的。这些研究已经取得了许多重要成果,包括:①为稳定通货膨胀,工具利率对通货膨胀的响应程度必须大于1(即泰勒原理);②工具利率对决定目标变量的宏观经济变量做出响应要优于直接对目标变量做出响应;③工具法则是相当稳健的,即给定工具法则,在不同的宏观经济模型中这类法则都可以执行得相当好,并不受模型的微小扰动影响。

(2)泰勒法则应用。美联储近年来的成功是否得益于这样一个简单工具法则?美联储在执行货币政策时是否会机械地服从该简单规则?人们进一步的研究表明,泰勒型简单利率法则虽然与经验事实吻合得较好,但该法则也存在几个明显的缺点:①如果经济中存在通货膨胀率与产出缺口之外的其他重要状态变量,则该法则便不再是最优的了。②对简单利率法则的承诺忽略了中央银行的判断调整和对模型所无法包含的信息的响应。当股票市场崩溃、亚洲金融危机等特殊事件发生时,中央银行必须使用其判断,而不是模型来评估对未来产出和通货膨胀的影响。③当货币政策传导机制、冲击或冲击源的变化等新信息到来时,必须对简单利率法则进行修改,修改完后便必须机械遵守,因此央行决策过程在时间跨度上表现出非常的不均匀。④没有一个中央银行已经承诺会按照这样一种简单利率法则来制定和实施其货币政策。

泰勒自己也认为,泰勒法则应该被看作是货币政策的准线,它可以被广义地理解为重点将系统操作目标设定为价格稳定和产出稳定,并利用所有可收集到的信息做出判断,以调整利率来抹平经济波动。

第十七章　货币政策的目标与工具

一、填空题

1. 货币政策的最终目标　货币政策的主要工具
   货币政策的中介目标　货币政策的传导机制
   货币政策操作方法　货币政策的有效性
2. 稳定物价　充分就业　经济增长　国际收支平衡
3. 自愿性失业　摩擦性失业
4. 静态平衡　动态平衡
5. 菲利普斯曲线
6. 统筹兼顾　相机抉择　政策搭配
7. 保持币值的稳定,并以此促进经济增长
8. 保持货币的对内价值的稳定　保持货币的对外价值的稳定
9. 存款准备金政策　再贴现政策　公开市场业务
10. 存款准备金政策
11. 公开市场业务
12. 可测性　可控性　相关性
13. 货币政策工具的运用　货币政策的最终目标

14. 窗口指导　道义劝告
15. 凯恩斯
16. 货币
17. 流动性陷阱
18. 财政政策　货币政策
19. 明斯基
20. 克纳普
21. 货币国定论　赤字货币化　最后雇佣者计划

二、选择题

(一)单项选择题

1. B　2. D　3. A　4. A　5. B　6. A　7. D　8. C　9. C　10. B
11. B　12. A　13. B　14. C　15. A　16. B

(二)多项选择题

1. ABD　2. BCD　3. CD　4. AB　5. ACD　6. ABCDE
7. ACD　8. ACD

三、判断题

1. 错　2. 对　3. 错　4. 错　5. 错　6. 对　7. 对　8. 错　9. 错　10. 错
11. 对　12. 对　13. 对　14. 对

四、名词解释

1. 货币政策:是指一国货币当局(主要是中央银行)为实现其预定的宏观经济目标,对货币供给、银行信用及市场利率实施调节和控制的具体措施。在现代市场经济中,中央银行的货币政策是对整个经济运行实行宏观调控的最重要手段之一。

2. 货币政策目标:是指中央银行制定和实施某项货币政策所要达到的特定的经济目的。这种目标实际上是指货币政策的最终目标。

3. 充分就业:一般是指消除一国经济中的非自愿失业,即由于工人们不愿接受现行的工资水平和工作条件而造成的失业。它的实现并不意味着失业率降为零,仍存在着自愿失业和摩擦性失业。

4. 菲利普斯曲线:它是用于反映通货膨胀率与失业率之间此增彼减的交替关系的一种曲线。根据这一曲线,在物价稳定(即通货膨胀率较低)时,失业率较高;而当失业率较低时,通货膨胀率较高。

5. 自愿失业:是指由于工人们不愿接受现行的工资水平和工作条件而造成的失业。

6. 非自愿失业:是指愿意接受现行的工资水平和工作条件,但仍找不到工作,从而造成的失业。

7. 摩擦性失业:是指由于短期内劳动力供求的暂时失调而造成的失业。

8. 相机抉择:是指货币当局或中央银行在不同时期,应根据不同的经济形势,灵活机动地选择不同的货币政策,以达到当时最需要达到的政策目标。具体而言,在通货膨胀时期,应当实行紧缩性的货币政策,抑制通货膨胀;而在经济萧条时期,应当实行扩张性的货币政策,以刺激投资,促进经济复苏。

9. 货币政策工具:是指中央银行在实施某种货币政策时所采取的具体措施或具体的操作方式。

10. 存款准备金政策:是指中央银行通过调整法定存款准备金比率,来影响商业银行的信贷规模,从而影响货币供应量的一种政策措施。它是一种威力强大、不宜常用的货币政策工具。

11. 再贴现政策:是指中央银行通过提高或降低再贴现率来影响商业银行的信贷规模和市场利率,以实现货币政策目标的一种手段。其对一国经济的影响是比较缓和的,有利于一国经济的相对稳定,但中央银行处于被动的地位。

12. 公开市场业务:是指中央银行通过在公开市场买进或卖出有价证券来投放或回笼基础货币,以控制货币供应量,并影响市场利率的一种行为。它使中央银行可以主动、灵活、及时地调节和控制基础货币总量。

13. 货币政策的最终目标:是指中央银行制定和实施某项货币政策所要达到的特定的经济目的,如稳定物价、增加就业、促进经济增长、实现国际收支平衡等。

14. 货币政策中介目标:从货币政策工具的运用到最终目标的达到,必须经过许多中间环节,中央银行实际上不可能通过货币政策的实施而直接达到其最终目标,而只能通过观测和控制它所能控制的一些具体的指标来影响实际的经济活动,从而间接地达到其最终目标。这些能为中央银行所直接控制和观测的指标就是货币政策的中介目标。

15. 现代货币理论(简称 MMT):发端于 20 世纪 90 年代,是继承了明斯基对于凯恩斯经济学解读的后凯恩斯主义学者对货币金融理论做出的新贡献。该理论主张在经济未处在充分就业的情况下,政府有通过扩张财政,必要时甚至可以通过赤字货币化的手段的能力和义务来调动社会资源,促进充分就业。在这套理论框架中,货币国定论是构成理论的基础,赤字货币化是手段,最后雇佣者计划是目标,三者共同构成了现代货币理论的支柱。

16. 中央银行票据:是中央银行为调节商业银行的超额准备金而向商业银行发行的短期债务凭证。中央银行票据实质上是中央银行发行的债券,之所以被称为“票据”,主要是为了突出其短期性的特点。从已发行的中央银行票据来看,期限最短的是 3 个月,最长的也只有 3 年。

17. 短期流动性调节工具(SLO):2013 年 1 月,中国人民银行立足于现有货币政策操作框架并借鉴国际经验,创设了“短期流动性调节工具”,作为公开市场常规操作的必要补充,在银行体系流动性出现临时性波动时相机使用。短期流动性调节工具以 7 天期内短期回购为主,采用市场化利率招标的方式。短期流动性调节工具的操作对象为公开市场业务一级交易商中具有系统重要性影响、资产状况良好、政策传导能力强的部分金融机构。

18. 常备借贷便利(SLF):是中国人民银行于 2013 年初创设的货币政策工具。主要功能是满足金融机构大额流动性需求,期限为 1～3 个月,对象主要为政策性银行、全国性商业银行以及一些中小商业银行,利率水平根据货币政策调控和引导市场利率的需要等综合确定。从操作上看,常备借贷便利以抵押方式发放,合格抵押品包括高信用评级的债券类资产及优质信贷资产等。

19. 中期借贷便利(MLF):是中国人民银行于2014年9月创设,为中央银行提供中期基础货币的货币政策工具。通常以6个月期为主,对象为符合宏观审慎管理要求的商业银行和政策性银行,通过招标方式开展,采取质押方式发放。合格质押品为金融机构提供的国债、中央银行票据、政策性金融债、高等级信用债等优质债券。

20. 抵押补充贷款(PSL):是中央银行投放长期基础货币的工具,期限通常长达数年。最初目的是为开发性金融机构(国家开发银行)支持棚户区改造重点项目提供长期、稳定、成本适当的资金来源。后来,中央银行还对其他若干家股份制商业银行和大型城市商业银行投放抵押补充贷款,以支持国民经济重点领域、薄弱环节和社会事业的发展。

21. 信贷资产质押再贷款:指商业银行用自己已有的信贷资产(即已经放出去的贷款)到中央银行质押,以获得中央银行的再贷款。2016年1月以后扩大了抵押补充贷款的适用范围。明确抵押补充贷款管理办法和监测评估操作规程,要求三大政策性银行按照"特定用途,专款专用,保本微利,确保安全"的原则发放抵押补充贷款。

22. 央行票据互换工具(CBS):2019年1月,中国人民银行创设了央行票据互换工具,公开市场业务一级交易商可以使用持有的合格银行发行的永续债从中国人民银行换入央行票据。CBS操作可以增加持有银行永续债的金融机构的优质抵押品,提高银行永续债的市场流动性,增强市场认购银行永续债的意愿,从而支持银行发行永续债补充资本,为加大金融对实体经济的支持力度创造有利条件。

五、简答题

1. 答案要点:

中央银行选择什么变量作为货币政策的中介目标和操作目标,是决定这种政策能否达到最终目标的关键性环节。一般来说,中央银行选择货币政策中介目标的主要标准有以下三个:

一是可测性,指中央银行能够对这些被作为货币政策中介目标的变量进行比较精确的统计。

二是可控性,指中央银行可以较有把握地将选定的中介目标控制在确定的或预期的范围内。

三是相关性,指被作为货币政策中介目标的变量与货币政策的最终目标有着紧密的关联性。

选择操作目标的标准与选择中介目标的标准是比较一致的。这是因为,在选择中介目标时,最终目标是中介目标的政策目标;而在选择操作目标时,中介目标可作为操作目标的政策目标。

2. 答案要点:

所谓"货币政策目标",是指中央银行制定和实施某项货币政策所要达到的特定的经济目标,实际上就是货币政策的最终目标。目前,西方发达国家的货币政策有四大目标,即稳定物价、充分就业、经济增长和国际收支平衡。

(1)稳定物价一般是指通过实行适当的货币政策,保持一般物价水平的相对稳定,以避免出现通货膨胀或通货紧缩。

(2)充分就业一般是指消除一国经济中的非自愿失业,即由于工人们不愿接受现行的工资水平和工作条件而造成的失业。它的实现并不意味着失业率降为零,仍存在着自愿失业和摩擦性失业。

(3)经济增长即促进经济的增长。一般用人均国民生产总值作为衡量指标。

(4)国际收支平衡是指一国对其他国家的全部货币收入与全部或支出保持基本平衡。

3. 答案要点:

一般性的货币政策工具是指各国中央银行普遍运用的、对整体宏观经济产生影响的货币政策工具。一般性的货币政策工具包括存款准备金政策、再贴现政策、公开市场业务。

选择性的货币政策工具是指中央银行针对个别部门、个别企业或某些特定用途的信贷所采用的货币政策工具。选择性的货币政策工具包括证券市场信用控制、不动产信用控制、消费者信用控制等。

除了上述一般性的货币政策工具和选择性的货币政策工具以外,中央银行还可根据本国的情况和不同时期的具体需要,运用一些其他的货币政策工具。这其中,既有直接的信用控制,也有间接的信用控制。直接的信用控制包括信贷配给、流动性比率、利率上限等;间接的信用控制包括窗口指导、道义劝告等。

4. 答案要点:

现代货币理论认为:在经济未处在充分就业的情况下,政府有通过扩张财政,必要时甚至可以通过赤字货币化的手段的能力和义务来调动社会资源,促进充分就业。由于货币本身是国定的,因此财政扩张不受限制,在充分就业的情况下,扩张也不会引发强烈的通货膨胀。在这套理论框架中,货币国定论构成了理论的基础,赤字货币化是手段,最后雇佣者计划是目标,三者共同构成了现代货币理论的理论基础。

(1)货币国定论。明斯基(Minsky)认为,货币来自社会债权债务关系,现实的社会债务债权关系构成了一种金字塔式的结构。

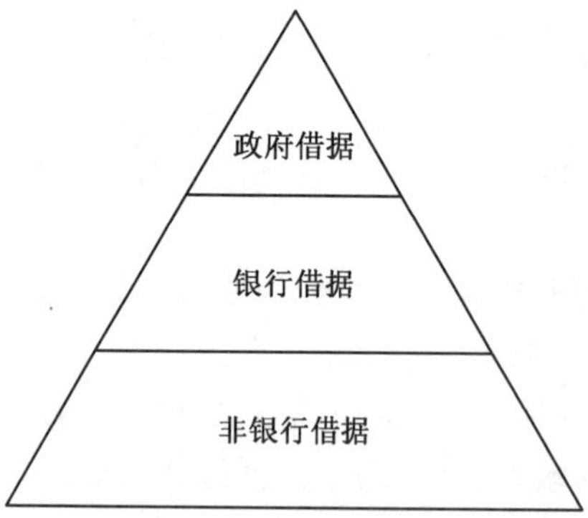

(2)赤字货币化。现代货币理论否认了中央银行的独立性,对量入为出的古典财政理论提出了反对意见,认为财政赤字可以通过货币化的方式解决。

(3)最后雇佣者计划。强调充分就业和币值稳定并非货币当局的职责,而是财政部门的职责,健全的财政政策不能以平衡收支作为目标,而是要服务于充分就业和币值稳定。

5. 答案要点:

现代货币理论(Modern Money Theory,MMT)发端于20世纪90年代,是继承了明斯基对于凯恩斯经济学解读的后凯恩斯主义学者对货币金融理论做出的新贡献。该理论主张打破货币政策与财政政策的界限，支持政府通过货币发行缓解财政赤字，促进就业。现代货币理论的提出源于现实的需要，其理论逻辑与政策主张与现实存在明显距离和不足。2008年全球金融危机之后，特别是2020年全球“新冠”疫情期间，现代货币理论大行其道，确实在稳定金融市场、促进就业等方面发挥一些作用。其现实意义如下：

首先，现代货币理论作为非主流经济学的一部分，对于认识货币的本质、丰富和完善宏观经济学的分析范式以及应对现实经济问题方面均能有所启示。现代货币理论在一定程度上已经被一些经济体实施到具体的政策运用中。

其次，现代货币理论提出了许多富有创见的政策主张并产生了一定的现实影响力，对于中国经济学的发展亦有重要启发。

6. 答案要点：

现代货币理论的提出源于现实的需要，并非在一般均衡的框架下进行分析。毋庸置疑，现代货币理论的成就是辉煌的，提出了许多富有创见的政策主张并产生了一定的现实影响力，但由于其分析框架的不完备性，其理论逻辑与政策主张难免出现顾此失彼的现象，这一点经常为主流经济学家所诟病。

(1)现代货币理论最具诱惑力的地方在于政府不存在融资约束，财政赤字可以通过货币化的形式得到完美的解决。但现实中，政府债务是存在边界的，通胀、竞争性货币、金融风险都对政府债务存在约束作用。

(2)现代货币理论认为，政府扩张在经济系统为充分就业的情况下不会造成通货膨胀。但现实情况下，自然失业率的水平是难以判定的，政策扩张的通胀压力几乎是无法避免的，当总需求超过经济的供给能力时，私人部门就会遭遇挤出。

(3)作为现代货币理论支柱之一的货币国定论，其成立具有一定的先决条件，即货币当局能完全掌握主权货币的发行规模与相对价格。这要求经济体系中不能存在竞争性货币。而在现实中，各国央行出于对本国金融稳定性的考虑，或多或少都会进行外汇干预，不存在实行完全浮动汇率制的国家。

7. 答案要点：

在我国，货币政策的操作目标和中介目标一般被统称为中间目标，有时也被称为货币政策指标，泛指各种介于货币政策工具与最终目标之间的中间变量。自1998年1月1日起，中国人民银行取消了对商业银行信贷规模的直接控制，转而实行资产负债比例管理，并以货币供应量作为货币政策的中间目标。这标志着我国货币政策的调控由直接调控向间接调控转变。

(1)以利率作为货币政策的中间目标将是未来的必然选择。对货币供应量作为我国货币政策的中间目标及其有效性问题，国内经济学界曾做过大量的研究，提出了不同的观点。有人认为，随着经济、金融环境的变化，货币供应量已不宜作为我国货币政策的中间目标。但也有人通过实证研究证实，至少到目前为止，M2与货币政策的最终目标仍然存在相对稳定的联系。但是，金融技术的发展和金融产品的创新已在一定程度上削弱了这种联系。所以，我国货币政策的调控模式必须随着这些变化做出相应的调整和改革，而在这种调整和改革中，以利率作为货币政策的中间目标将是未来的必然选择。

(2)以利率作为我国货币政策的中间目标必须具备很多基础性条件，而我国目前还不具备这些基础性条件，如货币政策的独立性、利率市场化调控机制的形成、商业银行完善的公司治理结构、良好的风险定价和风险管理能力,以及经济实体的财务硬约束等。创造这些基础性条件将有一个长期的过程,所以,至少在目前和未来一段较长的时期,货币供应量仍将是我国货币政策的中间目标。同时,即使上述各项基础性条件完全具备,利率也未必能完全取代货币供应量而成为我国货币政策唯一的中间目标,货币供应量仍将是我国中央银行宏观调控的有效手段之一。

8. 答案要点:

我国存款准备金政策的特色如下:

(1)在国外发达国家,存款准备金政策通常被认为是一种威力强大而不宜常用的货币政策工具,大多数国家的中央银行不会轻易地调整法定存款准备金比率,有些国家甚至早已取消了法定存款准备金制度。但是,我国对法定存款准备金比率这一工具的运用却异常频繁,一年内往往要调整很多次。

(2)定向降准制度是我国存款准备金制度的一项特色化安排,其主要目的是重点支持国民经济运行的薄弱环节。2017 年 9 月,中国人民银行宣布将原有对小微企业和“三农”领域实施的定向降准政策拓展并延伸至脱贫攻坚和“双创”等其他普惠金融领域。同时,优化原有定向降准政策标准,聚焦真小微、真普惠。2018 年,普惠金融定向降准制度进一步完善,对普惠金融领域贷款达到一定标准的金融机构执行较低的存款准备金率。

(3)我国存款准备金政策的又一特色是实行差别准备金制度。这种差别准备金制度实际上有两种:一种是根据金融机构资本充足率的高低规定不同的法定存款准备金要求。这种差别准备金制度开始于 2004 年。另一种差别准备金制度于 2008 年 9 月起实行,中央银行对大型金融机构和中小型金融机构分别规定不同的法定存款准备金比率。2019 年,我国的存款准备金制度根据机构规模及支持实体经济的特点和成效,形成了更加清晰、简明的“三档两优”基本框架,即存款准备金率基准档大体分为三档,在此之上还有两项存款准备金率优惠政策。

9. 答案要点:

所谓“再贷款”,是指中央银行直接向商业银行或其他金融机构提供贷款。自 1984 年以来,再贷款一直是我国中央银行重要的货币政策工具之一。目前,我国的再贷款被分为四类,即流动性再贷款、信贷政策支持再贷款、金融稳定再贷款和专项政策性再贷款。其中,信贷政策支持再贷款又可分为“支农再贷款”和“支小再贷款”。“支小再贷款”的发放对象是小型城市商业银行、农村商业银行、农村合作银行、村镇银行和民营银行这五类金融机构,用途是支持这些金融机构发放小微企业贷款。所以,单独设立信贷政策支持再贷款有利于中央银行更好地引导信贷资金流向,促进信贷结构调整,并进一步强化“支农支小”的信贷导向作用。

2016 年,扶贫再贷款业务正式开展,优先和主要支持带动贫困人口就业发展的企业和建档立卡贫困户,积极推动贫困地区发展特色产业和贫困人口创业就业,促进贫困人口脱贫致富。2020 年 1 月,为支持打赢“新冠”疫情防控阻击战,中国人民银行发放专项再贷款,定向支持疫情防控重点领域和重点企业提供低成本专项再贷款资金。实施了普惠小微企业贷款延期还本付息政策和普惠小微企业信用贷款支持政策,减轻了小微企业阶段性还本付息压力。

目前,再贴现和再贷款作为基础货币投放渠道的作用已经很小(不足 10%),它们现在的作用主要在于引导资金投向，调整信贷结构，支持国家产业结构的调整。但在金融危机后，再贷款对稳定金融市场、应对金融危机具有重要作用。

10. 答案要点：

公开市场业务(Open Market Operation)也称公开市场操作，是指中央银行通过在公开市场上买进或卖出有价证券(特别是政府短期债券)来投放或回笼基础货币，以控制货币供应量，并影响市场利率的一种政策行为。在一般性货币政策工具中，公开市场业务是西方发达国家采用最多的一种货币政策工具。

我国的公开市场操作分为外汇公开市场操作与人民币公开市场操作两个部分。1999年以来，公开市场操作得到快速发展，现已成为我国货币政策日常操作的主要工具之一。近年来，公开市场业务的一级交易商制度不断完善，一级交易商的机构类别从商业银行扩展到证券公司等其他金融机构。

目前，在中国人民银行的公开市场操作中，债券交易的品种主要包括回购交易、现券交易和发行中央银行票据。

(1)回购交易。分为正回购和逆回购两种。正回购，是指中国人民银行向一级交易商卖出有价证券，并约定于未来特定日期买回有价证券的交易行为。逆回购，是指中国人民银行向一级交易商买入有价证券，并约定于未来特定日期将有价证券卖给一级交易商的交易行为。

(2) 现券交易。分为现券买断与现券卖断两种。现券买断，是指中央银行直接从二级市场买入债券，一次性投放基础货币。现券卖断，是指中央银行直接卖出其持有的债券，一次性回笼基础货币。

(3)发行中央银行票据。中央银行票据是中央银行为调节商业银行的超额准备金而向商业银行发行的短期债务凭证。中央银行票据实质上是中央银行发行的债券，之所以被称为“票据”，主要是为了突出其短期性的特点。

六、论述题

1. 答案要点：

西方国家主要的货币政策的最终目标有四个：稳定物价、充分就业、经济增长和国际收支平衡。

同一时间实行同一种货币政策是无法同时达到这些政策目标的，因为这四大目标中的任何两个目标之间都有着一定的矛盾和冲突，较明显的如：

(1)稳定物价与充分就业之间、通货膨胀率与失业率之间存在着此增彼减的交替关系。

(2)稳定物价与经济增长之间，经济增长率较高时通货膨胀率往往也较高。

(3)经济增长与国际收支平衡之间也常常发生矛盾。

2. 答案要点：

(1)存款准备金政策。

①存款准备金政策是指中央银行通过调整法定存款准备金比率来影响商业银行的信贷规模，从而影响货币供应量的一种货币政策工具。

②如何调控。

法定存款准备金率降低→超额准备金增加→可贷资金增加→货币供应量增加

法定存款准备金率提高→超额准备金减少→可贷资金减少→货币供应量降低

③效果。存款准备金政策是一种威力强大但不宜常用的货币政策工具。就这一政策工具的实际效果而言,它往往能迅速达到预期的中介目标,甚至能迅速达到预期的最终目标。

但是,存款准备金政策也有不少缺点。首先,中央银行调整法定存款准备金比率,往往引发经济的剧烈动荡。其次,法定存款准备金比率是决定货币乘数的重要因素,中央银行实际上很难对法定存款准备金比率做出“微调”。最后,中央银行频繁地调整法定存款准备金比率将使商业银行很难进行适当的流动性管理。可见,作为一种货币政策工具,存款准备金政策的运用往往产生较大的副作用。因此,不适合微调,也不能经常使用。

(2)再贴现政策。

①再贴现政策是指中央银行通过提高或降低再贴现率来影响商业银行的信贷规模和市场利率,从而影响货币供应量的一种货币政策工具。

②如何调控。

再贴现率降低→{市场利率降低;商业银行向中央银行融资成本降低}→信贷规模扩张→货币供应增加

再贴现率提高→{市场利率提高;商业银行向中央银行融资成本增加}→信贷规模收缩→货币供应减少

③效果。再贴现政策的运用具有一定的“告示效果”,它对一国经济的影响是比较缓和的,有利于一国经济的相对稳定,但中央银行处于被动的地位,这种决策能否取得预期的效果,将决定于商业银行或其他金融机构对该决策的反应。

(3)公开市场业务。

①公开市场业务是指中央银行在金融市场上公开买进或卖出有价证券(特别是政府证券),以投放或回笼基础货币,控制货币供应量,并影响市场利率的一种行为。

②如何调控。

中央银行买入证券→基础货币投放→信贷规模增加→货币供应成倍扩张

中央银行出售证券→基础货币回笼→信贷规模收缩→货币供应成倍紧缩

③效果。在公开市场业务中:中央银行处于主动地位;具有很大的灵活性;可根据经济形势变化随时作逆向操作;通过整个银行系统基础货币总量调控,使这一政策工具的运用符合政策目标的需要。

3. 答案要点:

凯恩斯学派认为货币政策必须通过利率来加以传导,因此,货币政策的中介目标应是利率,即 $M \to i \to I \to Y$。其次,从货币政策的传导机制来看,货币政策的作用是间接的,它必须经过两个中间环节,如其中一个出问题,则货币政策将无效,强调财政政策的有效性,认为货币政策是不可靠的。

货币学派认为,货币供应量的变动无须通过利率加以传导,而可直接引起名义收入的变动,即 $M \to Y$。央行通过货币政策的操作只能控制货币供应量,而不能控制利率,货币供应量的变动将直接导致名义收入的变动。

4. 答案要点:

在通货紧缩时期,实行宽松的货币政策,以适当增加货币供应量,刺激投资和消费,从而发展经济,抑制通货紧缩。相对宽松的一般性货币政策包括:降低法定存款准备金比率,降低再贴现率和放宽再贴现条件,在公开市场上买入有价证券。

法定存款准备金率降低→超额准备金增加→可贷资金增加→货币供应量增加

再贴现率降低 ↗市场利率降低 / ↘商业银行向中央银行融资成本降低 }→信贷规模扩张→货币供应增加

中央银行买入证券→基础货币投放→信贷规模增加→货币供应成倍扩张

第十八章　货币政策的传导机制

一、填空题

1. 货币政策工具　操作目标和中介目标
2. 凯恩斯学派利率渠道理论　托宾 q 理论
   莫迪利安尼的财富效应理论　汇率渠道理论
3. 银行贷款渠道　资产负债表渠道
4. 各种金融资产的价格　股票的价格
5. 货币供应量　利率
6. 企业投资支出
7. 利率效应　财富效应　流动性效应
8. 银行贷款渠道　资产负债表渠道
9. 公司的市值　公司资本的重置成本
10. 利率刺激效应　一般流动性效应

二、选择题

(一)单项选择题

1.C　2.B　3.C　4.B　5.B　6.C　7.A　8.C　9.A　10.D

(二)多项选择题

1.ABC　2.ACD　3.AC　4.BCD　5.ABC　6.BCD
7.ABD

三、判断题

1. 错　2. 对　3. 对　4. 对　5. 错　6. 对

四、名词解释

1. 货币政策传导机制:是指货币当局从运用一定的货币政策工具至达到其预期的最终目标所经过的途径或具体的过程。

2. 托宾 q:美国凯恩斯学派——新古典综合派的主要代表人物之一托宾,将 q 定义为公司的市值与公司资本的重置成本之比,即 $q=\frac{公司市值}{重置成本}$,q 是连接货币政策与实体经济的纽带。

3. 银行贷款渠道论:强调货币政策对银行贷款的影响,而银行贷款的变动又将对企业资金来源产生影响,从而影响这些企业的投资,进而影响产出。

4. 货币政策传导的资产负债表渠道:是指货币政策将影响股票等金融资产的价格,而金融资产价格的变动将导致企业净值、现金流量及个人金融财富的变动,从而在存在逆向选择和道德风险的情况下,银行贷款、投资规模及收入水平都受到相应的影响。

五、简答题

1. 答案要点:

所谓"货币政策的传导机制",是指货币当局从运用一定的货币政策工具到达到其预期的最终目标所经过的途径或具体的过程。

货币政策对实际经济活动的作用是间接的,央行通过运用一定的货币政策工具,往往不能直接达到其预期的最终目标,而只能通过控制某一中介目标,并通过这一中介目标的传导来间接地作用于实际经济活动,从而达到最终目标。一般来说,中央银行通过各种货币政策工具的运用,将对商业银行的基础货币和短期利率等经济变量产生比较直接的影响,而这些经济变量的变动将影响货币供应量和长期利率。由于货币供应量和长期利率将对实际的经济活动产生比较直接的影响,因此,如货币政策操作得当,最终结果将是达到其预定的货币政策的最终目标。这一过程大致可以用图 18－1 表示。

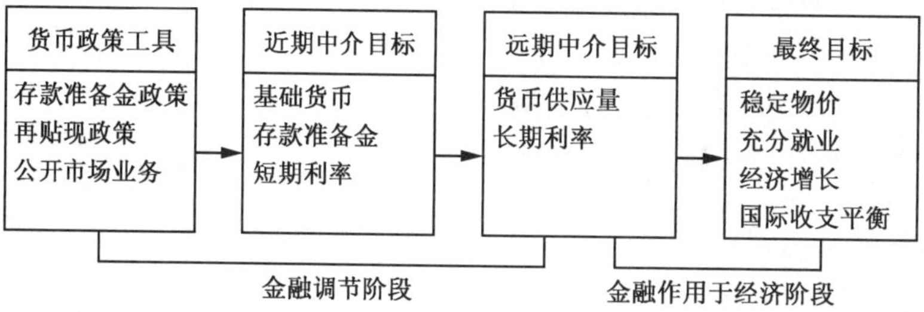

图 18－1　货币政策的作用过程

2. 答案要点:

凯恩斯学派的货币政策传导机制理论主要源于凯恩斯于 1936 年出版的《就业、利息和货币通论》(简称《通论》)一书。根据凯恩斯的分析,货币供应量的增加或减少将引起利率的下降或上升。在资本边际效率一定的条件下,利率的下降将引起投资的增加,利率的上升则引起投资的减少。投资的增加或减少又将通过乘数作用引起支出和收入的同方向变动。所以,如以 M 表示货币供应量,i 表示利率,I 表示投资,Y 表示收入,则凯恩斯的货币政策传导机制理论就可表示为:$M\rightarrow i\rightarrow I\rightarrow Y$。在凯恩斯之后,凯恩斯学派经济学家在对凯恩斯的这一理论进行进一步发挥的同时,又增加了许多新的内容。

根据对货币政策传导机制的分析,凯恩斯学派经济学家提出以下几个基本的观点:首先,货币政策必须通过利率来加以传导,因此,货币政策的中介目标应是利率。其次,从货币政策传导机制来看,货币政策的作用是间接的,它必须经过两个中间环节,如果这两个中间环节或其中的一个中间环节出现问题,则货币政策将无效。最后,凯恩斯在《通论》中所提出的那一套货币政策传导机制理论只强调了货币和利率等金融因素的变动对实际经济活动的影响,而没有考虑到实际经济活动的变动。

货币学派的货币政策传导机制理论是在批评凯恩斯学派理论的过程中提出的。因此，它与凯恩斯学派的上述理论有着重大的分歧。首先，货币学派指出，凯恩斯学派认为货币供应量的变动只影响投资，将低估货币政策影响实际经济活动的重要性。在货币学派看来，货币供应量的变动不仅会影响投资，而且会影响消费。其次，货币学派认为，货币政策只能控制货币供应量，而不能控制利率。最后，货币学派认为，货币政策实际上无须通过利率来加以传导，货币供应量的变动，可直接引起名义收入的变动。若货币供应量增加，则名义收入也将增加。所以，货币学派的货币政策传导机制理论可表示为：$M \rightarrow Y$。

货币学派的货币政策传导机制理论以弗里德曼的分析最为典型。弗里德曼认为，中央银行通过货币政策的操作只能控制货币供应量，而不能控制利率。货币供应量的变动将直接导致名义收入的变动。

3. 答案要点：

货币政策通过股票价格的变动对消费支出产生影响是既明显而又复杂的。综合各种理论分析，我们可清楚地看到，货币政策通过股票价格的变动影响消费支出，大致表现在以下三个方面：

(1)利率效应论。主要由早期凯恩斯学派经济学家提出。该理论认为，利率的高低决定了资金成本的高低。因此，扩张性的货币政策使利率下降、资金成本降低，从而使消费支出(尤其是耐用消费品支出)增加、产出也增加；而紧缩性的货币政策将使利率上升、资金成本提高，从而使消费支出(尤其是耐用消费品支出)减少、产出也减少。

(2)财富效应主要由莫迪利安尼(Franco Modgliani)提出。根据莫迪利安尼的理论，消费者的消费支出要取决于其一生的财富。而他所谓的"财富"包括人力资本、真实资本和金融财富。其中，金融财富的主要形式是普通股票。如果中央银行的货币政策影响股票的价格，就会导致经济主体财富的增加或减少。于是，他们将增加或减少意愿的支出，从而引起国民收入的变动。

(3)流动性效应论认为，货币政策将对股票等金融资产的价格产生影响，而这种影响将通过流动性效应影响耐用消费品和住宅的需求。

4. 答案要点：

在货币政策的传导机制问题上，托宾认为货币政策将通过对股票价格的影响而作用于实际的经济活动，从而达到预期的最终目标。

该理论有以下两个假设：第一，整个经济中的各个经济主体都将根据一定的经济原则，自主而又灵敏地调整其资产结构。在托宾理论中，人们资产选择的范围包括货币和其他各种金融资产。第二，金融市场是完善的，在该市场上有着种类繁多的金融产品可供各类投资者选择。

在这两个假设条件下，托宾将 q 定义为公司的市值与公司资本的重置成本之比，即 $q=\frac{\text{公司市值}}{\text{重置成本}}$。若 $q=1$，则说明公司的资本以经济的自然增长速度重置和扩张；若 $q>1$，则说明公司的市值高于重置成本，于是，公司只要发行较少的股票即可筹得较多的资本，并购买较多的、相对便宜的新投资品。从整个经济来看，这一行为将使投资支出增加。反之，若 $q<1$，则说明公司的市值低于重置成本，在这种情况下，公司收购其他企业已有的投资品比购买新投资品更为有利。于是，投资支出将减少。因此，如果货币供应量增加，则利率下

降,股票价格上升,q 上升,投资和产出也因此而增加。

从传导的过程来看,q 是连接货币政策与实体经济的纽带。但是,货币政策并非直接地影响 q,而是通过股票价格的变动引起人们资产结构的调整,从而间接地引起 q 的变动。同时,货币政策又并不是导致股票价格变动,从而导致 q 变动的唯一因素。除了货币政策之外,还有很多其他因素也将影响股票价格,从而影响 q。这就说明,货币政策与 q 之间未必存在必然的因果关系。

5. 答案要点:

传统的货币政策传导机制理论都强调货币渠道或利率渠道的传导,即认为货币政策主要是通过货币供应量的变动或利率的变动来影响实体经济的。

传统的货币渠道论或利率渠道论存在着不少内在的缺陷。

首先,传统的利率渠道论认为,货币政策的实施将影响短期名义利率。在价格黏性和经济主体做出理性预期的前提下,长期实际利率也将发生同方向的变化,进而影响投资者的资金成本,而资金成本的高低将影响投资决策,从而使实际产出增加或减少。但是,这种理论无法说明,当短期名义利率变动而长期实际利率不变时,货币政策对总支出中利率敏感性最强的耐用消费品的支出仍然产生显著的影响。

其次,传统利率渠道论认为货币政策对短期利率的影响较大,而对长期利率的影响较小。但是,实证研究的结果却表明,房地产的支出却明显地受到货币政策的影响,而房地产的支出却主要地取决于长期利率,而不是短期利率。

再次,在货币当局实施非预期的货币紧缩政策后,存货和新增投资对利率上升的反应有着显著的时滞。这反映了利率与各种支出变量之间对货币政策变化的反应在时间上并不一致。而传统的利率渠道论却未考虑到这一时滞的存在。

最后,大多数国家或地区的金融市场并不是完全竞争的市场。其具体表现在如下三个方面:第一,银行业具有垄断性,市场利率往往由银行决定,因而市场利率未必能代表融资成本。第二,信息并不对称导致逆向选择。在贷款的运用方面,借款人比银行有着更多的信息。于是,愿意付较高利息的借款人,还款的可能性往往较小。第三,道德风险的存在,使银行监督借款人资金运用状况的成本较高。

6. 答案要点:

(1)凯恩斯学派认为货币政策是通过利率渠道传导的。但是,他们认为,利率决定于货币的供求关系。根据他们的分析,货币供应量增加可降低利率,刺激投资,从而通过乘数作用而使收入成倍增加。资产价格渠道理论认为,货币政策将通过影响各种金融资产的价格,尤其是股票的价格来传导到实体经济,从而达到货币政策的最终目标。实际上,资产价格渠道理论是对凯恩斯学派利率渠道理论的一种扩展。因为利率本身就是一种资产的价格,即一种特殊的金融资产——货币的价格。因此,凯恩斯学派的理论及其衍生出来的各种资产价格渠道理论可称为"利率渠道论"。

银行贷款渠道论作为一种新的货币政策传导理论,强调银行贷款对实际经济产生重要影响。这一理论包括:罗萨的信用可得性理论和伯南克等人的理论观点。

(2)银行贷款渠道与利率渠道的不同主要表现在以下几个方面:

①传统的利率传导理论强调利率对投资的直接影响,银行贷款渠道论强调货币政策对银行贷款的影响,而银行贷款的变动又将对企业资金来源产生影响,从而影响这些企业的投

资，进而影响产出。

②利率渠道论的实质是强调利率对借款人的刺激效应。利率理论只注意到借款人的利率敏感性，而忽视了贷款人的利率敏感性，因此在发现借款人利率敏感性很小时，就断言货币政策无效。

罗萨的信用可得性理论通过对贷款人的利率敏感性分析，从另一个角度重新确立了货币政策有效性的思想。罗萨强调要从贷款人对利率变动的感应性及由此而做出的贷款决策来分析货币政策的有效性。

此外，银行贷款渠道论强调银行贷款的供给对不同的企业有着不同的影响。

7. 答案要点：

2001 年，巴斯和雷米发表开创性的论文，正式提出成本渠道理论。

他们提出，企业在日常经营中必须持有一定的运营资本，用于支付生产要素的报酬。然而，在经营过程中，企业往往在出售其产品并实现利润之前必须先支付生产要素的报酬。为此，他们必须向金融中介机构借入所需的资本。因此，利率提高必将使企业所借入的运营资本的成本提高。而企业在为其产品定价时，必将考虑这一借入成本提高的因素。于是，产品价格将随着借入成本的变动而水涨船高。但是，从另一方面来看，融资成本的提高，使企业的生产成本提高，在价格刚性或黏性的条件下，企业实际上无法通过提高其产品的价格而将增加的生产成本全部转嫁。这样，由利率提高而引起的生产成本提高将使企业减少利润。于是，他们将减少产出。所以，货币政策将通过成本渠道而影响总供给。这就是所谓货币政策的“供给面效果”。

8. 答案要点：

通过深化利率市场化改革，有利于疏通货币政策传导的渠道。

第一，稳妥推进利率“两轨合一轨”，完善市场化的利率形成、调控和传导机制。强化央行政策利率体系的引导功能，完善利率走廊机制，重点是进一步疏通央行政策利率向市场利率和信贷利率的传导，提升金融机构贷款定价能力，培育市场基准利率和完善国债收益率曲线，健全市场化的利率形成机制。

第二，改革完善贷款市场报价利率（LPR）形成机制，将有利于提高银行贷款定价的自主权，推动银行改进经营行为，坚决打破贷款利率隐性下限，疏通市场化利率传导渠道。

第三，持续推进 LPR 改革，推进货币政策传导畅通。一是进一步推动 LPR 运用，促进银行将 LPR 嵌入内部转移定价(FTP)体系，切实打破贷款利率隐性下限，引导金融资源更多配置至小微、民营企业，降低贷款实际利率水平。二是推进信用卡透支利率市场化，取消信用卡透支利率上限和下限管理。三是强化利率行业自律，推动明示贷款年化利率。设立特殊成员，将小贷公司等机构纳入利率自律范围，健全利率定价自律机制。

第四，落实优化存款利率监管措施，优化存款利率自律上限。建立中央银行指导市场利率定价自律机制，将存款利率自律上限由存款基准利率浮动倍数改为加点确定。实施一段时间以来，优化存款利率自律上限成效显著，存款市场竞争更加有序，长期存款利率明显下行，定期存款期限结构有所优化，存款在银行之间的分布保持基本稳定，既保障了银行自主定价空间，又能有效约束个别银行的非理性竞争行为。

中央银行将继续深化利率市场化改革，持续释放 LPR 改革潜力，畅通贷款利率传导渠道，优化金融资源配置结构，巩固好前期贷款利率下行成果，同时优化存款利率监管，推动金融机构将政策红利传导至实体经济。

同时,完善宏观审慎政策框架,保障货币政策传导畅通。

六、论述题

1. 答案要点:

所谓“货币政策传导的资产负债表渠道”,是指货币政策将影响股票等金融资产的价格,而金融资产价格的变动将导致企业净值、现金流量及个人金融财富的变动,从而在存在逆向选择和道德风险的情况下,银行贷款、投资规模及收入水平都受到相应的影响。以紧缩性货币政策为例,从三个方面说明货币政策通过资产负债表渠道传导的过程。

(1)对于企业来说,紧缩性的货币政策将使短期利率提高、股票价格降低,从而导致企业资本净值减少、逆向选择和道德风险增大,银行出于安全性的考虑而减少贷款。于是,企业因资金来源减少而减少投资,从而减少产出。这一传导机制可表示为:

货币供应量↓⇨资产价格↓⇨企业净值↓⇨逆向选择和道德风险↑⇨资金来源↓⇨投资↓⇨产出↓

(2)紧缩性的货币政策使名义利率上升,这将使企业的利息负担加重,从而减少现金流量。于是,同样因逆向选择和道德风险的加大,导致企业因资金来源减少而减少投资,最终结果也同样是减少产出。其传导过程大致如下:

货币供应量↓⇨名义利率↑⇨现金流量↓⇨逆向选择和道德风险↑⇨资金来源↓⇨投资↓⇨产出↓

(3)紧缩性货币政策不仅使投资支出减少,而且也将使消费支出减少。其传导过程大致如下:

货币供应量↓⇨股票价格↓⇨金融财富↓⇨财务困难的可能性↑⇨耐用消费品支出↓⇨产出↓

实际上,货币政策通过股票价格的变动对消费支出产生影响是既明显而又复杂的。综合各种理论分析,我们可清楚地看到,货币政策通过股票价格的变动影响消费支出,大致表现在如下三个方面:一是利率效应,二是财富效应,三是流动性效应。

2. 答案要点:

(1)从我国货币政策传导机制现状来看,货币政策通过利率传导还缺少必要的条件,通过股票价格传导的作用不够理想,汇率渠道不够畅通。

①我国货币政策通过利率渠道传导还缺乏必要的条件。

利率渠道发挥作用至少必须具备以下几个条件:第一,必须有一个比较发达和完善的金融市场,能为经济主体提供多样化的金融工具;第二,利率必须是由市场决定的,即由货币或资金的供求关系决定;第三,信息必须是完全的,且是对称的;第四,投资和消费都必须具有较大的利率弹性;第五,金融市场必须是完全竞争的,货币与各种非货币金融资产之间、银行贷款与其他各种资金来源之间必须具有完全的替代性。

很显然,这些条件即使在市场经济发达国家也未必完全具备,而在我国就更是如此了。首先,我国的利率市场化改革尚未完成。其次,在现阶段,我国商业银行,尤其是四大国有商业银行贷款的主要对象是国有大中型企业,而这些企业的投资对利率弹性较弱。最后,我国金融市场还不够发达和完善,资本市场的规模不大,金融产品比较单一。因此,对资金盈余者而言，资产选择的余地有限；而对于资金短缺者而言，银行贷款依然是主要的、不可替代的资金来源。

②我国货币政策通过股票价格传导的作用不够理想。

首先，根据托宾 q 理论，扩张性的货币政策将提高股票价格，从而使 q 上升。当 q 的值大于 1 时，企业将发行股票，并用以购买新投资品，从而使一国的投资和产出增加。但是，在我国目前资本市场规模较小的条件下，即使股票价格上升，从而 q 的值大于 1，企业实际上也未必能通过发行股票来扩大投资。其次，根据莫迪利安尼的财富效应理论和流动性效应理论，货币政策可通过影响股票的价格而影响人们的毕生资财或流动性，从而影响他们的消费支出。但是，从我国现实来看，真正从事股票投资，股票的价格影响其毕生资财或流动性，从而影响其消费支出的，可能只是少数人。因此，货币政策即使能有效地影响股票的价格，也未必能有效地影响社会大众的整体消费水平。

③我国货币政策传导的汇率渠道不够畅通。

一般来说，汇率渠道发挥作用的条件有三个：第一，利率与汇率都完全由市场决定，因此，利率与汇率有着必然的联动性；第二，资本可以在国际间自由流动；第三，货币可以自由兑换。然而，至少就目前而言，我国人民币尚未实现资本项目的自由兑换，而人民币汇率事实上是一种钉住美元的固定汇率制度。因此，在我国货币政策的传导中，汇率渠道显然还不够畅通。

(2)从货币政策的信用传导来看，目前我国金融市场的规模还不大，货币政策要通过资产负债表渠道来传导，恐怕难以取得预期的效果。而相比之下，银行贷款渠道可能是我国现阶段货币政策传导的主渠道。

首先，我国现阶段资金融通的主要方式仍然是间接融资，直接融资的比重相对有限。从目前和今后一个较长的时期来看，这种资金来源可能具有不可替代性。

其次，在金融市场不够完善、金融产品比较单一的情况下，尤其是在最近几年股市持续低迷的情况下，我国居民的储蓄仍以银行存款作为主要的选择。在以间接融资为主导的情况下，中央银行通过影响商业银行的准备金就有可能影响商业银行的贷款能力，从而达到其宏观调控的目的。

最后，从信贷市场的结构来看，我国目前的信贷市场具有显著的国家所有制的垄断性。信贷市场的这种高度垄断性进一步加大了银行贷款渠道作为我国货币政策传导主渠道的有效性。

由上述分析可见，在目前和今后一个较长的时期内，我国货币政策将主要通过银行贷款渠道来传导。

第五篇　国际金融与经济均衡

第十九章　国际收支

一、填空题

1. 国际借贷
2. 国际收支

3. 复式记账
4. 顺差　逆差
5. 经常项目
6. 经常项目　资本与金融项目　平衡或结算项目
7. 贸易收支　收益(初次收入)　经常转移
8. 长期资本　短期资本
9. 误差与遗漏　官方储备
10. 黄金　外汇　特别提款权　在国际货币基金组织的储备头寸
11. 自主性交易　调节性交易
12. 贸易差额　经常项目差额　基本差额　官方结算差额
13. 经济周期　国民收入　货币价值　经济结构
14. 国际收支的自动调节作用　国际收支的调节手段　国际收支的融资手段　直接管制
15. 支出转移政策　支出增减政策

二、选择题

(一)单项选择题

1. B　2. B　3. A　4. A　5. C　6. B　7. C　8. D　9. D　10. B

(二)多项选择题

1. ABD　2. AB　3. ABCD　4. ABCD　5. AD　6. BC
7. ACE

三、判断题

1. 错　2. 对　3. 错　4. 错　5. 错　6. 错　7. 对　8. 对　9. 对　10. 错
11. 错

四、名词解释

1. 国际借贷:是指一国在一定日期对外债权债务的综合情况。它表示一国对外债权债务在一定时点的余额,是一种存量概念。

2. 国际收支:是在一定时期内,一个经济实体的居民同非居民之间所进行的全部经济交易的系统记录。它表示一国在一定时段内对外收付的累计结果,是一种流量概念。

3. 国际收支平衡表:是反映一个经济实体在一定时期内以货币形式表示的全部对外经济往来的一种统计表。它实际上是国际收支的外在表现形式。

4. 自主性交易:又称事前交易,是指事前纯粹为达到一定的经济目的而主动进行的交易。

5. 调节性交易:又称事后交易,是指有关国家的政府为了弥补自主性交易各项目所发生的不平衡而直接进行,或通过各种政策措施鼓励工商企业进行的交易。

6. 支出转移政策:是指通过改变支出的流向,鼓励用于购买商品和劳务的支出由国外转向国内,最终改善国际收支的一种国际收支的调节手段。

7. 支出增减政策:是指通过增加或减少国民收入,以改变可用于购买商品和劳务的支出数量的一种国际收支的调节手段。

五、简答题

1. 答案要点:

国际借贷是指一国在一定日期对外债权债务的综合情况。它表示一国对外债权债务在一定时点的余额,即最终结果,是一种存量概念。

国际收支是在一定时期内,一个经济实体的居民同非居民之间所进行的全部经济交易的系统记录。它表示一国在一定时段内对外收付的累计结果,是一种流量概念。

国际借贷是产生国际收支的原因,国际借贷的发生必然会形成国际收支。由此可见,国际借贷和国际收支虽然是两个密切相关的概念,但其含义却有很大的差异。

(1)两者存在因果差异。国际借贷是产生国际收支的原因,国际借贷发生必然会形成国际收支。

(2)时间序列的差异。国际借贷表示的是一定时点,国际收支表示的是一定时段。

(3)存量与流量的差异。国际借贷表示一国对外债权债务的余额,即最终结果,是一种"存量";国际收支是指一国对外收付的累计结果,是一种"流量"。

(4)两者包括的范围不同。除了国际借贷以外,侨民赡家汇款、馈赠等单方面转移行为也会导致国际收支(支付)现象,但并未发生债权债务关系,因而不包括在国际借贷范围之内。所以,国际收支的范围要比国际借贷的范围更加宽泛。

2. 答案要点:

国际收支平衡表按交易性质分为经常项目、资本项目和平衡或结算项目三大项。

(1)经常项目是国际收支平衡表中最基本和最重要的项目,主要记载表现为货物和服务的国际交易。该项目又可细分为贸易收支、收益和经常转移三个项目。①贸易收支,又称有形贸易收支,是指货物的进出口。它是国际收支中一个最重要的项目。②收益。收益(初次收入)包括雇员报酬和投资收益。投资收益由两个部分组成:一是国际直接投资产生的收益,如股息、红利及利润收支;二是国际间接投资产生的收益,如延期付款、信用贷款、证券投资、外债等的利息收支。③经常转移,是指不发生偿还或收益报酬的单方面支付,是无对等的交易,所以又称单边转移或不偿还的转移,如货物、服务、现金等的单方面转移。

(2)资本项目分为长期资本和短期资本两大类。①长期资本是指期限在1年以上或未规定期限(如股票)的资本,又可分为政府长期资本和私人长期资本。②短期资本是指期限为1年或1年以下的资本,也可分为政府短期资本和私人短期资本。短期资本流动主要包括进出口信贷、套汇套利交易、跨国公司的资金调拨、金融机构的头寸调整,以及资本外逃和投机性资金流动等。

(3)平衡或结算项目包括储备资产和净误差与遗漏。①储备资产是指一个国家的货币当局,即专门负责货币金融事务的政府部门,包括财政部、中央银行、外汇管理部门等持有的可用于对外支付的储备资产及其对外债权。一国的官方储备主要包括4个组成部分,即黄金、外汇、特别提款权和在国际货币基金组织的储备头寸。②净误差与遗漏是一个人为的平衡项目,用于轧平国际收支平衡表中借、贷两方的总额。

3. 答案要点：

考察国际收支不平衡的口径主要有：

(1)贸易差额。在国际收支中，只有贸易收支才能在总体上反映一国的自主性交易状况。

(2)经常项目差额。随着服务贸易的迅速发展，其在整个国际收支中的地位呈上升趋势，以经常项目差额来考察一国的国际收支是否达到性质上的平衡更为全面。

(3)基本差额。这是许多国家特别是那些长期资本流动规模较大的国家判断和考察其国际收支状况的重要指标。

(4)官方结算差额。这是对自主性交易性质的尺度持最为宽松态度的学者的观点。他们认为，私人短期资本的差额也必须通过官方的短期借贷或官方储备的相应变动才能平衡国际收支。

六、论述题

答案要点：

主要原因可从以下四个方面分析：

(1)经济周期。在经济繁荣时期，由于国内需求旺盛，进口相应增加，出口反而减少，则国际收支可能出现逆差；反之，在经济萧条时期，则国际收支可能出现顺差。这种因经济周期引起的国际收支不平衡，就称为周期性不平衡。

(2)国民收入。随着一国经济增长率的高低变化，其国民收入也会相应增加或减少。

(3)货币价值。一国货币在国内的实际购买力的变动，也会影响其国际收支。这种由货币价值变化引起的国际收支不平衡，就称为货币性不平衡或价格性不平衡。

(4)经济结构。当一国的经济结构与整个世界的经济结构不相一致或不相协调时，其商品和劳务的出口就会发生困难，国际收支可能会出现逆差。

主要对策在于：

(1)依靠国际收支的自动调节作用。在国际金本位制度下，一国的国际收支是通过黄金的输出入而自动调节的。在纸币流通条件下，一国的国际收支已无法借助黄金的输出入而自动调节，国际收支自动调节的效果受到极大的削弱。

(2)采取国际收支的调节手段。包括支出转移政策和支出增减政策。

(3)采取融资手段。在前两项对策不能有效调节国际收支时，可采取融资措施。融资措施是指以筹措资金的方式来填补国际收支不平衡的缺口。这包括内部融资和外部融资两个方面。

(4)进行直接管制。指政府通过强制性的行政手段实现国际收支平衡的方法。对进出口的直接管制通常称作贸易管制，而对外汇买卖、收支、存兑的直接管制则称作外汇管制。

第二十章　外汇与汇率制度

一、填空题

1. 外国现钞　外币支付凭证　外币有价证券　特别提款权　其他外汇资产

2. 是否具有稳定对外经济的实力　是否具有稳定国际收支和汇率的能力

是否持有充足的外汇储备

3. 外汇是一种金融资产　外汇必须以外币表示
   用作外汇的货币必须具有较充分的可兑性
4. 经常项目交易　“第八条款成员国”
5. 直接标价法　间接标价法
6. 铸币平价
7. 黄金输送点　黄金输出点　黄金输入点
8. 购买力平价论
9. 一价定律
10. 自由浮动　管理浮动
11. 单独浮动　钉住浮动　联合浮动
12. 利率　国际收支　价格水平　中央银行直接干预

二、选择题

(一)单项选择题

1. C　2. A　3. A　4. B　5. B　6. C　7. B　8. D　9. A

(二)多项选择题

1. ABD　2. ACD　3. ABCD　4. BCDE　5. BCD　6. ABCD

三、判断题

1. 对 2. 错 3. 错 4. 错 5. 错 6. 对 7. 对

四、名词解释

1. 外汇:具有动态和静态两方面的含义。外汇的动态含义是指把一国货币兑换成另一国货币的国际汇兑行为和过程,即借以清偿国际间债权和债务关系的一种专门性经营活动。外汇的静态含义是指以外币表示的可用于对外支付的金融资产。

2. 货币的可兑性:是指一种货币能够不受限制地兑换成其他国家的货币的特性。

3. 汇率:又称汇价、外汇行市、外汇牌价,是指一个国家的货币折算成另一个国家货币的比率,即用一国货币表示的另一国货币的兑换比率。

4. 直接标价法:又称应付标价法,是指一国以整数单位的外国货币为标准,折算为若干数额的本国货币的标价法。

5. 间接标价法:又称应收标价法,是指一国以整数单位的本国货币为标准,折算为若干数额的外国货币的标价法。

6. 铸币平价:是指金本位条件下两种货币的含金量之比,是决定两种货币汇率的基础。

7. 固定汇率制度:是指以某些相对稳定的标准或尺度作为依据,以确定汇率水平的一种制度。

8. 特里芬难题:在布雷顿森林体系中,美国若大量对外输出美元,会导致美元自身的危机;若限制输出美元,国际货币体系就会面临国际货币的数量短缺。布雷顿森林体系的这种内在缺陷后来被称为特里芬难题。

9. 浮动汇率制度:是指一种汇率的变动主要由外汇市场上的外汇供求决定,因而不受任何指标限制的汇率制度。

10. 自由浮动汇率制度:又称不干预浮动汇率制度,是指货币当局对汇率上下浮动不采取任何干预措施,完全听任外汇市场的供求变化自由涨落的一种浮动汇率制度。

11. 管理浮动汇率制度:又称干预浮动汇率制度,是指货币当局采取各种方式干预外汇市场,使汇率水平与货币当局的目标保持一致的一种浮动汇率制度。

12. 单独浮动汇率制度:是指一国货币的汇率不与其他国家的货币发生固定联系,其汇率根据外汇市场的供求变化而自动调整的一种浮动汇率制度。

13. 联合浮动汇率制度:是指某些国家出于相互间发展经济关系的需要,组成某种形式的经济联合体(如欧洲经济共同体),建立稳定的货币区,对区内各国货币之间的汇率规定一个比值和上下波动幅度,而对区外国家货币的汇率则采取联合浮动的一种浮动汇率制度。

14. 钉住浮动汇率制度:是指将本国货币钉住一种货币(作为货币锚)或若干种货币(作为货币篮),使本国货币与这些外币的汇率保持相对的稳定,而对其他国家的货币则随该货币锚或货币篮浮动的一种浮动汇率制度。

15. 国际结算货币:是指被多个国家或地区所接受,用于国际贸易和投资的计价和支付手段的货币。

五、简答题

1. 答案要点:

外汇具有动态和静态两方面的含义。外汇的动态含义是指把一国货币兑换成另一国货币的国际汇兑行为和过程,即借以清偿国际间债权和债务关系的一种专门性经营活动。外汇的静态含义是指以外币表示的可用于对外支付的金融资产。不过,在人们日常的经济生活中,最广泛使用的是外汇的静态含义。

我国于1996年1月29日发布的《外汇管理条例》第3条对外汇的范围做出规定:“本条例所称外汇,是指下列以外币表示的可以用作国际清偿的支付手段和资产:(1)外国货币,包括纸币、铸币;(2)外币支付凭证,包括票据、银行存款凭证、邮政储蓄凭证等;(3)外币有价证券,包括政府债券、公司债券、股票等;(4)特别提款权、欧洲货币单位;(5)其他外汇资产。”

外汇具有三个基本特征:(1)外汇是一种金融资产。(2)外汇必须以外币表示。(3)用作外汇的货币必须具有较充分的可兑性。

2. 答案要点:

货币的可兑性是指一种货币能够不受限制地兑换成其他国家的货币的特性。

货币可按其可兑性程度分成以下三类:

(1)完全的可自由兑换货币。当一国政府对本币兑换成外币的行为没有严格限制,不采取差别性的复汇率措施时,该国的货币就成为完全的可自由兑换货币。

(2)有限的或部分的可兑换货币。当一国政府对本币兑换外币的行为实行某些方面的严格限制时,该国的货币就成为有限的或部分的可兑换货币。这种限制通常表现在两个方面:一是按居民身份实行限制,如外国居民可以自由兑换,本国居民则不能兑换;二是对与经常项目交易有关的货币兑换没有限制,但对涉及资本项目交易的兑换仍施加限制。

(3)不可兑换货币。有些国家对贸易收支、劳务收支和资本项目收支都实施严格的外汇管制,境内没有外汇市场,所有本币对外币的兑换行为都须经过政府审批。这些国家的货币就是不可兑换货币。

国际货币基金组织为了促进国际经济交易的发展,在《国际货币基金组织协定》第八条"成员国的一般义务"中规定,各成员国不能对因经常项目交易而发生的货币兑换要求予以限制。货币的完全可自由兑换意味着任何该种货币持有人均可不受限制地在外汇市场上将其转换成其他货币。

3. 答案要点:

影响汇率变动的主要因素有:

(1)利率。一般情况下,一国利率水平较高,则该国金融资产的收益率也较高,这就会吸引大量国外资金的流入,从而导致外汇市场上外汇供应急剧增加,本币汇率上升;反之,一国若降低利率,就会使短期资本流往国外,造成对外国货币的需求增加,导致本币汇率下降。

(2)国际收支。一国国际收支发生顺差,意味着外汇收入大于支出,在外汇市场上表现为外汇的供过于求,导致外汇汇率下跌;国际收支若为逆差,则会出现外汇供不应求,造成外汇汇率上升。

(3)价格水平。一国价格水平的上升,会削弱该国商品在国际市场上的竞争能力,造成出口减少,进口增加,使国际收支出现逆差,造成外汇市场上外汇供不应求的现象,导致本币汇率下降。

(4)中央银行的直接干预。各国中央银行为了避免汇率波动对国内经济造成不利影响,往往会对外汇进行干预,即由中央银行在外汇市场上买卖外汇,从而使汇率波动趋于缓和或稳定在某个水平上,也可使汇率上浮或下浮到某个合适的水平上。

4. 答案要点:

1944年,在美国布雷顿森林召开的联合国货币金融会议决定建立以美元为中心的国际货币体系,并实行固定汇率制度。这一制度或体系,后来被称为布雷顿森林体系。其基本内容有:

(1)建立以美元为中心的国际美元-黄金汇兑本位制。与会各国确认1934年1月美国规定的1美元含纯金0.888 671克的含金量,即35美元1盎司的黄金官价。美国则承诺对黄金的可兑性,即参与这一固定汇率制度的国家的中央银行可用美元向美国兑换黄金。各国可为本国货币规定一个含金量,用作与美元的汇率的基准。各国也可不规定本国货币的含金量,而只规定与美元的比价,称作中心汇率。

(2)建立固定汇率制度。各国货币对美元的汇率,一般只能在黄金平价或中心汇率上下各1%的幅度内波动,各国的中央银行有义务在外汇市场上进行干预,以便保持外汇行市的稳定,使它不至于偏离规定的波动幅度。若一国的国际收支出现根本性不平衡,则可在10%的限度内调整其含金量或兑换美元的中心汇率。10%以上的调整幅度,需报经基金组织批准。

5. 答案要点:

布雷顿森林体系的建立虽然为战后世界经济的发展提供了良好的稳定环境,促进了各国经济发展,但它在建立之初就具有重大的内在缺陷。耶鲁大学教授特里芬就指出,由于美元成为各国货币的钉住对象,就衍生为具有干预货币、储备货币和结算货币功能的国际货币。为了满足世界经济对国际货币需求量的不断增长,美国必须通过国际收支逆差源源不断地对外输出美元。但是,美国国际收支的持续逆差会导致美元汇率不稳,这就会引发整个世界经济的动荡。此外,随着美元的不断外流,美国的黄金储备量不足以满足美元的兑付需要。一旦各国发现持有的大量美元不能全部转换成黄金,就会导致对付危机。因此,在布雷顿森林体系中,美国若大量对外输出美元,会导致美元自身的危机;若限制输出美元,国际货币体系就会面临国际货币的数量短缺。布雷顿森林体系的这种内在缺陷后来被称为特里芬难题。

6. 答案要点:

BBC 规则 (BBC rules)是 Basket(篮子)、Band(波幅)和 Crawling(爬行)3 个英文单词的首字母缩写。其具体内容如下:

(1)钉住一篮子货币,即根据篮子货币来确定本国货币中心汇率,有助于稳定实际汇率,避免受主要国家货币之间的汇率波动对本国贸易、产出和通货膨胀的负面影响。

(2)宽幅波动,即规定较大的汇率波动范围,以使之既适应经济基本面的变化,又不致引起影响市场稳定性的汇率变动预期,也为货币政策的独立性提供了空间。

(3)汇率爬行,即中心汇率的调整应该是小幅度、经常性的,这有利于抑制投机行为。

六、论述题

答案要点:

与固定汇率制度相比,浮动汇率制度的有利方面主要表现为以下三个方面:

(1)有助于发挥汇率对国际收支的自动调节作用。当一国发生国际收支逆差,外汇市场上就会出现外汇供不应求,在浮动汇率条件下,汇率就会迅速做出反应,通过外汇汇率的上浮,可刺激外汇供应,抑制外汇需求,国际收支趋于平衡。此外,对外经济管理也变得简便易行、灵活主动。

(2)防止国际游资的冲击,减少国际储备需求。在固定汇率制度下,国际游资,尤其是投机资金往往通过抛售软货币,抢购硬货币,以便从中谋利。由此会导致软币国家出现货币危机,国际储备大量流失,而硬币国家的货币当局则被迫进行外汇干预,收进外币,投放本币,最终酿成输入性通货膨胀。国际金融市场也会因此而动荡不宁。在浮动汇率条件下,由于软货币的汇率会及时下跌,硬货币的汇率及时上升,从而可化解国际游资的冲击。而且,货币当局没有必须进行外汇干预的义务,因而不必保留过多的国际储备。

(3)内外均衡易于协调。在一国经济出现衰退、国际收支存在逆差时,在固定汇率条件下只能通过紧缩性的财政货币政策来改善国际收支,但这却会加剧经济衰退。在浮动汇率制度下,国际收支可由汇率来调节,从而实现对外均衡,国内均衡则可依赖财政货币政策,内外均衡就不致发生冲突。

浮动汇率制度的弊端主要有以下四个方面:

(1)不利于国际贸易和投资的发展。浮动汇率制度下汇率的经常波动及其水平难以预测,使国际贸易和投资的成本、收益不易准确核算,这种状况显然阻碍了国际贸易和投资的发展。

(2)助长国际金融市场上的投机活动。在浮动汇率制度下,汇率波动的频率和幅度的加大却为日常的外汇投机活动提供了机会。随着世界经济的发展和财富的迅速增长,国际投机资金的数额也日趋庞大。这种巨额资金在国际外汇市场上的“东奔西突”无疑加剧了国际金融局势的动荡。

(3)可能引发竞相贬值。在浮动汇率条件下,一国往往可通过调低本币汇率的方法来改善国际收支,但这会使其他国家的国际收支处于不利地位。因此,其他国家也会竞相调低本币汇率,引发周而复始的竞相贬值现象。结果,国际经济关系却会趋于紧张,国际金融局势也因这种竞相贬值而剧烈动荡。

(4)诱发通货膨胀。在浮动汇率制度下,由于国际收支可完全依赖汇率的自由浮动而得到调节,在缺乏货币纪律约束的情况下,货币当局就会偏好采取扩张性政策来刺激国内的经济增长,由此带动国内价格水平的涨升,而在价格刚性的作用下,货币汇率上浮的国家的价格水平并不下跌。这种种因素都会推动整个世界的通货膨胀。

第二十一章　国际资本流动与国际金融危机

一、填空题

1. 激进观点　自由市场观点　实用观点
2. 资源转移效应　就业效应　国际收支效应　竞争效应
   竞争的负面效应　国际收支的负面效应　对国家主权的负面效应
3. 发行或买卖有价证券　国际贷款　欧洲货币市场
4. 外国债券　欧洲债券
5. 固定利率债券　浮动利率债券　零息债券
6. 货币危机　外债危机　银行危机
7. 欧洲银行　欧洲美元市场
8. 伦敦
9. 业务性资本流动　保值性资本流动　投机性资本流动
10. 追求无风险收益的短期资金　投机资金
11. 对冲基金

二、选择题

(一)单项选择题

1. B　2. A　3. D　4. C　5. D　6. C　7. B　8. C　9. B

(二)多项选择题

1. BE　2. BCE　3. AD　4. ABCD

三、判断题

1. 错　2. 错　3. 对　4. 错　5. 对　6. 错

四、名词解释

1. 国际直接投资:是指一个国家的居民直接在另一个国家进行的厂矿企业投资,并获得该厂矿企业的管理控制权。

2. 国际融资:是指不同国家居民之间相互融通资金的行为。

3. 欧洲债券:是指一国居民在另一国发行的以第三国货币定值的债券。由于发行和买卖欧洲债券的各方一般均非该市场所在国居民,所使用的货币亦非所在国货币,因此,欧洲债券的交易对所在国的经济影响不大,所在国政府对欧洲债券的发行和交易的限制较少。这种状况使得欧洲债券市场得到了迅速的发展。这里的"欧洲"实际上是境外的意思,即在一国境外发行的以该国货币定值的债券。

4. 外国债券:是指一国居民在另一国发行的以发行地货币定值的债券。

5. 武士债券:是指外国居民在日本发行的日元债券。

6. 扬基债券:是指外国居民在美国发行的美元债券。

7. 牛头狗债券:是指外国居民在英国发行的英镑债券。

8. 外国债券市场:是指发行和买卖武士债券、扬基债券等外国债券的市场。

9. 欧洲美元:是指美国境外的美元。

10. 欧洲银行:是指接受欧洲美元存款,并在此基础上提供贷款的银行。

11. 欧洲美元市场:是指办理境外美元交易的市场。

12. 国际游资:是指通过在国际间不断转移的方式以获取较高的短期收益的资金。

13. 国际金融危机:是指由国际间的经济往来所造成的金融危机。国际金融危机一般有三种表现形式,即货币危机、外债危机和银行危机。

14. 羊群效应:或称"跟风效应",一种货币在受到投机冲击时,大量的资金会加入这种投机行列,即使是非投机性资金,甚至本国居民也会为了避免汇率风险而参与资本外逃,形成羊群效应。

15. 货币替代:是指在本国出现较为严重的通货膨胀或出现一定的汇率预期时,公众出于降低机会成本与保持相对高的收益的考虑,减少持有价值相对较低的本国货币而增加持有价值相对较高的外国货币的现象。美元化就是一种货币替代。

16. 欧洲货币市场:办理"欧洲美元""欧洲英镑"等这些境外货币业务的市场,就是"欧洲货币市场"。这里的"欧洲"一词已突破了地域的含义,而是"境外"或"离岸"的代名词。

17. 银团贷款(Consortium Loan):又称辛迪加贷款(Syndicate Loan),是由一家或几家银行牵头,联合数家甚至数十家银行组成一个银团(Bank Consortium),共同向某客户提供贷款的融资方式。

18. 伦敦银行同业拆借利率(LIBOR):英国《金融时报》为了反映伦敦银行同业拆借利率的水平及变动情况,每天计算并公布 5 家国际大银行,即日本东京银行、英国国民西敏士银行、德国德意志银行、法国巴黎国民银行和美国摩根担保信托公司上午 11 点钟的同业拆借利率的算术平均数。该平均数就称为"伦敦银行同业拆借利率",并成为国际金融市场上主要的基准利率。

五、简答题

1. 答案要点:

国际直接投资是指一个国家的居民直接在另一个国家进行的厂矿企业投资,并获得该厂矿企业的管理控制权。

对国际直接投资的态度存在三种不同观点：

(1)激进观点。这种观点认为，跨国公司从东道国榨取利润并返还母国，并没有给予东道国任何有价值的东西作为交换。根据激进观点，任何国家都不应该允许外国公司在本国从事国际直接投资活动，它们绝不会促进本国的经济发展，只能成为本国经济的主宰。如果一国已经存在跨国公司，该国就应该迅速地将其国有化。

(2)自由市场观点。这种观点认为，根据比较优势的原理，国际化的生产应该在各国之间进行分工。各个国家应该专门从事生产某种能以最高效率进行生产的产品或服务。从这个角度来说，跨国公司的国际直接投资提高了世界经济的整体效率。

(3)实用观点。实用民族主义者认为，国际直接投资利弊兼有。国际直接投资可以带来资金、技能、技术和就业岗位，从而造福于东道国。但是，这些利益的获取需要付出一定的代价。

2. 答案要点：

国际债券是一国居民在国外发行的债券。

国际债券按定值货币与发行地是否一致，可分为外国债券和欧洲债券。外国债券是一国居民在另一国发行的以发行地货币定值的债券，而欧洲债券是指一国居民在另一国发行的以第三国货币定值的债券。由于发行和买卖欧洲债券的各方一般均非该市场所在国居民，所使用的货币亦非所在国货币，因此，欧洲债券的交易对所在国的经济影响不大，所在国政府对欧洲债券的发行和交易的限制较少。这种状况使得欧洲债券市场得到了迅速发展。这里的“欧洲”一词已突破了地域的含义，而是“境外”(External)或“离岸”(Off-shore)的代名词，即在一国境外发行的以该国货币定值的债券。

3. 答案要点：

欧洲货币市场是指办理欧洲美元、欧洲英镑、欧洲马克、欧洲日元等境外货币业务的市场。

在美国境外的美元就被称为“欧洲美元”，接受欧洲美元存款，并在此基础上提供贷款的银行称为“欧洲银行”，办理境外美元交易的市场称为“欧洲美元市场”。由于这种境外金融市场所具有的独特优势，欧洲美元市场得到了迅速的发展。在此带动之下，人们又开始把其他货币，如英镑、马克、法郎和日元等货币相应地转存到英国、德国、法国和日本境外的银行，由此形成了“欧洲英镑”“欧洲马克”“欧洲法郎”和“欧洲日元”，统称“欧洲货币”。办理这些境外货币业务的市场就是“欧洲货币市场”，其中，美元的交易量占 60%～70%，伦敦则成为最大的交易中心。而且，这种境外货币业务还从欧洲蔓延到了亚洲、中东和加勒比地区乃至世界的其他地区。因此，这里的“欧洲”一词已突破了地域的含义，而是“境外”(External)或“离岸”(Off-shore)的代名词。

欧洲货币市场的第一个优势是其交易几乎不受官方的限制。对“欧洲货币”的发行国来说，这种境外交易对本国并无直接影响，因而缺乏干预的必要性。其次，由于这种交易远离本土，即使想要干预也是鞭长莫及。至于对欧洲货币市场所在地政府而言，因为欧洲货币的存款人和借款人多为外国居民，其交易具有所谓的“离岸”性质，且又属外币交易，对本国经济的影响更是微不足道，况且这种交易还有利于本国的就业和其他收入，因而不仅不予限制，反而加以鼓励。这就使得“欧洲银行”不必缴纳存款准备金，不受利率上下限约束，经营成本极为低廉，资金划拨相当自由。

欧洲货币市场的第二个优势是其利率具有竞争性。欧洲货币的交易以银行同业为主,即使是参与交易的非银行企业也多为大型的跨国公司。这就使得欧洲货币的交易具有大进大出的“批发”特性,动辄以千万甚至上亿计数。这种“批发”业务导致交易的单位成本极低,较低的存款准备金比率又使资金得到了充分的利用,因此,“欧洲银行”就能够以较高的利率吸引存款,以较低的利率提供贷款。结果,欧洲美元的存贷款利差就小于美国国内的利差,欧洲英镑的利差则小于英国国内的利差。

4. 答案要点:

国际金融危机是由国际间的经济往来所造成的金融危机。

国际金融危机一般有三种表现形式,即货币危机、外债危机和银行危机。货币危机是指一国货币在外汇市场上面临大规模的抛压,从而导致该种货币急剧贬值,或者迫使货币当局花费大量的外汇储备和大幅度提高利率以维持现行汇率。外债危机是指一国不能履约偿还到期对外债务的本金和利息,包括私人部门债务和政府债务。银行危机则是指由于对银行体系丧失信心而导致个人和公司大量从银行提取存款的挤兑现象。

银行危机既可能源于对外经济因素,也可能完全是国内因素所致。因此,只有在前一种情况下才能看作是国际金融危机。由于金融因素会相互渗透,因此,货币危机、外债危机和银行危机常常会同时爆发。

5. 答案要点:

国际金融危机的成因有:

(1) 经济过热导致生产过剩,使得产品价格迅速下跌,厂商利润减少甚至产生亏损,无力偿还贷款,以至银行不能及时收回贷款,无法满足存款人的提款需要。

(2)贸易收支巨额逆差,使得外汇市场上外汇供不应求,本币汇率面临巨大下浮压力,大大增加了政府维持钉住汇率制度的困难。

(3)外资的过度流入,对经济过热起到了推波助澜的作用。外资短期内的大量流入和撤出,更容易引发金融危机。

(4)缺乏灵活性的汇率制度和不当的汇率水平。货币汇率的高估且无法通过灵活的汇率制度得到调整是发生货币危机的必要条件。

(5)过早的金融开放。由于国内金融体系和金融市场尚未充分形成抵御外来冲击的能力,过早开放国内金融体系容易引发金融危机。

6. 答案要点:

外资的流入固然有助于缓解国内的资金短缺现象,但过多的外资却会对经济过热起到推波助澜的作用。在经济过热的情况下,外资也会大量流入,以获取较高的投资收益。由于一般的直接投资周期较长,外资就会偏向于投入房地产和股票、债券等金融市场,引起这些资产价格的飙升。因此,在经济过热的情况下,房地产和金融业的投资能获得更高的收益,并进一步吸引国内外资金流向房地产和金融市场。由于这种资金并不是流向生产部门,因而对实际经济发展的积极作用不大,却导致资产价格的不断上升,使之与得到实体经济支持的“内在价值”(Intrinsic Value)相脱离,形成了泡沫经济。在泡沫经济情况下,按市场价格计算的资产价值远远高于这些资产的内在价值。一旦由于某种原因,甚至包括与经济无关的偶然原因导致资产的持有人集中抛售兑现,以求获利了结或回避风险,资产价格的暴跌也就不可避免了,由此必然引发金融危机。尤其是外资从资产市场的撤离和回流,对一国的不利影响更大。

外资流入的另一种形式是外债。例如，在 20 世纪 90 年代，东南亚各国的金融机构一直以较低的利率从国际商业银行那里借入美元，然后换成本币以较高的利率向当地的房地产开发商提供贷款。然而，随着房地产开发商的纷纷破产，这些金融机构的偿付能力也极度恶化。而且，随着美元汇率的上升，以本币表示的外债本金和利息也大幅度提高。这就使得这些国家陷入了外债危机。因此，超出自身的偿还能力，过度借取外债是酿成金融危机的根源。

六、论述题

1. 答案要点：

国际直接投资对东道国的有利因素主要表现在以下几个方面：

(1)资源转移效应。国际直接投资对东道国的经济有积极的贡献，可以提供东道国所缺乏的资源，如资本、技术和管理技能，从而提高该国的经济增长速度。①资本。许多跨国公司由于具备巨大的规模和资金实力，比东道国企业更容易从资本市场筹措资金。因此，国际直接投资是利用外资的重要途径。②技术。许多国家，尤其是发展中国家缺乏开发本国产品和发展生产技术所必需的研究和开发的资源和技能。通过国际直接投资就能为这些国家引进必需的技术。③管理。通过国际直接投资获得外国的管理技能对于东道国来说也能带来好处。

(2)就业效应。国际直接投资能增加东道国的就业岗位。外国跨国公司雇用了一定数量的东道国居民，这就形成了直接效应。而作为这项投资的结果，当地供应商以及跨国公司员工在当地消费所创造的就业岗位则是间接效应。间接效应即使不比直接效应巨大，至少与直接效应相当。就业岗位增加的净额也因此成为跨国公司与东道国谈判的要点。

(3)国际收支效应。对于大多数东道国来说，国际直接投资对一国国际收支的影响是一个重要的政策课题。

(4)竞争效应。国际直接投资通过增加消费者的选择，有助于提高国内市场的竞争水平，从而降低价格，提高消费者的经济福利。

国际直接投资对东道国的不利因素主要表现在以下几个方面：

(1)竞争的负面效应。如果外国跨国公司子公司的经济实力远远强于东道国的国内企业，如果该跨国公司对子公司的成本提供补贴，这就会使东道国本国的企业在竞争中被淘汰出局。

(2)国际收支的负面效应。国际直接投资项目如果产生利润，而且子公司又向外国母公司汇出利润，这种利润流出将记入东道国经常项目中劳务收支的借方。另外，若外国子公司从国外进口大量用于投入的产品，结果就需记入东道国国际收支经常项目中贸易收支的借方。

(3)对国家主权的负面效应。许多东道国政府担心外来直接投资会使其丧失部分经济独立性。外国母公司做出的重大决策会影响东道国的经济，而东道国政府对此却没有实际的控制能力。

国际直接投资对母国有三方面的好处：(1)母国国际收支的经常项目将因对外投资收益的流入得到改善。(2)母国出口的增加会产生有利的就业效应。(3)母国的跨国公司还能从外国市场学到有价值的技能，并将这种技能转移回母国，有利于母国的经济增长。

国际直接投资对母国最重要的不利影响集中在国际收支和就业效应上。母国的国际收支可能会从三个方面受到损害:(1)国际收支的资本项目在最初为国际直接投资提供资金,从而导致资本流出时受到损害。(2)如果对外直接投资的目的是为母国市场寻找一个低成本的生产地点,那么国际收支的经常项目也会因为产品对母国的返销而受到损害。(3)在对外直接投资替代直接出口的情况下,国际收支的经常项目也会受到损害。(4)国际直接投资会减少母国的就业机会。

2. 答案要点:

国际游资是指通过在国际间不断转移的方式以获取较高的短期收益的资金。国际游资作为一种短期资金,其基本特点是没有固定的投资对象,而是根据国际经济局势的变化不断寻求获利机会,并积极参与。

国际游资造成金融危机的途径主要有两条:一是外汇市场,二是资产市场。

(1)外汇市场。在国际外汇市场上,随着影响各国货币汇率因素的不断变化,各种货币的汇率就可能出现高估或低估。一旦一种货币的汇率出现较大幅度的高估,则其汇率下跌的可能性就迅速增大。外汇投机者若发现这种现象,就会大量借入这种货币,并在较高的汇率水平上抛售这种货币,促使其汇率急剧下挫,然后在较低的汇率水平上购回这种货币,从中获取差价收益。在出现这种将本币大量转换为外币的所谓"货币替代"的情况下,发生货币危机的国家最后只能宣布本币贬值或实行自由浮动汇率制度,其结果都是本币汇率的大幅度下跌。国际游资的这种外汇投机活动会使一国不得不放弃固定汇率制度,实行汇率自由浮动,造成本币汇率大幅下跌,引发金融危机。

(2)国际游资造成金融危机的另一条途径是资产市场,尤其是股票市场。当一国股票市场对外开放时,大量国际游资就会进入该国市场,致使股票价格猛涨。当股票行情过高,国际游资开始集中撤离,抛售股票,并将资金兑换成外汇转移到国外时,外汇市场也会形成抛售该国货币的压力。况且,股票市场会因大量抛售而出现股价下跌,从而引起其他外国投资者为避免风险而竞相抛售,并将资金转移到国外。这就触发了货币危机,并使外汇市场形成贬值预期,这又进一步使外国投资者为了避免汇率风险而将投资于股票或其他资产的资金撤离该国。由此形成的恶性循环无疑会加剧货币危机。

总的来说,国际游资在引发国际金融危机方面举足轻重,但它必须通过内部因素才能产生影响。因此,一国在防范国际金融危机方面应注重消除内部成因,实行稳定的经济政策,确保内外经济均衡,防止过度外债,采用有弹性的汇率制度和合适的汇率水平。

第二十二章　开放经济中的内外均衡与政策选择

一、填空题

1. 支出调整政策　支出转换政策　内部均衡　外部均衡
2. 财政政策　货币政策
3. "两种目标、两种工具"
4. 丁伯根法则
5. 财政政策　货币政策　财政政策　货币政策
6. 净出口　国内利率敏感性的消费与投资

7. 总需求的水平
8. 内部进行结构性　国内吸收　净出口

二、选择题

(一)单项选择题

1. B　2. B　3. D　4. D　5. C　6. A

(二)多项选择题

1. AB　2. CDE　3. AD　4. BC　5. AB　6. CD
7. BC

三、判断题

1. 错　2. 错　3. 错　4. 错　5. 对　6. 对

四、名词解释

1. 内外均衡理论(Theory of Internal and External Balance):主要是指英国经济学家詹姆斯·米德开创性地提出了“两种目标、两种工具”的理论模式,即在开放经济条件下,一国经济如果希望同时达到对内均衡和对外均衡的目标,则必须同时运用支出调整政策和支出转移政策两种工具。

2. 支出调整政策(Expenditure-Changing Policy):主要是指在封闭经济条件下凯恩斯主义的需求管理政策,即财政政策和货币政策的组合。通过实施支出调整政策,可以达到改变支出水平从而改变收入水平的目的。

3. 支出转换政策(Expenditure-Switching Policy):是指能够通过影响本国贸易商品的国际竞争力,改变支出构成而使本国收入相对于支出增加的政策。狭义的支出转换政策则专指汇率政策。

4. 米德冲突:是指在许多情况下,单独使用支出调整政策或支出转换政策而同时追求内外均衡两种目标的实现,将会导致一国内部均衡与外部均衡之间的冲突。

5. 丁伯根法则(Tinbergen Law):要实现 n 个经济目标,必须具备至少 n 种政策工具。因此,为了避免米德冲突,政府需要为了不同的政策目标采取不同的政策。

6. 政策指派理论:1962 年,在国际货币基金组织的蒙代尔提出了以货币政策促进外部均衡、以财政政策促进内部均衡的政策主张。这一主张对货币政策和财政政策在实现内外均衡中的作用进行了重新分配,因而被称为政策指派理论。

7. 蒙代尔-弗莱明模型(Mundell-Flemming Model):蒙代尔与弗莱明进一步扩展了米德对外开放经济条件下不同政策效应的分析,说明了资本是否自由流动以及不同的汇率制度对一国宏观经济的影响,因而被称为蒙代尔-弗莱明模型。

8. 内部均衡:是指国内商品和劳务的需求足以保证非通货膨胀下的充分就业,也即非贸易品市场处于供求相等的均衡状态。

9. 外部均衡:是指经常项目收支平衡,也即贸易品的供求处于均衡状态。

五、简答题

1. 答案要点：

支出调整政策的作用与局限分以下情况分析(如表 22—1 所示)：

表 22—1　　支出调整政策的组合

顺差国经济	逆差国经济	可能的政策选择			世界经济状况
		为了外部均衡	为了顺差国的内部均衡	为了逆差国的内部均衡	
衰退	衰退	顺差国扩张 逆差国收缩	顺差国扩张 逆差国扩张	顺差国扩张 逆差国扩张	(1)
衰退	景气	顺差国扩张 逆差国收缩	顺差国扩张 逆差国扩张	顺差国收缩 逆差国收缩	(2)
景气	衰退	顺差国扩张 逆差国收缩	顺差国收缩 逆差国收缩	顺差国扩张 逆差国扩张	(3)
景气	景气	顺差国扩张 逆差国收缩	顺差国收缩 逆差国收缩	顺差国收缩 逆差国收缩	(4)

(1)世界性衰退的情况。在这种情况下,国际收支顺差国实行扩张性的支出调整政策,以刺激顺差国对产品的需求,其中对本国产品的需求有助于恢复本国的内部均衡。但此时,逆差国却处于政策冲突之中。对逆差国来说,为了外部均衡,它应该收缩国内支出,减少对顺差国产品的需求,但这又将同时造成对本国产品需求的缩减,加重国内的不均衡,即加剧衰退。

(2)顺差国衰退、逆差国景气的情况。在这种情况下,顺差国无论是为了内部均衡还是为了外部均衡,都应该使国内支出膨胀。逆差国无论是为了内部均衡还是为了外部均衡,都应该收缩国内支出。从而两国在政策选择上都不存在任何冲突。

(3)顺差国景气、逆差国衰退的情况。在这种情况下,两国都处于政策冲突之中。

(4)世界性繁荣的情况。在这种情况下,无论国际收支顺差国还是逆差国的国民收入都过高,同时两国之间存在着国际收支的不均衡。逆差国无论是为了内部均衡还是外部均衡,都应该实行收缩国内支出的政策。但顺差国则处于政策冲突中,为了外部均衡,它应趋使国内支出膨胀;而为了内部均衡,它应当收缩国内支出。

2. 答案要点：

以汇率政策为例,考察支出转移政策的作用与局限。

(1)世界性经济衰退的情况。逆差国的货币贬值引起需求从顺差国向逆差国转移(假定两国对进口品的需求弹性之和大于 1),这既可以使国际收支向有利于逆差国的方向运动,又有利于逆差国恢复对内均衡;但同时,又会导致顺差国国民收入的萎缩,使其处于政策冲突之中。

(2)顺差国衰退、逆差国景气的情况。在这种情况下,内部和外部均衡之间的冲突最明显,因为两国都存在着政策冲突。

(3)顺差国景气、逆差国衰退的情况。这时,只要两国都愿意实行内部与外部均衡所要求的汇率调整,两国都不存在政策冲突。

(4)世界性景气的情况。这时，货币升值，虽然加强了逆差国膨胀的压力，但却既有助于恢复国际收支平衡，又有助于恢复本国的内部均衡；但逆差国却处于矛盾之中。为了外部均衡，它应实行货币贬值；而为了内部均衡，它却应该使货币升值。

表 22—2　　支出转换政策的组合

顺差国经济	逆差国经济	可能的政策选择			世界经济状况
		为了外部均衡	为了顺差国的内部均衡	为了逆差国的内部均衡	
衰退	衰退	顺差国货币升值 逆差国货币贬值	顺差国货币贬值 逆差国货币升值	顺差国货币升值 逆差国货币贬值	(1)
衰退	景气	顺差国货币升值 逆差国货币贬值	顺差国货币贬值 逆差国货币升值	顺差国货币贬值 逆差国货币升值	(2)
景气	衰退	顺差国货币升值 逆差国货币贬值	顺差国货币升值 逆差国货币贬值	顺差国货币升值 逆差国货币贬值	(3)
景气	景气	顺差国货币升值 逆差国货币贬值	顺差国货币升值 逆差国货币贬值	顺差国货币贬值 逆差国货币升值	(4)

3. 答案要点：

政策指派理论：1962 年，在国际货币基金组织的蒙代尔提出了以货币政策促进外部均衡、以财政政策促进内部均衡的政策主张。这一主张对货币政策和财政政策在实现内外均衡中的作用进行了重新分配，因而被称为政策指派理论。

如果以政府预算支出 G 变化代表财政政策，以利率 r 变化代表货币政策，则 G 上升为扩张财政政策，G 下降为紧缩财政政策；扩张性货币政策导致 r 上升，紧缩性货币政策导致 r 下降。有效的政策配合可用图 22—1 来说明。

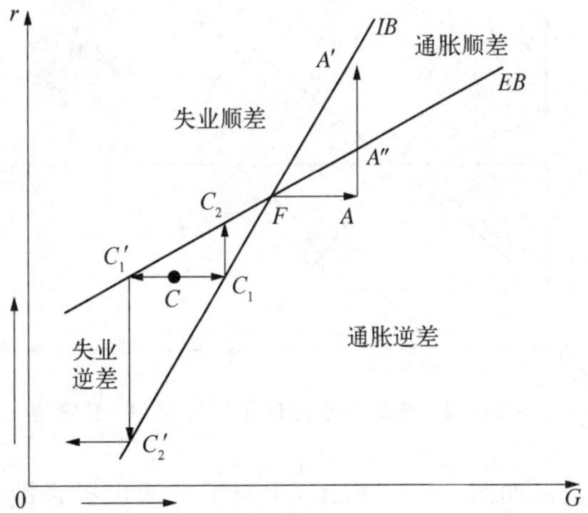

图 22—1　政策指派理论

政策指派理论原理：蒙代尔认为，在财政货币政策的配合上有两种方法：一种方法是以财政政策对外，货币政策对内，这样配合的结果会扩大国际收支不平衡。如图 22—1 中的 $C \to C_1' \to C_2'$，可见这种政策配合不合适。

另一种配合方法是以财政政策对内，货币政策对外。如图 22—1 中的 $C \to C_1 \to C_2$。可见，这种财政与货币政策交替使用的方法能够实现良性循环，逐渐缩小国际收支不平衡。

据此，蒙代尔认为，指派给财政政策的任务仅仅是稳定国内经济，而指派给货币政策的任务则是稳定国际收支。

表 22—3　　政策指派原理

国际收支的初始状态	国内经济的初始状态	
	高失业率	高通货膨胀率
顺差	扩张性的财政政策 扩张性的货币政策	紧缩性的财政政策 扩张性的货币政策
逆差	扩张性的财政政策 紧缩性的货币政策	紧缩性的财政政策 紧缩性的货币政策

六、论述题

1. 答案要点：

蒙代尔与弗莱明进一步扩展了米德对外开放经济条件下不同政策效应的分析，说明了资本是否自由流动以及不同的汇率制度对一国宏观经济的影响，因而被称为蒙代尔—弗莱明模型(即 M－F 模型)。

固定汇率条件下的宏观政策效应：

(1)资本自由流动条件下的 M－F 模型。在 M－F 模型中，当国内利率超过国际利率时，资本流入；反之，当国内利率低于国际利率时，资本流出。因此，一国的国内利率水平受国际市场利率水平的影响，政策当局的经济政策不但不能改变利率水平，反而要受国际资本流动的影响。

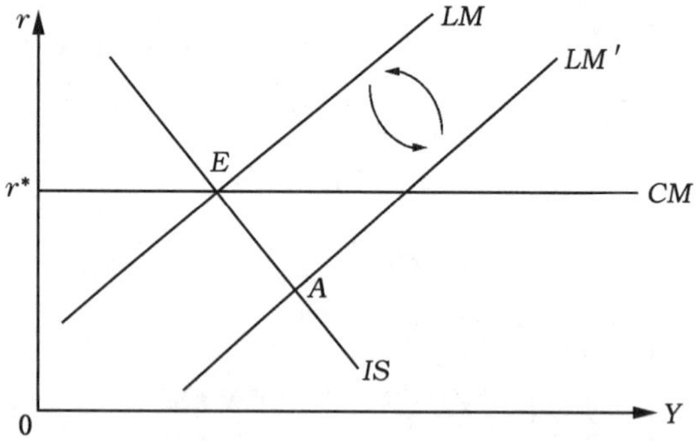

图 22—2　资本自由流动条件下的 M－F 模型

(2)货币政策无效论。如图 22－2 所示，中央银行通过扩张性的货币政策促进经济增长。货币供应量增加，$LM \to LM'$，利率下降到 A 点，则资本外流，国际收支逆差，并增加本币贬值的压力。为维持固定汇率，中央银行进行市场干预，$LM' \to LM$。其结果是货币供应量与收入不变，但国际储备下降了。因此，在固定汇率与资本自由流动的情况下，货币存量是内生的，它主要取决于商品市场需求的影响。

假定由于种种原因，人们对商品需求增加(特别是扩张的财政政策刺激总需求)，此时，

$IS \rightarrow IS'$（见图 22—3），国内利率上升，资本大量流入，则国际收支顺差，汇率面临升值压力。为维持汇率水平，中央银行市场干预使货币供应量上升，$LM \rightarrow LM'$。最终结果是总需求、收入与货币供应量均上升，国际储备增加。

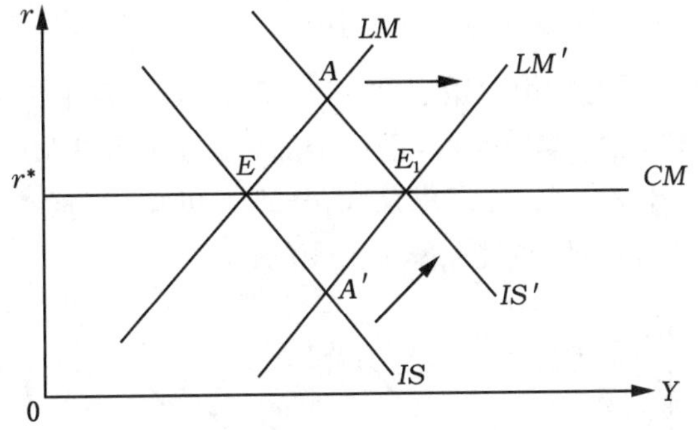

图 22—3　资本自由流动条件下的 M－F 模型

因此，蒙代尔-弗莱明模型的结论是：在固定汇率制下，资本完全流动的条件使得货币政策无力影响收入水平，只能影响储备水平；而财政政策在影响收入方面则变得更有效力，因为它所造成的资本流入增加了货币供给量，从而避免了利率上升对收入增长的副作用。

(3)资本完全管制下的情形。在固定汇率条件下，如果政策当局实行资本管制，使得资本在国际间不能自由流动，则国内利率与国际利率水平就可能存在差异，中央银行为了维持固定汇率，也只需对经常项目下的外汇供求负责，LM 曲线会随着国际收支的变化而移动。现假定中央银行主动采取扩张性的货币政策，货币供应量的增加引起 LM 曲线向右移动至 LM'（见图 22—4），在总需求增加的同时，利率下降，整个国内经济投资大于储蓄，为了实现经济均衡，进口必须上升，从而使得经常项目恶化，汇率面临贬值的压力，迫使中央银行抛出外汇以满足进口需求，这又反过来导致货币供应量下降，LM 曲线向左移动，利率开始上升。这一过程将持续进行，直至总需求恢复至原来的水平。此时，LM 曲线与利率均回到原来的初始状态，货币政策对经济没有实质性的影响。

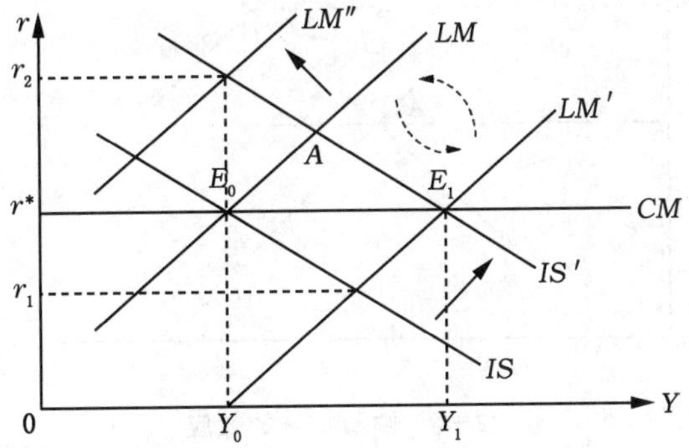

图 22—4　资本完全管制下的 M－F 模型

同样，假定政府增加开支以刺激总需求，最初 IS 曲线向右移动至 IS'，随着总需求的增加，进口开始增加，国际收支恶化，中央银行为了维持汇率稳定，抛售外汇，使得 LM 曲线向左移动至LM',最终,总需求与国民收入不变,只有利率水平由r^*上升到r_2。

因此,在固定汇率和资本管制的条件下,扩张性的货币政策只能在短期内使得利率下降、总需求扩张,但在长期却不能改变总需求水平,只能使外汇储备减少。

2. 答案要点:

浮动汇率制度下 M-F 模型的宏观政策效应:

(1)资本自由流动条件下的货币政策(如图 22—5 所示)。若中央银行增加货币供应量,$LM \to LM'$,$r^* \to r_1$,资本外逃,本币贬值,进口增加,IS上移至LM'与CM的交点C,即新的均衡点,国内利率等于国际利率,总需求从$Y_0 \to Y_1$。可见,在资本可以自由流动的前提下,货币政策对经济活动的影响是通过汇率来实现的。

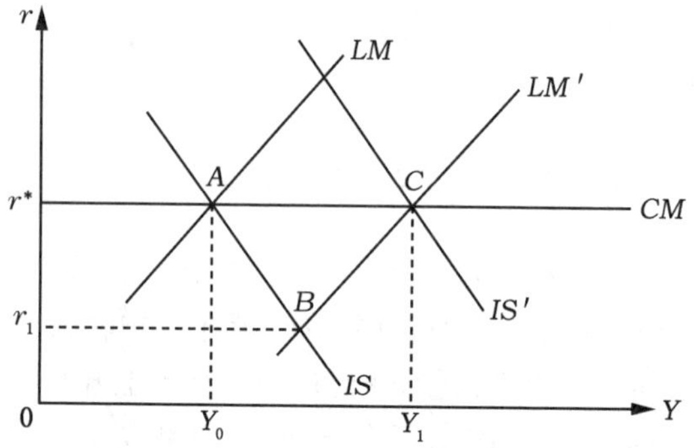

图 22—5　货币扩张的效应

(2)资本自由流动下的财政政策(如图 22—6 所示)。考虑扩张性财政政策的后果,政府支出的增加首先使得IS线向右上移动到IS',在IS'与LM线的交点B处,国内利率高于世界水平,这将引起资本流入和本币升值。汇率升值导致经常项目恶化,净出口减少,从而IS曲线向左下方移动,只要国内利率高于国际水平,资本将持续流入,汇率将持续升值,IS线也将不断向左移动,只有当IS线恢复到原来的位置时,最终的均衡才能实现。此时,总需求保持不变。

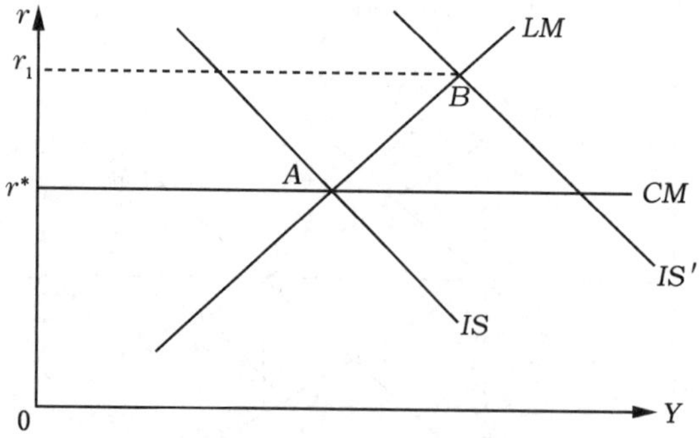

图 22—6　财政扩张的效应

(3)资本管制条件下的宏观政策效应分析。在浮动汇率制度下,如果资本处于被管制状态,则私人资本的流动就不复存在,中央银行也无须购买或出售外汇储备,汇率不断调整,使得经常项目总是处于平衡状态。对财政政策而言,政府支出的扩张增加了产出,但与资本自由流动时相比，汇率将会贬值而不是升值，因为政府支出的增加提高了经济对进口的需求，而且，伴随着利率的上升，没有资本的流入以抵消汇率贬值的压力。对货币政策而言，货币供应量的增加也会引起产出的增长，同时，汇率也会下降，这与在资本自由流动条件下一样。

3. 答案要点：

(1)对外经济失衡对国内经济的影响。

作为全球贸易失衡中最主要的顺差方，贸易顺差在促进中国经济增长、增加外汇储备、提高宏观经济抗风险能力的同时，对国内总需求扩张和固定资产投资过快、通货膨胀和实际汇率升值压力加大以及货币政策独立性等都带来了一系列影响。尤其是，资本的持续大量流入使得外汇供大于求的失衡矛盾更加突出，直接影响到人民币汇率形成基础和央行货币政策的独立性。外汇占款成为基础货币投放的主渠道，而再贷款和再贴现以回收资金为主，造成国内货币投放的结构性失衡，给货币政策的调整带来了困难。

(2)“次贷”危机加大了中国的内部经济失衡。

2008 年美国“次贷”危机爆发，掀起全球性金融风暴，中国经济遭受重大冲击，中国经济发展的信心严重受损，预期普遍悲观。为了抵御国际经济环境对我国的不利影响，中国政府决定采取积极的财政政策和适度宽松的货币政策，出台更加有力的扩大国内需求措施，为此，中央政府安排专项资金，并带动地方和社会投资，规模高达四万亿元。

以“四万亿计划”为代表的财政刺激计划，对拉动社会投资和稳定经济起了重要作用，但同时也加剧了煤炭、钢铁、水泥、有色金属、机械、化工等行业的产能过剩，在信贷刺激的配合下，导致企业杠杆高企，地方政府债务过快增长，扭曲了市场机制的作用，延迟了低效企业的破产倒闭，增加了金融泡沫和风险。为配合“四万亿计划”以及为了对冲巨额的外汇占款，中国人民银行抛出 20 万亿元人民币，导致了当时的流动性过剩。

“次贷”危机之后，随着欧债危机继续爆发，发达国家经济增长持续低迷，新兴市场国家经济发展遭遇重创，中国出口面临十分严峻的局面，再加上人民币汇率升值压力，许多外向型民营企业破产倒闭，大量企业开工不足，民间投资持续走低，社会消费十分疲软，以投资拉动和出口导向为增长特征的中国经济面临前所未有的挑战。

4. 答案要点：

(1)自我国改革开放以来，我国财政与货币政策的搭配如下所示：①1979—1988 年，总体上实行的是“双松”配合，其间表现为多次模式转换和由“双松”到“双紧”，又由“双紧”到“双松”的螺旋式循环。②1989—1997 年，总体上是“双紧”的配合，其间同样表现为“双紧”与“双松”的螺旋式循环。③1998—2007 年，实行的是“积极＋稳健”的配合。④2008 年至今，实行的是“积极＋稳健”配合。

随着改革开放进程的推进，国外资本持续大量流入，在提供大量资金、促进国内经济快速发展的同时，对国内总需求扩张和固定资产投资过快、通货膨胀和实际汇率升值压力加大以及货币政策独立性等都带来了一系列的负面影响。

(2)当前改革开放条件下，我国实现内外均衡的政策协调应注意的问题主要有以下几个方面：

①充分认识财政政策与货币政策协调的重要性。必须采取合适的财政政策和货币政策，以及加强相互之间的协调，避免政策相互掣肘与效果彼此抵消，使得财政政策和货币政策既致力于各自的目标实现，又注重相互之间的协调配合，形成政策合力。

②搭配实施合适的财政政策和货币政策。财政政策和货币政策组合产生政策效应的关键之一,就是要根据宏观经济走势及微观经济状态,确定合理的政策取向。

③选择适当时机,推进汇率机制改革。选择合适的时机,推进人民币汇率机制改革,使人民币汇率在合理、均衡的水平上保持基本稳定已经成为共识。人民币汇率机制的调整应采取逐步和有序的方式推进,而且,要与宏观经济政策和相关的结构改革密切配套进行,以避免政策可信度的丧失和经济成本加大。

(3)今后如何加强政策协调的具体分析如下:

首先,从宏观经济来看,财政政策与货币政策配合,通过两者的协调,既要能有效刺激内需、促进经济增长,又要有利于经济结构的优化,实现国民经济质量的提高。

其次,从财政货币政策的结合来看,两者的有效配合与债券市场是密不可分的。

再次,从开放经济的角度来看,财政政策与货币政策的配合被赋予了更加复杂的内容。目前,贸易顺差和资本流动使得我国外汇储备不断增加,这就产生了巨大的货币扩张压力,为了维持货币政策的一致性,央行采取发行票据和正回购债券等方法来对冲货币增长,这同样造成债券市场资金紧张与短期利率上升,不利于国债市场改革与政策目标的协调。当然,上述货币政策选择也积累了人民币的升值压力。

最后,在政府通过政策搭配实现内外均衡的同时,不能忽视经济的自发调节机制。